教育部人文社会科学研究青年基金项目（19JYC630205）
中国博士后科学基金面上项目（2021M693765）
重庆工商大学青年项目（1751014）
重庆工商大学高层次人才科研启动项目（1855007）

产业投资行为研究融结合与

尹长萍　蒋水全　◇　著

Research on Industrial-financial

INTEGRATION AND FIRMS'

Investment Behavior

中国财经出版传媒集团

经济科学出版社

Economic Science Press

前　言

随着经济全球化的发展，企业面临的市场竞争环境越来越严峻，"产业＋金融"结合模式已逐渐成为企业获取竞争优势，实现多元化、全球化路径，支持产业发展和做大做强的主要手段。我国企业产融结合的发展经历了"限制—默许—沉寂—明确支持"较为曲折的发展历程，但近年来，国家与各政府部门开始积极推动促进产业资本与金融资本的融合，大力支持实体企业参股、控股或成立金融机构实施产融结合，使我国企业产融结合得到了空前发展，越来越多的大型实体企业集团开展实施产融结合。

不同企业的产融结合实践带来了不同的实施效果，如海尔、联想、美的等集团借助产融结合成功实现了产业扩张，促进企业做大做强；而德隆系、海航集团等国内知名企业却因产融结合实践而给企业实体产业带来了巨大挑战。那么，我国实体企业产融结合的实施效果究竟如何？产融结合对企业外部扩张和实体产业的发展会产生怎样的具体影响？不同经济后果下企业的产融结合具有哪些不同的特征？这些均是我国企业产融结合发展过程中面临的重要问题。

本书以中国非金融上市公司参股或控股金融机构实施产融结合为研究对象，从企业投资行为视角全面分析企业产融结合带来的经济后果，在研究产融结合对企业总体投资规模、外部并购和内部创新等具体投资行为的影响及其作用机制基础上，进一步分析了企业参股金融机构类型、是否向金融机构派驻董事等不同产融结合特征的影响，为产融结合的动因、有效性及其经济后果提供了经验证据，丰富扩展了相关研究。希望本书可以为企业如何有效参股金融机构实施产融结合、促进企业实业发展、实现做大做强提供实践参考，为政府对产融结合合理政策引导和有效监管提供重要的理论依据。

CONTENTS

目 录

第 *1* 章

绪论

1.1 研究背景与研究意义

1.1.1 研究背景

产融结合是指产业资本与金融资本以股权关系为纽带，通过参股、控股和人事安排等方式进行结合，互相进入金融和产业领域而形成产融实体的经济现象。从形式上来讲，产融结合包括"由产到融"（即产业资本向金融业渗透）和"由融到产"（即金融资本向产业渗透）两种形式。在国外，产融结合经历了"由融到产、由产到融"的融合、拆分、再融合阶段变迁，如 19 世纪末，以美国的摩根、日本的三井等为代表的"由融到产"企业集团逐渐形成；20 世纪 30 年代的全球经济危机后，虽然美国政府出台限制了金融机构与工商企业之间的市场准入和相互持股，"由融到产"模式遭到遏制，但是以通用电气（GE）为代表的"由产到融"模式得到了盛行；直到 20 世纪 80 年代以后，以美国为首的西方国家再度放松监管，金融资本再次进入产业资本，产融结合特征日趋显著。在中国，由于监管部门和法律法规严格限制商业银行等金融机构投资控股进入实业，产融结合主要表现为"由产到融"模式，即"实体 + 金融"的产融结合模式。我国产融结合的发展可以追溯到 20 世纪 90 年代以来以海尔集团、新希望集团、德隆集团为代表的"由产到融"阶段。然而，2004 年"德隆危机"的全面爆发引起了监管部门的重视，2006 年《中央企业投资监督管理暂行办法》严格要求"央企在境内收购和投资产权均应报国资委，同时严禁企业违规使用银行信贷资金向金融、证券、房地产和保险等项目进行投资"，自此，产融结合进入了沉寂期。

随着全球市场竞争越来越激烈，中国企业面临的经济环境越来越复杂，借助产融结合实现多元化、全球化竞争优势，已成为企业实现持续发展、做大做强的主要手段。从明令禁止到默许再到 2010 年的明确支持，近几年国家对是否支持鼓励企业"产融结合"的政策出现了较大转变，为了进一步推动我国产融结合的发展，充分发挥金融资本和产业资本的优势，引导金融服务实体经济发展的需要，近年来各级政府逐渐开始支持推动实体企业的产融结合。2010 年，国资委首次表明对企业产融结合的明确支持态度，提出"支持具备条件的企业探索'产融结合'"。同时，在《国务院关于鼓励和引导民间投资健康发展的若干意见》从政策上也进一步鼓励了民营资本进入金融领域。2013 年，《中共中央关于全面深化改革若干重大问题的决定》指出，"组建若干国有资本运营公司，支持有条件的国有企业改组为国有资本投资公司。"《中国制造 2025》也进一步指出要鼓励和支持重点领域大型制造业企业集团开展产融结合试点。为了支持和促进《中国制造 2025》的加快实施，2016 年，中国银行业监督管理委员会（以下简称银监会）、工业和信息化部（以下简称工信部）和中国人民银行联合颁布了《加强信息共享促进产融合作行动方案》，以有力促进我国产融结合的深度发展。面临竞争激烈的市场环境和政府的积极鼓励支持，越来越多的央企、国企和民企开始涉足金融机构，尤其是 2009 年开始得到了迅猛发展，并在 2014 年达到了鼎盛规模时期。经统计，2007 年我国有 412 家非金融上市公司参股了金融机构，占全部上市公司比例为 26.58%；2014 年，我国有 622 家非金融上市公司参股了金融机构，占全部上市公司比例为 23.8%。[①] 基于此，研究中国企业产融结合的现状与经济后果具有

---

① CSMAR 和 Wind 数据库的统计分析。

重要的实践意义和政策意义。

当前，已有 4/5 以上的世界 500 强企业成功开展了产融结合，其中，我国国家电网、中国石油化工集团、华润集团、联想集团、中国国电集团、美的集团等大型企业集团都较成功开展实施了产融结合，参股或控股涉入了银行、保险、财务、信托等金融领域，如联想集团立足产业发展直接控股或间接参股了弘毅投资、汉口银行、苏州信托、民生人寿等 11 家不同类型的金融机构；华润集团基于强大、多元的产业集群控股成立了华润银行、华润深国投等金融机构，促进了实体产业的发展。与此同时，也出现了一些大型企业较为失败的产融结合实践，如德隆集团、安邦系和海航集团因产融结合的失败实践而给企业实体产业发展带来了巨大挑战，甚至面临破产，引起了学术界的关注与质疑。当前，学术界对产融结合经济后果及其有效性的研究结论并不一致，一些学者研究认为产融结合的实施是有效的，认为企业实施产融结合具有信息获取效应、融资需求效应、资本供给效应、人才技术支持、多元化扩张发展和增强竞争优势效应（Alexander，1962；Teece，1981；Laeven，2001；Colin，2002；Mitsuaki，2002；Li and Greenwood，2004；Steven and Maria，2009；支燕和吴河北，2011；Lu et al.，2012；万良勇等，2015）。另一些学者认为企业产融结合不具备有效性，企业产融结合的实施不仅会降低企业投资效率，导致企业过度投资（李维安和马超，2014；朱松和杨丹，2015），还会给企业带来较大的经营风险（姚德权等，2011），降低企业运营效率与经营绩效（张庆亮和孙景同，2007；Pantzal et al.，2008；蔺元，2010；曾海舰和林灵，2015）。然而，我国学术界对产融结合的研究明显滞后于实体企业产融结合实践的迅猛发展，其中较多文献属规范性理论探讨，实证研究较少，且少量的实证研究文献均从企业融资约束缓解角度出发研究，忽视了产融结合给企业带来的人才技术支持、信息获取效应等。此外，虽然研究发现产融结合会影响企业的投资行为，但主要是从投资效率方面进行研究，认为会降低企业投资效率，导致经营风险增大，带来不好的经营绩效。近年来，海尔、美的、联想、华润、宝钢等企业的产融结合实践却表明企业产融结合的实施在支持企业实业发展、成长扩张与做大做强的过程中发挥了重要作用，作为企业成长、扩张和实业发展的基础与源泉，企业投资当然也会受到产融结合的影响。那么，我国实体企业产融结合的实施效果到底是否有效？企业参股金融机构实施产融结合是否真的有助于企业实业发展？是否有助于企业产业扩张、做大做强？不同经济后果下企业的产融结合具有哪些不同的特征？因此，本书试图从企业投资行为视角全面分析企业产融结合带来的经济后果，在研究企业产融结合对企业总体投资规模、外部并购扩张、内部创新等具体投资行为影响的基础上，进一步分析了企业参股金融机构类型、是否向金融机构派驻董事等不同产融结合特征的影响，以分析不同产融结合特征企业所带来的不同经济后果，为产融结合的有效性及其经济后果提供经验证据。

1.1.2　研究意义

1. 理论意义

本书从企业投资角度研究企业参股金融机构实施产融结合的经济后果，研究产融结合对企业总体投资规模、外部并购与内部创新具体投资决策行为的影响及其作用机制，并进一步分析了参股期限、参股比例、参股类型和派驻董事等不同产融结合特征的影响，丰富了企业产融结合经济后果方面的研究，为产融结合有效性研究提供了一定的经验证据。

首先，与目前现实中我国越来越多实体企业参股金融机构实施产融结合的迅猛趋势相比，企业产融结合方面的理论研究比较滞后，且大多是对动因展开规范性分析，实证研究较少，缺乏实证研究提供经验证据支撑，本书较全面的实证研究在一定程度上弥补了缺陷，进一步丰富和扩展了产融结合方面的实证学术文献。

其次，虽然目前有较少的实证研究分析了企业产融结合实施的经济后果及其有效性，但尚未得出一致结论，争议比较大，一些学者从企业融资约束缓解角度认为企业产融结合的实施是有效的，而一些学者从企业投资效率、运营效率、生产效率等资源配置效率角度认为企业产融结合不具备有效性，本书进一步较全面系统地从企业投资决策角度研究了企业产融结合实施的经济后果，为产融结合经济后果方面的研究和有效性研究提供了一定理论依据和经验证据。

最后，当前研究企业产融结合与投资行为方面的研究主要聚焦在对企业投资效率的影响上，而本书从企业整体投资及其具体投资行为视角研究了产融结合对企业整体投资规模的影响及其作用机制，同时分别从外部扩张投资与内部创新投资两个维度研究了产融结合对企业并购扩张行为和创新行为的影响，并考虑了不同产融结合特征的企业的投资行为，较全面细致地反映了产融结合对企业投资行为的影响，打开了产融结合影响企业投资的"黑箱"，回答了企业产融结合实施是否有助于企业产业扩张、做大做强，是否有助于促进实业发展等问题，丰富扩展了相关研究。此外，现有该方面的文献主要从企业融资约束缓解的理论视角进一步分析，而产融结合不仅带来了这一积极正面效应，还会带来其他正面效应和负面效应。本书在此基础上还进一步考虑了企业产融结合所带来的信息获取效应、人才技术支持等正面效应以及经营风险增加、投资结构失调等负面效应，进一步丰富了产融结合经济后果的理论研究视角，为企业产融结合的有效实施提供了理论支持。

2. 实践意义

我国实体企业"由产到融"的产融结合具有特定的制度背景与政策支持。首先，本书使用描述性统计分析方法对当前我国实体企业产融结合现状进行了阐述分析，为不同特征的企业提供数据对比，对企业产融结合的有效实施与调整具有重要的实务参考价值。其次，本书分别实证研究了产融结合及其参股特征对企业总体投资规模、外部并购扩张和内部创新投资行为的影响及其作用机制，对企业而言，为企业如何有效参股金融机构实施产融结合，促进企业实业发展，实现规模扩张和做大做强提供一定的实践参考，同时警示企业管理者对产融结合这把"双刃剑"的重视，在实现外部规模扩张的同时，还是要坚持发展实业，充分发挥金融促进核心产业发展的优势，保持实业可持续发展。对政府而言，能够为政府进一步推动促进产业资本与金融资本实现实质上的内在融合，对产融结合企业合理政策引导和有效监管提供重要的理论依据和建议参考。

1.2　研究思路与研究方法

1.2.1　研究思路

本书紧紧围绕实体企业参股、持股或控股金融机构行为，讨论实体企业产融结合对实体企业投资行为的影响及其作用机制，并考虑了不同特征的产融结合企业的不同投资倾向与经济后果。具体来说，要解决以下四个主要问题：实体企业产融结合的实施效果到底是否有效？企业产融结合的实施是否有助于企业产业扩张？实体企业产融结合对企业实体产业的发展会产生怎样的影响？不同经济后果下企业的产融结合具有哪些不同的特征？按照以下的基本思路展开研究。

首先，在界定产融结合概念与不同形式的产融结合模式的基础上，基于我国相关法律法规的要求对我国主要的产融结合形式进行分析，得出我国最主要常见的产融结合形式为"由产到融"，并回顾梳理了当前企业产融结合问题的研究，为后续研究提供了契机、理论与文献基础和必要的数据基础。

其次，通过对我国实体企业参股、持股或控股金融机构行为的考察，并结合我国企业产融结合的制度背景与发展历程，进一步讨论我国当前实体企业产融结合实施的现状，以反映出我国当前实体企业产融结合存在的问题，进而在一定程度上为规范我国企业产融结合的未来发展提供合理的政策建议。基于当前我国实体产业的现状与理论、文献基础，重点从企业投资视角实证检验了实体企业产融结合实施是否有效。首先，本书考察了企业实施产融结合对企业总体投资规模情况的影响及作用机制，并检验了不同产融结合类型特征（参股不同类型金融机构与是否派驻董事）对企业总体投资状况的影响。

再次，基于产融结合对实体企业总体投资规模的影响，分别从企业外部投资与内部投资两个维度去讨论产融结合对外部并购扩张和内部创新等具体投资决策行为的影响，并探讨了不同产融结合特征的影响，以回答当前实体企业实施产融结合是否真的有助于实现企业扩张与实体产业发展，不同经济后果下企业的产融结合具有哪些不同特征等问题。

最后，总结了研究结论、政策建议，同时指出研究的局限及未来可研究的问题与方向。

本书的研究思路如图 1 - 1 所示。

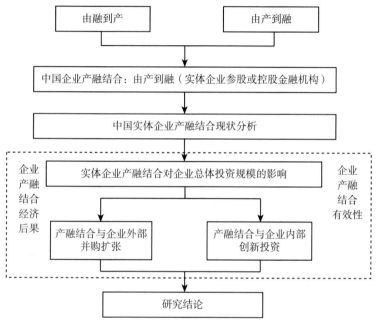

图 1 - 1　研究思路

1.2.2　研究方法

本书重点研究的是实体企业参股、持股或控股金融机构实施产融结合行为对实体企业总体投资规模、外部并购扩张与内部创新投资等具体投资决策的影响。采用了理论分析与经验研究相结合，并以经验研究为主的研究方法。基于本书的研究问题，在理论分析部分中融合了归纳总结、推导证明等研究方式，借助交易费用理论、资源基础理论、竞争优势理论等多种理论基础，综合了产融结合动因及经济效应等多种观点；在经验研究中，利用各种公开的档案数据和手工处理数据，结合制度背景，穿插描述性统计等统计方法，构建了 Logit 回归、Probit 回归和中介效应等多种不同多元回归模型，分别使用了相关系数分析、回归分析、PSM、事件研究和均值检验等方法对研究问题进行一系列检验，并尽可能地提供各种稳健性测试和进一步讨论分析，以确保研究结果的可靠性。

1.3 研究内容与结构安排

本书基于企业产融结合动因、现状及相关理论基础，围绕企业参股、持股或控股金融机构实施产融结合现象，从企业投资视角考察我国实体企业实施产融结合的经济后果，试图回答产融结合实施是否有效，是否有助于促进企业产业扩张与实体产业发展等问题。以 2007～2014 年中国非金融上市公司参股或控股金融机构实施产融结合为研究对象，在梳理回顾产融结合文献、制度背景和当前中国实体企业产融结合现状的基础上，验证了实体企业参股或控股金融机构实施产融结合对企业总体投资规模、具体的外部并购扩张投资和内部创新研发投资决策的影响及其作用机制，并进一步探讨分析企业参股不同类型的金融机构、是否向金融机构派驻董事等不同产融结合特征的影响。

本书的研究内容共分为 7 章，各章结构安排如下（见图 1 - 2）。

第 1 章，绪论。主要介绍本书的研究背景和研究意义，提出研究问题，并阐述研究思路和研究方法，同时进一步分析研究创新与贡献。

第 2 章，文献综述。在对产融结合概念和具体形式界定的基础上，基于国内外相关文献，对产融结合相关研究进行了梳理归纳，为本书的后续研究提供了契机并奠定了理论与文献基础。主要包括产融结合的概念与形式研究、产融结合动因与影响因素研究、产融结合的经济后果研究和产融结合的实证衡量研究，系统总结现有的研究成果，并做出评价，总结出当前研究存在的问题，提出研究机会和研究方向。

第 3 章，制度背景、发展历程与现状分析。首先，介绍了我国产融结合发展的制度背景与发展历程。其次，进一步结合描述性统计方法对我国当前实体企业产融结合实施的现状进行了分析，以反映出我国企业产融结合的现状及存在的问题。

第4章，产融结合与企业投资。考察了企业参股金融机构实施产融结合对企业总体投资规模的影响及其作用机制，并进一步分析了不同产融结合特征的影响。实证研究发现企业参股金融机构实施产融结合有助于降低企业融资成本、增加银行信贷额，给企业带来融资便利，进而提高企业的总体投资规模，并发现这一作用对于民营企业来说更显著。通过进一步分析不同产融结合特征的影响，发现参股银行类金融机构实施产融结合以及向金融机构派驻董事实施产融结合更能降低企业融资成本、增加银行信贷额，给企业带来融资便利，提高企业的总体投资规模。基于企业产融结合有助于提高企业总体投资规模，本章还分析了具体投资支出方向的倾向和投资效率，发现实施产融结合的企业在投资活动支出中更倾向于并购扩张支出，而不是内部资本投资支出，同时，进一步发现企业参股金融机构实施产融结合会显著降低企业投资效率，为后面的研究埋下了伏笔。

第5章，产融结合与企业并购。从企业外部投资决策角度研究了产融结合对企业并购扩张的影响，分别从并购实施、支付方式和并购绩效三个维度进行了分析检验，考察了企业实施产融结合是否有助于企业的产业扩张，并进一步分析了不同产融结合特征的不同影响。实证研究发现企业实施产融结合有助于促进企业并购实施，选择现金并购支付方式和提高企业并购绩效，说明我国企业实施产融结合有助于促进企业产业扩张。通过进一步分析不同产融结合特征的影响，发现参股证券、基金类金融机构和向金融机构派驻董事实施的产融结合更能有助于提高企业并购绩效。

第6章，产融结合与企业创新。从企业内部投资决策角度研究了产融结合对企业创新的影响及其作用机制，考察了企业实施产融结合对实体产业发展的影响，并进一步分析了不同产融结合特征的影响。实证研究发现实施产融结合的企业会更倾向于实施并购扩张，企业风险承担水平较低，进而抑制企业创新，同时市场套利动机也会进一步抑制企业创新。进一步研究参股不同类型的金融机构和是否向金融机构派驻董事对企业创新的影响，发现企业参股银行、证券和基金类型的金融机构实施产融结合会显著抑制企业的创新投入，而企业参股保险、财务、期货和信托等非银行证券基金类金融机构不会显著抑制企业的创新行为；无论企业是否向金融机构派驻董事，产融结合均会抑制企业创新。本章的研究结论进一步说明我国企业产融结合会抑制企业创新，长期来看，并没有有效支持实体产业的发展。

第7章，研究结论与研究展望。主要总结了全文的主要研究结论、政策建议和研究局限性，并进一步对未来的研究方向作出展望。

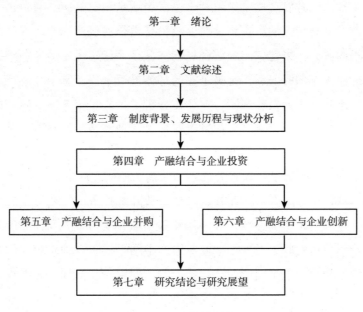

图1-2 本书的结构

1.4 研究创新与贡献

本书的创新与贡献主要体现在以下几个方面。

第一，从投资角度较全面系统地研究了产融结合对企业扩张和实业产业发展的影响及其经济后果，揭示了产融结合对企业不同投资行为的不同影响及其内在作用机制。已有产融结合经济后果有效性方面的实证研究争议较大，其中大多研究主要讨论产融结合对企业融资和绩效的影响，对企业投资行为的研究较少且重点聚焦在企业投资效率研究上。本书较全面系统地研究了产融结合对企业总体投资规模、外部并购扩张和内部创新投资等具体投资决策的影响及其作用机制，打开了产融结合影响企业投资的"黑箱"，弥补了这一研究空白，进一步丰富扩展了相关研究，为产融结合经济后果及其有效性研究提供了一定的经验证据。

第二，探讨分析了不同企业产融结合特征带来的不同经济后果，为当前不同企业产融结合实践的不同后果提供了理论依据。已有实证研究主要从企业是否实施产融结合整体特征分析了产融结合的经济后果，但不同企业参股金融机构实施的产融结合特征有所不同，本书结合企业参股金融机构的持股比例、持股期限、参股金融机构类型和是否向金融机构派驻董事等不同产融结合特征分析了产融结合对企业不同投资行为的不同影响，进一步深化和拓展企业产融结合的经济后果研究。

第三，验证了金融机构所带来的信息效应、人才技术支持、资本市场服务及协同效应对企业投资行为的影响，进一步丰富了研究理论视角。现有文献主要从缓解企业融资约束这一动因角度解释分析了产融结合的经济后果，本书在基于企业融资便利理论视角分析验证产融结合有助于促进提高企业总体投资规模的基础上，进一步从信息优势、人才支持及资本市场服务咨询等理论视角分析了产融结合对企业外部并购扩张实施及并购绩效产生的积极影响，丰富了研究理论视角，扩展延伸了产融结合理论研究，并为产融结合动因研究提供了一定经验证据。

第四，以往文献较少关注企业借助产融结合获取融资便利后的具体投资决策倾向，从而使产融结合如何影响企业创新及价值成为"黑箱"，本书发现虽然产融结合有助于提高企业总体投资规模，但实施产融结合的企业在具体的投资决策上具有一定倾向，他们更倾向于进行并购扩张行为，而不是内部研发创新行为，产融结合反而会抑制企业创新。与目前主要基于融资约束缓解认为产融结合有助于促进企业创新的文献不同，本书进一步考虑了企业获取融资便利后的投资倾向以及企业因过度投资导致的投资结构失调，分析验证了产融结合抑制企业内部研发创新的影响，从而打开了这一"黑箱"，也有助于加深对企业产融结合的动机及经济后果的认识。

第 **2** 章

文献综述

2.1 产融结合概念与形式

2.1.1 产融结合概念

自 1903 年拉法格最早提出"金融资本"概念和 1910 年希法亭明确金融资本的理论范畴以来，产融结合这一概念与问题得到了不断发展研究，尤其是西方理论研究已有百年历史。我国国内也对产融结合进行了较早的理论研究，对产融结合的概念、形式、动因等进行了不同的界定分析与解释。国内关于产融结合的概念界定与定义较多，不同的学者根据经济和产融结合发展阶段的不同做出了不同的界定，主要有以下五种不同定义：一是宏观层面上经济与金融之间互相促进与融合的关系；二是融资和投资以及直接与间接融资之间的结合；三是产业部门和金融部门之间的相互融合；四是资本的政治职能和经济职能等各种制度结构中的职能的结合；五是产业资本和银行资本之间的相互融合。综合来看，产融结合的定义存在广义与狭义之分。

从广义上来讲，产融结合是指产业部门和金融部门之间资本的相互结合，是资本在制度结构中经济职能和政治职能等职能的结合，是产业和金融通过资本、资金和人事等多方面形式的沟通融合（李扬等，1997；谢杭生，2000；黄明，2000；许天信，2003；王少立，2008）。例如，李扬等（1997）认为产融结合是指货币市场、资本市场、金融机构在为产业服务的过程中所处的不同位置和发挥的不同功能，产业界和金融界在资金、资本、人事及其他方面的沟通形式，直接融资与间接融资的关系及企业资金来源的结构；黄明（2000）从职能角度对产融结合进行了最宽泛的定义，认为产融结合是指一定制度结构中资本的政治职能和经济职能等各种职能的结合；谢杭生（2000）、许天信和沈小波（2003）等认为产融结合是指资本在金融部门和产业部门之间的结合。

从狭义上来讲，一些学者认为产融结合是产业部门和金融部门互相以资金或资本去参股或控股进行股权参与以及人事参与等方式而实现的直接融合（余鹏翼，2002；支燕和吴河北，2011；姚德权等，2011；刘锡良等，2015；马红和王元月，2017）。例如，郑文平和苟文均（2000）指出产融结合是指通过信贷联系、资产证券化和信息共享、人力资本结合等方式；余鹏翼（2002）、马红和王元月（2017）等认为产融结合是产业部门与金融部门通过股权参与和人事参与等方式所实现的内在融合；支燕和吴河北（2011）、刘锡良等（2015）等指出产融结合是一种产融实体的经济现象，是金融企业和产业企业之间互相以资本、资金和人事参与等方式涉入对方业务领域而发展的融合。部分学者进一步从更为狭义的角度对产融结合概念进行了界定，认为产融结合主要是指产业部门和金融部门之间通过相互参股、持股、控股等股权关系实现产业资本与金融资本的内在融合或结合（张庆亮和孙景同，2005；蔺元，2010）。本书主要采用了狭义定义，认为产融结合是产业部门与金融部门之间通过资金、资本来参股、持股或控股进行股权参与以及人事参与等方式而实现的内在融合。

2.1.2　产融结合形式

狭义的产融结合主要有两种形式，一种是"由融到产"，即金融资本向产业资本进行渗透，主要表现为金融机构以股权投资方式成为实体产业企业的股东并参与或控制产业企业的经营，目前这种金融资本向产业渗透的形式基本不常见，主要存在于日本的主银行制和德国的全能银行制经营模式下。"由融到产"这一产融结合形式的发展最早可以追溯到 19 世纪末，欧美各国实行自由放任与自由竞争的市场经济制度，各个国家的政府对工商企业与金融机构之间跨业经营和互相持股基本不限制，当时"由融到产"产融结合的典型的企业集团代表有美国的摩根、洛克菲勒、杜邦和花旗等，日本的三和、三菱、三井等。但 1930 年大萧条后，美国开始实现银行业与证券业的分业经营并出台一系列法律法规，严格限制了金融机构与工商企业之间的市场准入、相互持股和投资，其他国家也纷纷跟随美国，遏制了金融业渗透产业的产融结合模式的发展。然而，自 20 世纪 80 年代开始，美国等西方国家由于经济滞胀又逐渐开始放松金融管制，从 1980 年《放松存款机构管制和货币管理办法》的颁布开始，金融混业重新盛行，金融资本再次进入产业资本。相反，我国银行、证券和保险等方面的相关法律法规（如《中华人民共和国保险法》《中华人民共和国商业银行法》等）一直严格限制金融资本进入产业资本（祝继高，2012），如 1995 年 7 月 1 日起施行的和 2015 年修订的《中华人民共和国商业银行法》均在第四十三条中规定，商业银行在中华人民共和国境内不得从事信托投资和证券经营业务，不得向非自用动产投资或者向非银行金融机构和企业投资，但国家另有规定的除外。可见，我国严格限制金融资本向产业资本渗透，"由融到产"这一形式的产融结合较少。

另一种产融结合形式是"由产到融"，即产业资本向金融业渗透，主要表现为产业企业在生产经营的同时，向金融机构投资，通过参股、持股或控股金融机构实现内在融合，以实现低成本融资，产生协同效应，实现企业多元化发展，获取竞争优势，促进企业发展壮大。这一产融结合形式的发展主要起源于 20 世纪 80 年代，当时美国等西方国家逐渐开始放松金融管制和推进金融自由化，模糊了产业和金融企业间原有的界限，为产业资本进入金融领域提供了基础，有力地促进了"由产到融"这一产融结合形式的发展，其中，最为典型的成功案例则是通用电气（GE）的产融结合。在我国，"由产到融"的企业产融结合也逐步得到发展，海尔集团、新希望集团、德隆集团、联想等率先进入金融业，参股或控股多家金融机构，包括信托、保险、基金、期货、银行、财务及证券公司等多种类型金融机构，形成了明天系、海航系、复星系、联想系、沙钢系、希望系、美的系等一系列实体企业产融结合集团。

在"由产到融"的产融结合形式下，许多学者进一步进行类型划分。如黄明（1999）基于政府、银行和企业等各经济部门在产融结合中的不同金融交易关系和作用将产融结合分为了四种类型：一是市场主导型产融结合模式，主要以美国为代表；二是政府主导型产融结合模式，主要以苏联和中国为代表；三是银行主导型产融结合模式，主要以日本和德国为代表；四是企业主导型产融结合模式，以南斯拉夫为代表。古晓慧（2007）基于中国大型国企的产融结合实践研究，指出我国实体企业产融结合主要有"产业＋商业银行""产业＋保险公司"和"产业＋财务公司"三种模式。其中"产业＋商业银行"模式，即实体企业通过参股、控股或新成立商业银行的方式实施产融结合，典型的有首钢集团成立华夏银行；"产业＋保险公司"模式，即企业实体企业通过参股、控股或新成立保险公司的方式实施产融结合，典型的有国家电网发起筹建英大泰和财产保险公司；"产业＋财务公司"模式，即大型企业集团内部设立财务公司，典型的有海尔集团等。

本书基于被参股或控股金融机构的性质，将"由产到融"这一产融结合形式进一步分为实体企业与银行进行产融结合、与证券公司进行产融结合、与财务公司进行产融结合、与保险公司进行产融结合、与基金公司进行产融结合、与信托公司进行产融结合、与期货进行产融结合等产融结合形式。

2.2 产融结合动因与影响因素

2.2.1 产融结合动因

关于产融结合动因的研究，国内外学者分别从企业实践层面和理论层面进行了探讨。我国企业实践层面的产融结合动因研究主要体现在中国企业家调查系统研究，通过对全国 4526 位企业经营者进行的问卷调查，总结出企业进行产融结合的动机主要体现在"获得更多信贷支持，增强财务灵活性""为剩余的产业资本寻求出路，获取更高利润""进行多元化经营，降低风险水平""提高企业家学习创新能力"四个方面。其中，50.2%的企业家表明"获得更多信贷支持，增强财务灵活性"是产融结合的主要动机，特别是在中西部地区更为明显。

现有关于产融结合动因的研究更主要的还是从理论层面进行了分析，虽然不同学者得出了不同结论，但最主要的三个动因基本保持一致，部分学者额外在此基础上提出了更多具体细化的动因观点。徐晟（1997）、王超恩（2016）基于交易费用理论和后发优势理论等在理论层面上概括认为产融结合主要存在以下三个方面的动因：一是降低交易成本，降低融资成本，提高收益（蔺元，2010；吴利军和张英博，2012；谭小芳，2014；杜传忠，2014）。科斯（Coase，1937）提出的交易费用理论将市场与企业视作两种能够互相替代的资源配置机制，认为企业可以通过产权关系的纽带将外部交易成本内部化来节约交易费用。企业与金融机构之间的交易费用主要表现为企业在寻求和获得贷款过程中付出的信息搜寻成本、履约成本、融资成本以及花费的谈判费用等。企业参股金融机构能够促进产融间互相了解、控制，使交易费用内在化，提高企业融资效率，降低融资成本。二是获取协同效应（冯小芩，2009；蔺元，2010；杜传忠，2014）。基于安索夫（Ansoff）协同效应理论，产业资本和金融资本属于不同的行业，其业务具有互补性，实现优势互补，产融结合能够产生管理协同和财务协同效应。其中财务协同效应表现为企业实施产融结合后，企业能够合理平抑利润，实现合理避税；而管理协同是最常见的协同效应，是指产融结合可以促进产业资本与金融资本之间互补，实现规模经济，降低企业管理成本，提高企业的经营活动效率。三是优化资源配置（蔺元，2010；杜传忠，2014）。蒂斯（Teece，1981）认为当企业发展到一定规模时，企业会因其丰富的产业资本选择多元化经营，实现产业扩张。产融结合有助于企业构建融资平台，拥有庞大的金融资源后盾，方便聚集各种社会资金，扩大融资渠道，为产业资本积累和扩张提供资金保障，同时有助于企业充分利用金融机构的专业人才和技术，提高资本市场运作能力，实现并购等规模扩张行为。

一些学者基于以上三大主要产融结合动因进一步研究分析，提出了额外更为细化具体的动因。吴利军和张英博（2012）进一步提出了四个动因论，即"满足企业金融服务需要""降低交易成本""提高盈利水平"和"产生协同效应"。蔺元（2010）基于上市公司参股非上市金融机构的行为视角分析了产融结合的四个动因，即"构建融资平台，实现产业扩张""降低交易费用""实现协同效应"和"获取超额利润"。杜传忠（2014）也基于上市公司参股上市金融机构角度运用序列 DEA 方法分析得出了类似的动因结论，即"节约融资成本，满足融资需求""获取协同效应，提升内部效率""优化企业资产配置，实现保值增值"和"规避企业行业风险，促进企业转型发展"。而支燕和吴河北（2011）认为前人研究更侧重于将企业规避外部交易导致的交易成本上升而进行战略选择作为产融结合的动因，而这种思路在产融结合实践不断发展和环境不断变化的情境中具有一定片面性。因此进一步结合企业的动态竞争环境，基于竞争优势内生论提出企业产融结合的三个主要动因，即外取资源、整合能力和打破路径依赖。此外，部分学者还从声誉和代理问题等其他视角进一步探讨了产融结合的动因。邓建平等（2001）认为企业通过持股金融机构建立的金融关联可以看作一种声誉和隐性的担保机制，有助于增强企业的信用和声誉。证券公司关联带来的声誉与担保机制有助于企业获得金融机构与外部投资者的信任和支持。

综上所述，本书进一步概括总结并具体分析，认为实体企业产融结合的动因主要体现在以下几个方面。

第一，减轻产融之间的信息不对称。相关研究表明，企业和外部资本市场之间的信息不对称为企业产融结合的产生创造了条件（Mayer，2002）。蔺元（2010）等研究认为企业与金融机构之间往往存在信息不对称的情况，企业作为资金占用者和使用方往往独具资金用途和投资风险等金融机构所缺乏的信息，借出资金的金融机构会因其信息劣势较难对与其交易的企业的经营状况充分了解评估和信贷定价，导致逆向选择、道德风险等问题出现，如金融机构很有可能会制定较高的利率水平，提高交易费用。企业通过参股、持股和控股金融机构等方式实施产融结合有助于促进产业企业与金融企业之间的内在融合，使产业企业与金融企业之间相互了解，实现信息沟通与信息共享，降低两者之间的信息不对称（郭牧炫和廖慧，2013）。

第二，减少交易费用，降低融资成本。实施产融结合的实体企业的交易费用有信息搜寻成本、融资成本以及与金融机构之间进行谈判所付出的谈判费用和履约成本等，相关研究表明，实体企业的产融结合有助于降低交易成本（Akira Goto，1982；Diamond，1984；Khanna and Yafeh，2007；Stein，2012；许天信和沈小波，2003；徐赐豪和王红玲，2008；蔺元，2010；吴利军和张英博，2012）。例如，阿基拉（Akira Goto，1982）基于德国和日本企业数据研究，证明了企业和银行之间互相参股行为有助于降低企业交易成本；斯坦（Stein，2012）进一步研究发现企业产融结合的实施有助于降低企业在收购、兼并和重组等资本运作方式的交易费用。国内学者蔺元（2010）、吴利军和张英博（2012）也指出实体企业参股金融机构这一产融结合方式能够有效降低交易费用。因此，本书认为实体企业能够借助产融结合的实施降低交易费用，降低融资成本，主要表现为企业可以通过其所参股、控股及其发起成立的银行、财务公司、保险公司、信托公司、期货与基金公司等金融机构提供金融服务，将资本外部循环内部化，降低沟通成本等交易费用，降低融资成本。例如，杜胜利（2005）研究发现海尔集团成立的海尔财务公司通过资金集约管理和综合金融服务在其成立两年内使得海尔集团节约资金成本两亿元左右，同时将其外部融资成本降低了3%以上。

第三，构建融资平台，缓解融资约束，实现产业扩张与多元化经营。当企业发展到一定规模时，企业往往会寻求进一步的产业扩张和多元化经营，而这些便需要强大的融资资金支持。企业通过参股或控股银行、证券、保险与财务公司等金融机构的方式，不仅有助于减轻信息不对称、降低交易费用、降低融资成本进而缓解企业融资约束（Lu et al.，2012；李维安和马超，2014；万良勇等，2015），还会通过派驻董事等方式影响银行等金融机构的信贷决策来缓解企业融资约束（Petersen and Rajan，1994；Berger and Udell，1995；Laeven，2001；Laporta et al.，2003；Maurer and Haber，2007；Lu et al.，2012；谢维敏，2013；万良勇等，2015）。此外，产融结合的实施也有助于拓宽企业的融资渠道，进而有助于企业并购等产业扩张行为。谭小芳和范静（2014）基于吉利收购沃尔沃案例研究，发现吉利借助产融结合搭建的融资平台在企业并购扩张中发挥了重要作用，在该项目中，吉利有三个最主要的融资平台：一是 2009 年 12 月由吉利全资子公司与大庆国资委合资建立的吉利万源国际投资有限公司；二是 2010 年由上海市政府搭建的上海嘉尔沃公司；三是 2012 年由吉利万源控股和嘉尔沃出资搭建的上海吉利兆圆国际投资有限公司，最终吉利采用现金对价的方式以 18 亿美元收购沃尔沃 100% 的股权，其中 61% 的并购资金（11 亿美元）来自这三个产融结合搭建的融资平台。在其他参股金融机构实施产融结合的企业案例中，我们也发现企业参股金融机构有助于企业从被参股金融机构处获得较多银行贷款，如在江西万年青水泥股份有限公司 2014 年的年报分析中，发现其以 5.51% 的持股比例参股了景德镇农村商业银行，在 2014 年以质押担保的方式就从景德镇农村商业银行获得了 14500 万元的银行贷款，缓解了企业的融资约束。

第四，实现优势互补，发挥协同效应。产业资本与金融资本之间的业务互补有助于产生协同效应，主要包括管理协同效应和财务协同效应（冯小芩，2009；蔺元，2010；杜传忠，2014）。一方面，产融结合可以促进产业资本与金融资本之间互补，实现规模经济，降低企业管理成本，提高企业经营活动效率（蔺元，2010；杜传忠，2014）；另一方面，企业可以充分利用金融机构的信息优势、专业人才和技术对企业的投融资行为进行专业指导咨询，提高资本运作效率（王辰华，2004；古晓慧，2008）。例如，联想于 2003 年成立的弘毅投资，主要以股权投资与管理业务为主，先后带领联想在建材、医药、装备制造、消费品、新能源、新材料、文化传媒等多个行业进行成功投资与并购扩张。

第五，追求超额利润，优化企业资源配置。在我国，金融行业是一个高利润回报的垄断性行业，其平均利润水平高于其他行业，对于低利润的实体产业企业具有较强的吸引力以寻求新的高利润增长点，特别是处于成熟阶段的企业来说，其实体产业的利润增长已到瓶颈，通过参股或控股金融机构的方式投资涉足金融领域，以分享金融行业的高利润回报，提高企业盈利能力，以优化产业资本与金融资本之间的资源配置（王辰华，2004；周莉和韩霞，2010；吴利军和张英博，2012；郭牧炫和廖慧，2013）。

如对新希望集团 2006~2008 年的利润情况分析发现，其 2006 年、2007 年和 2008 年从持股的民生银行获得的利润占到了同年公司总利润的 70%、94% 和 150%。

第六，获取竞争优势，实现企业发展。自 20 世纪 80 年代以来，随着竞争环境动态化特征的日益突显，在全球竞争越来越激烈的情形下，借助产融结合获取竞争优势是当前企业寻求持续发展的重要选择。2016 年央视财经论坛暨中国上市公司峰会正式发布了"2016CCTV 中国十佳上市公司"，分别为上汽集团、贵州茅台、中国神华、美的集团、中国平安、海康威视、云南白药、网宿科技、科大讯飞和福耀集团。相关报道分析指出，这些十佳公司能够从 3000 多家公司脱颖而出，其共同的主要原因在于他们有效整合了产业资本与金融资本，推进企业"产融结合"，助推了企业二次飞越，有效提升企业核心竞争力，持续保持行业领导地位，并实施了全球化布局。因此，部分学者从理论上分析认为获取竞争优势也是企业产融结合的动因。例如，支燕和吴河北（2011）在竞争优势内生论的基础上，从资源获取、能力整合、路径刚性突破三个理论视角对企业产融结合获取竞争优势的动因进行了阐述分析。

2.2.2 产融结合影响因素

目前，关于产融结合影响因素方面研究的文献较少，主要从企业内部因素和外部因素两方面出发进行了较少的研究。

企业内部因素方面，一些学者认为，企业持股金融机构的产融结合行为受到企业内部因素的影响，现有研究主要关注企业自身融资约束状况、企业业绩和企业所有制、股权性质的影响。冯小芹（2009）指出，实现股份制且产业资本具有雄厚的资本和良好的社会声誉是产融结合存在的必要条件。企业的所有制性质和股权性质会对企业持股金融机构的意愿行为产生影响。例如，陆正飞等（Lu et al.，2012）发现与国有企业相比较，民营企业更加倾向于借助参股银行的方式以规避自身的融资劣势；何婧和徐龙炳（2012）通过案例研究发现，产业企业更倾向于持有股权结构分散的金融企业的股份。这可能是因为不同所有制和股权性质的企业所面临的融资约束状况不同，企业自身的融资约束状况会影响企业持股银行的意愿行为。曾海舰和林灵（2015）研究发现融资约束程度最低的企业持股银行的意愿最弱，而融资约束程度最高的企业持股银行的意愿最强。企业业绩与企业融资结构等融资行为有着密不可分的关系，基于此，学者们也研究了企业业绩对企业持股金融机构产融结合行为的影响，蔺元（2010）发现业绩增长快的公司更可能参股金融机构；支燕和吴河北（2010）进一步研究还发现企业自身的经营业绩、资本结构、产融结合程度和产融结合持续时间是影响产融结合效率的主要因素。

企业外部因素方面，现有企业持股金融机构的产融结合行为的研究主要直接表现在产融结合制度背景、法律法规支持和企业与金融机构间的地理距离对产融结合行为的影响上。部分学者认为企业产融结合的实施与发展需要一定的制度背景、法律法规等条件（魏杰，1997；黄明，1999；余鹏翼，2002；张庆亮和王珍，2005；伍华林，2007），如魏杰（1997）指出，产融结合最重要的基础是体制问题，而不仅是政策性问题和技术操作问题；余鹏翼（2002）认为，中国产融结合的推进必须使国有资产股份化、推进银企产权制度改革、建立现代企业制度、积极发展资本市场并使其成为产融直接结合的渠道；张庆亮和王珍（2005）指出，金融体制改革、金融调控及其监管水平的提高不仅为企业产融结合的形成提供了机会，还保障了产融结合的有效发展；伍华林（2007）也进一步指出，法律、经营管理、资本结构、市场机制和政策等条件的完善为企业产融结合的发展奠定了基础。近年来，也有部分学者进一步从距离视角分析了企业产融结合行为，研究表明地理距离会对分析师行为以及企业并购偏好产生影响（Kang and Kim，2008）。基于此，一些学者认为上市公司会更倾向于优先持股本地的金融机构，这是因为上市公司与本地金融机构的文化、制度等因素更为接近，上市公司与金融机构之间的信息不对称会降低（王超恩等，2016）。

2.3 企业产融结合经济后果

虽然产融结合实践在实务中得到了迅速发展，但相关产融结合的理论研究明显比较滞后，已有文献较多属于规范性理论探讨（支燕和吴河北，2011；祝继高，2012），仅有少数学者近几年开始了实证研究产融结合对企业投融资行为（Laeven，2001；Lu et al.，2012；李维安和马超，2014；万良勇等，2015；黄小琳和朱松，2015）、企业业绩（蔺元，2010；Li and Greenwood，2004；张庆亮等，2007；Pantzal et al.，2008；Christos et al.，2008；杨丹和朱松，2016）以及企业创新（王超恩等，2016；谭小芳和张伶俐，2019；徐辉和周孝华，2020；王昱等，2021）等影响的经济后果研究。通过对相关研究产融结合经济后果的文献梳理，本书从以下几个方面进行了阐述：一是产融结合与企业融资行为；二是产融结合与企业投资行为；三是产融结合与企业业绩；四是产融结合与其他行为等。

2.3.1　产融结合与企业融资行为

目前，大多数相关产融结合与企业融资行为的文献主要集中探讨产融结合对企业融资约束的影响，且得到了比较一致的研究结果，一致认为企业参股金融机构实施产融结合可以缓解企业的融资约束，方便企业获得更多成本较低的银行贷款。

与国内研究相比，国外学者较早地从银企关系角度说明了紧密的银企关系有助于企业获得银行贷款，一定程度上缓解企业融资约束（Petersen and Rajan，1994；Berger and Udell，1995；Laeven，2001；Laporta et al.，2003；Maurer and Haber，2007；Khanna and Yafeh，2007）。彼得森和拉詹（Petersen and Rajan，1994）基于美国1988～1989年的小型企业的融资数据发现，企业与银行之间的紧密关系能够增加获得银行贷款的可能性。伯杰和尤德尔（Berger and Udell，1995）在此基础上继续研究，发现银企之间的紧密关系有助于降低企业的贷款利率。基于上述研究结论，相关学者进一步探讨分析企业持有银行股份可以给企业融资方面带来益处的作用机制，一方面，作为银行的股东，企业可以通过行使任免权来要求银行管理人员向企业发放关系借贷，满足资金需求（Laeven，2001）；另一方面，作为银行股东，企业参股银行比例较高时，能够向其参股银行派驻董事，对银行信贷决策的制定产生影响（Porta et al.，2003；Charumlind et al.，2002）；此外，莫勒和哈伯（Maurer and Haber，2007）、郭牧炫和廖慧（2013）认为企业持有银行股份有助于降低企业与银行之间的信息不对称，有助于企业获得银行贷款，降低企业的融资约束，尤其是民营企业（郭牧炫和廖慧，2013）。郭牧炫和廖慧（2013）基于我国民营企业没有像国有企业一样与银行之间的天然联系而面临更严重的融资约束，认为民营企业更有动机持股商业银行，并以 2006～2010 年研究样本实证发现民营企业存在融资约束，当民营企业参股银行后，企业的投资现金流敏感度减小，说明民营企业产融结合有助于缓解其融资约束。基于此，万良勇等（2015）分别从信息效应和决策效应角度实证分析了企业参股银行实施产融结合缓解企业融资约束的作用机理和实际后果，发现信息效应和决策效应会使上市公司参股银行有助于显著缓解企业融资约束，并发现民营控股、规模较小和行业竞争度较高，处于金融欠发达地区和货币紧缩时期的企业参股银行更能显著缓解企业融资约束。陆正飞等（2012）研究也发现参股银行的民营企业在货币紧缩时期的贷款利率更低，获得短期贷款的概率更大。张敏等（2017）进一步研究证明，与未参股银行的上市公司相比，参股银行的企业的实际资本结构偏离其目标资本结构的距离更小，资本结构动态调整速度更快。除了研究企业持股银行这种产融结合形式带来的融资约束缓解作用，学者们还从企业参股保险业等其他角度研究了产融结合对企业融资行为的影响。谢维敏（2013）实证研究发现，与未参股保险业的上市公司相比，参股保险业的企业面临的融资约束更低，且这种现象在金融市场化水平较低的地区更为明显。

另外，其他研究还从现金持有水平和债务结构角度进一步分析了产融结合对企业融资行为的影响。一部分学者研究了产融结合对企业现金持有水平的影响，认为持股金融机构能够通过缓解企业的融资约束来降低企业的现金持有水平（朱松等，2014）。如陈栋等（2012）研究发现，参股保险公司的上市公司日常现金持有水平和调整水平要比未参股保险公司的低；陈栋和陈运森（2012）实证表明参股银行的企业的现金持有水平比未参股银行的企业更低，而且参股银行企业的现金持有和调整水平在货币政策从紧时表现为更低。另一部分学者进一步研究了产融结合对企业负债融资与债务结构的影响。黄小琳等（2015）实证研究发现参股金融机构特别是非银行类金融机构不仅有助于企业获得更多债务资金，还能改变企业负债结构，导致融资成本较高的长期债务融资比重减少，而成本较低的短期债务融资增加。此外，相关研究也发现产融结合有助于降低商业信用使用（张新民等，2021），抑制企业投融资期限错配（马红和侯贵生，2018）。

2.3.2　产融结合与企业投资行为

基于产融结合缓解企业融资约束的作用，学者们进一步探讨分析了产融结合与企业投资行为之间的关系，主要表现在对产融结合与企业投资效率方面的研究。虽然学者们进行了较为成熟的研究，但并未得到一致的研究结论。一部分学者认为产融结合会降低企业投资效率，降低金融机构的资源配置效率。李维安和马超（2014）研究了非金融类上市公司控股金融机构对企业投资效率的影响，发现企业控股金融机构能导致企业投资效率以及金融机构对控股企业的资源配置效率降低；宁宇新和李静（2012）发现企业产融结合后扩大的投资支出并不一定会带来正利润；杨丹和朱松（2016）实证结果表明，参股金融机构的企业的投资现金流敏感度较高，企业参股金融机构会加剧企业过度投资行为，导致投资效率低下，特别是民营企业。另一部分学者却认为产融结合有助于提高企业的投资效率。翟胜宝等（2014）研究发现产融结合有助于企业更好地把握机会，同时作为一种非正式的替代机制，银企关系有助于改善企业的投资效率；黄昌富和徐亚琴（2016）以参股非上市金融机构的A股制造业上市企业为研究样本，实证发现产融结合有助于改善国有企业和非国有企业的投资效率；王磊和韩丹（2016）基于企业参股银行行为视角研究，发现企业产融结合有助于提高企业投资效率，缓解企业投资不足，但对企业过度投资没有显著影响。此外，杜传忠等（2014）还分析了参股上市金融机构的类型及参股比例对产融结合效率（综合效率、生产效率和投资效率）的影响，研究发现被参股金融机构的类型对企业的产融结合效率具有重要影响，参股比例对企业综合效率和生产效率均具有显著的正效应。

2.3.3 产融结合与企业业绩

关于产融结合与企业绩效的研究至今尚未达成一致的结论。现有的关于企业产融结合（企业参股金融机构）与企业绩效的研究主要有正相关、负相关和其他不定三种结论。一部分学者从企业发展成长能力和运营效率出发认为企业参股金融机构的产融结合行为在一定程度上有助于促进企业业绩提升（Lo and Lu，2009）。邓建平等（2011）认为金融关联的建立能够反映企业的发展能力，提高市场的预期价值；蔺元（2010）认为产融结合后的上市公司的业绩虽然出现了恶化，但是实施产融结合的上市公司具有更高的成长能力，参股券商或提高参股比例均有助于正向改善企业业绩；李然和黄凌灵（2010）基于构建的绩效评价体系，实证发现企业产融结合后，其营运能力、盈利能力和成长能力得到明显提高；何婧和徐龙炳（2012）研究也发现产业资本渗透金融资本有助于提高被举牌公司的经营业绩和增强其产品市场份额。而一些学者的研究表明不支持，认为企业的产融结合并不具备有效性（Li and Greenwood，2004；Pantzal et al.，2008）。张庆亮和孙景同（2007）实证研究发现企业产融结合存在大量无效性和负效性，并不能显著提高企业经营业绩；蔺元（2010）的部分实证研究结果在一定程度上支持了他们的观点，认为企业产融结合不具备有效性，企业参股非上市金融机构不能发挥协同作用，反而会降低企业经营业绩；姚德权等（2011）进一步引入风险因素对实施产融结合的企业的效率展开评价分析，发现风险因素会促使产融结合降低企业运营效率；郭牧炫和廖慧（2013）实证研究证明，实施产融结合的企业财务风险较高，财务稳健性较低，其较高的非营业净收益比重会恶化企业盈利质量，降低企业运营效率与资产报酬率；曾海舰和林灵（2015）从企业为了解决融资困难而持股银行的行为会扭曲社会资源的有效配置的角度分析，也发现持股非上市银行并没有实质性提升企业的绩效和盈利能力；陈创波（2016）基于42家参股金融机构的中国工业企业数据实证研究，发现其产融结合效率呈波动特征，无法实现技术有效。另外，还有一部分学者认为企业持股金融机构的产融结合行为对企业绩效的影响会因所有制、市场竞争程度等环境因素的不同而不同，并不能完全表明产融结合一定有效或无效。克里斯托等（Christos et al.，2008）利用 35 个国家的数据研究了产融结合与公司绩效的关系，发现产融结合的价值效应与资本市场的发展和完善、法律系统的完善有关。之后，国内学者也进一步展开了研究，发现产融结合对企业绩效的影响会因所有制和竞争环境的不同而不同。郭牧炫和廖慧（2013）实证研究发现，民营企业参股银行后，企业非营业净收益与利润占比提高，而企业业绩水平反而显著降低；黄昌富和徐亚琴（2016）基于参股非上市金融机构的制造业企业数据，结果发现非国有企业的产融结合有助于提升其市场绩效，不利于提升财务绩效；而国有企业的市场绩效、财务绩效及其投资效率与投资偏离"合理区间"的程度负相关；杨丹和朱松（2016）从上市公司持股金融机构对投资者对公司价值预期影响的角度进行了分析，发现投资者对公司持股金融机构的预期随所有制和竞争环境的不同而不同，投资者对民营上市公司持股金融机构的预期是正面的，尤其是对中小企业有更积极的市场反应，而投资者对国有上市公司的预期是负面的，且对盈利能力较弱的市场反应更负面；黎文靖和李茫茫（2017）以 2005 ~ 2014 年参股非上金融机构的实体企业为研究样本分析产融结合的经济后果，实证研究发现实体企业参股非上市金融机构显著提高了民营企业的经营业绩，却显著降低了国有企业的市场业绩和全要素生产率。

2.3.4 产融结合与其他行为

学者们进一步从企业创新、成长等不同角度探讨了产融结合的有效性以及具体的经济后果。王超恩等（2016）从融资约束缓解角度实证检验了产融结合在提升制造业企业创新产出中的积极作用，进一步研究发现，与参股上市金融机构相比，企业参股非上市金融机构更能缓解企业创新活动中的融资约束，促进企业创新，同时产融结合对企业创新的促进作用在金融欠发达地区作用更加显著；而黎文靖和李茫茫（2017）在产融结合经济后果分析中利用 PSM 匹配样本和 Heckman 模型控制内生性等进行实证研究却发现，实体企业参股非上市金融机构实施产融结合会显著抑制企业的研发投入，尤其是国有企业。马红和王元月（2017）实证研究发现当企业参股金融机构比例较高时，企业参股金融机构实施产融结合有助于缓解企业融资约束和提高创新能力，进而有助于企业实现成长。

2.4 企业产融结合衡量

近年来，随着相关政策与政府部门对企业实施产融结合的推动与支持，产融结合方面的实证文献也开始踊跃而出，已有的产融结合实证研究中，对产融结合的衡量方式主要是基于企业参股金融机构股权的形式展开衡量，主要有是否参股、持股比例、持股类型和持股持续时间等方式，其中最普遍采用的衡量方式为企业是否参股金融机构这一虚拟变量衡量方式。

1. 企业是否参股金融机构实施产融结合

在目前的实证研究文献中，大部分文献均采用是否参股金融机构实施产融结合这一虚拟变量对企业产融结合进行衡量（Khanna and Yafeh，2007；Maurer and Haber，2007；蔺元，2010；Lu et al.，2012；谢维敏，2013；李维安和马超，2014；万良勇等，2015；黄小琳等，2015；王超恩等，2016；张胜和张敏等，2017；马红和王元月，2017；黎文靖和李茫茫，2017）。如陆等（Lu et al.，2012）、万良勇等（2015）、张胜和张敏等（2017）等基于非金融上市公司参股银行股权的虚拟变量进行衡量，若企业当年参股银行，则为1，否则为0；谢维敏（2013）基于非金融上市公司是否参股保险公司这一虚拟变量方式进行衡量，对企业参股保险这一产融结合形式的有效性进行了实证研究；李维安和马超（2014）、黄小琳等（2015）、王超恩等（2016）、马红和王元月（2017）、黎文靖和李茫茫（2017）等均采用企业是否参股金融机构虚拟变量进行衡量研究，其中，李维安和马超（2014）进一步基于持股比例的高低定义对金融机构的控股，分别将持股金融机构20%、10%以上作为企业是否控股金融机构的标准，若企业持股金融机构比例在20%或10%以上，则表示企业当年控股金融机构，赋值为1，否则为0。

2. 产融结合的持股比例

基于企业参股金融机构行为，较少部分文献将从企业参股金融机构的持股比例方面进行衡量来研究分析企业产融结合的经济后果等（蔺元，2010；姚德权等，2011；杜传忠等，2014；马红和王元月，2017）。蔺元（2010）基于企业参股金融机构行为进一步将样本分为了小于10%、10%~20%和大于20%三组子样本进行分析，发现持股比例较高能为企业带来超额投资收益；杜传忠等（2014）基于5%的持股比例标准研究，实证发现企业持有金融机构5%以上的股份时，企业持股比例有助于提升企业生产效率和综合效率；马红和王元月（2017）进一步按照持股比例为0、5%和10%作为企业参股金融机构的衡量标准，检验发现企业产融结合在企业持股金融机构比例较低组没有显著的积极效应。

3. 产融结合的持续时间

在已有的实证研究中，少数研究也基于企业参股金融机构实施产融结合的持续时间进行了衡量分析。支燕和吴河北（2010）基于我国高技术上市公司产融结合，分析了产融结合连续持股时间对产融结合效率的影响；谭小芳等（2016）以2007~2013年国有上市公司产融结合为研究对象，分析了国有上市公司产融结合的持有期限。

4. 产融结合参股类型

在相关实证研究文献中，基于企业是否参股金融机构实施产融结合的衡量分析，较少部分文献进一步探讨了不同产融结合参股类型的影响（蔺元，2010；杜传忠等，2014；陈创波，2016），主要表现为基于参股金融机构类型所划分的不同产融结合参股类型，目前研究主要是对以下三种进一步划分方式进行讨论分析：一是参股银行与非银行类金融机构的划分；二是参股上市与非上市金融机构的划分；三是参股银行、证券公司、保险公司、财务公司、信托公司等具体的金融机构类型细分。黄小琳等（2015）基于企业持股金融机构对企业债务资金与负债结构的影响，进一步区分银行类与非银行类金融机构在融资方面的差异，区分企业参股银行类与企业参股非银行类金融机构实施产融结合进行研究，发现企业参股金融机构对企业负债融资和债务结构的影响主要来自参股非银行类金融机构。王超恩等（2016）基于企业参股金融机构缓解企业融资约束进而促进企业创新的研究，进一步将参股类型分为参股上市金融机构与参股非上市金融机构研究，发现制造业企业参股非上市金融机构有助于促进企业创新，但参股上市金融机构时并不能显著促进企业创新。蔺元（2010）将样本分组为参股银行、证券、财务和信托四组不同的产融结合类型样本实证检验；杜传忠等（2014）和陈创波（2016）分别将产融结合样本划分为参股证券、银行和保险类型开展实证检验。

2.5 文献述评

基于相关产融结合研究方面文献的回顾、梳理与总结，早期的研究主要是从理论层面进行规范性研究，近年来才开始不断出现实证研究，相比于规范性研究来讲，该方面的实证研究较为缺乏，有待进一步丰富。虽然近年来，越来越多的实证研究开始探讨企业产融结合实施的有效性及其经济后果，但存在以下几个方面的欠缺或不足。

第一，目前已有产融结合经济效应的研究并未取得一致结论，特别是产融结合对企业投资行为和业绩表现方面，尚未达成共识。一方面，文献在产融结合界定标准和相关经济后果的具体衡量方式不同，且没有针对性地分别考虑不同产融结合模式下的经济后果研究（蔺元，2010）；另一方面，现有产融结合与企业投资行为的研究主要表现在企业参股金融机构实施产融结合对企业投资效率的影响，并没有系统探讨企业参股金融机构实施产融结合对企业总体投资规模以及具体投资决策行为的影响。因此，基于企业投资视角，较全面、系统地从企业总体投资规模、具体的并购投资与创新投资决策维度去分析企业产融结合对企业投资行为的影响。

第二，目前产融结合实证研究对产融结合的衡量方式较为单一，大多文献主要使用企业是否参股金融机构实施产融结合这一虚拟变量进行度量，较少文献进一步采用产融结合持股比例和产融结合持股期限等更具体化的产融结合衡量方式进行分析。然而，与企业是否参股这一虚拟变量衡量方式比较，企业产融结合持股比例与持股期限可能更能反映企业产融结合的程度、特征、状态与动机，因此，分别使用是否参股实施产融结合、企业产融结合持股比例与持股期限来衡量企业产融结合，分析企业产融结合的经济后果。

第三，目前已有产融结合经济后果的实证研究较为宽泛地探讨分析企业参股金融机构实施产融结合的影响，较少文献进一步具体分析不同产融结合特征企业的不同经济后果，如参股金融机构类型和是否向金融机构派驻董事参与金融机构治理等不同特征可能会对企业具体行为带来不同经济后果。在产融结合实践的企业案例中，有海尔、联想的成功实践，也有德隆、海航的失败实践，他们实施的产融结合具有不同特征，因此有必要研究不同产融结合特征的影响。一般来说，实体企业参股或控股的金融机构不仅包括银行，也包括证券、保险、期货、信托、基金等非银行类金融机构，而不同的金融机构所涉及的业务经营范围有所不同，如银行是以货币信贷业务为主要经营业务的金融机构，证券是以专门经营证券业务为主的金融机构等。基于不同类型金融机构的不同业务特征，企业参股不同类型金融机构所带来的效应和影响也会有所不同，进一步分析参股不同类型金融机构所实施的不同产融结合类型对具体经济后果行为的影响显得尤为重要。另外，企业是否向金融机构派驻董事不仅能够反映企业对金融机构的影响力，还体现了另一种人事参与安排的产融结合方式，可能会对企业产生不同影响。因此，本书在进一步分析中分析了参股金融机构类型和派驻董事参与治理等不同产融结合特征带来的不同经济后果。

第四，在相关研究产融结合与企业投资行为的研究中，大多研究主要从融资约束缓解这一理论视角进行了实证分析，且并没有具体检验不同的作用机制。而基于产融结合动因的文献梳理回顾，企业产融结合的实施不仅有助于缓解企业融资约束，还会降低交易费用、减少信息不对称、降低融资成本并带来金融机构所独特拥有的信息优势、专业人才和技术，对企业的投融资行为进行专业指导咨询，提高资本运作效率等。因此，本书不仅基于融资约束缓解视角，还从其他不同的理论视角分析产融结合的影响并具体分析了不同的作用机制。

第3章

制度背景、发展历程与现状分析

3.1 制度背景

由于我国监管部门和法律法规严格限制商业银行等金融机构投资控股进入实业，我国的产融结合主要表现为"由产到融"模式，即"实体＋金融"的产融结合模式。自1978年改革开放以来，我国经济体制发生了重大改革，由传统的计划经济体制转变为社会主义市场经济体制，市场经济体制确立了我国企业与银行等金融机构的市场主体地位，为企业产融结合奠定了体制基础。企业集团（公司）的组建为企业制度的改革与股份制的发展，为中国产业资本与金融资本的结合构建了基石与纽带，也为促进产业资本与金融资本的深度融合提供了机会。一些企业纷纷开始参股或控股、成立银行、保险以及财务公司等金融机构，以实现企业集团（公司）的进一步发展与扩大，保持企业核心竞争力，增强企业竞争优势，不断做大做强。

3.1.1 经济体制改革

1978年以前，我国实行的是计划经济体制，中国企业的资金主要来源于财政，即国家拨付资本金。1978 年 12 月，党的十一届三中全会开启了中国改革开放的进程，建立了社会主义市场经济。从 1978 年改革开放开始到 1992 年，我国发生了经济体制改革，逐渐确立了社会主义市场经济体制目标，国有企业经营机制成了改革的重心。其中，从 1978 年 12 月到 1984 年 10 月，我国总体上还是以计划经济为主导的体制，改革的目标是要改革传统的计划经济体制，摆脱传统计划经济体制的束缚，探索一种全新的体制模式，该阶段改革主要是从农村开始实行"对内改革"。1978 年 11 月安徽省凤阳县小岗村实行"农村家庭联产承包责任制"掀起了农村体制改革的浪潮，全面实行联产承包责任制，到 1983 年，全国包产到户的覆盖面达到了 95%；在农村改革的同时，城市的工商企业也开始进行了扩大企业自主权的改革试点。1984 年 10 月到 1992 年 10 月，我国经济体制改革取得了重大突破，其中，1984 年通过的《关于经济体制改革的决定》首次提出了中国社会主义经济是有计划的商品经济；1987 年，党的十三大报告进一步提出"国家调节市场，市场引导企业"，浓重了市场经济的色彩；1992 年邓小平同志明确提出"计划经济不等于社会主义，资本主义也有计划；市场经济不等于资本主义，社会主义也有市场"①。在这一思想推动下，党的十四大首次将中国经济体制改革的目标确立为社会主义市场经济体制。1992 年 10 月到 2002 年，我国正式进入改革开放转型新时期，1993 年通过的《关于建立社会主义市场经济体制若干问题的决定》，1997 年确立的以公有制为主体、多种所有制经济共同发展的市场经济制度，奠定了我国产融结合形成与发展的体制基础；2002 年通过的《关于完善社会主义市场经济体制若干问题的决定》基本确立了社会主义市场经济体制框架。总的来说，市场经济体制的确立进一步确立了我国企业和银行的市场主体地位，为产融结合的形成和实现建立了体制基础（张鹏，2017），银行和企业能够作为独立市场主体在交易中自由双向选择，建立紧密的新型银企关系。

3.1.2 中国集团（公司）组建

随着经济体制改革的进一步深化，扩大企业自主权试点的全面推开，

---

① 《邓小平文选》第三卷，人民出版社 1993 年版，第 373 页。

为了进一步推动国有企业和民营企业的发展壮大，我国逐渐开始组建企业集团（公司），许多产业资本逐渐向金融领域扩展，以形成大型企业集团。企业集团（公司）的组建改革鼓励产业资本纷纷踏入金融业，为企业产融结合的促进实施提供了基石，许多大中型实体企业为组建企业集团，通过成立财务子公司、保险机构和附属银行子公司等方式叩响金融业的大门，实施产融结合，形成一批具有竞争力的大型企业集团。

1980年国务院发布《国务院关于推动经济联合的暂行规定》提出了企业实行横向经济联合发展的新思路，并就企业横向经济联合的概念、定义及有关政策问题进行了规定。1986年，国务院发布了《关于进一步推动横向经济联合若干问题的规定》以加强对企业的有效管理，促进企业集团发展；1987年，国家经济体制改革委员会和国家经济贸易委员会发布了《关于组建和发展企业集团的几点意见》的规范性文件，这是我国政府颁布的第一个关于发展企业集团（公司）的规范性文件，该文件的颁布实施，成为中国企业集团（公司）开始组建的标志。在国家政策的推动下，不少地方政府和企业率先进行组建企业集团的试点工作，如1938年为抗战在香港建立的地下交通站、1948年改组更名的华润公司，于1983年改组组建为华润（集团）有限公司，这是我国第一个以集团公司名称出现的企业。之后，我国各行业国家级的企业集团开始应运而生，如作为金融改革的试点以适应中国经济体制改革和发展，1987年4月，中国第一家全国性的国有股份制商业银行——交通银行完成重新组建并营业，成为中国银行业经营体制改革的起点；同时，香港招商局集团有限公司创办成立了我国首家企业控股的股份制商业银行——招商银行，中信公司成立子公司——中信银行；1987年5月，经国家银行业监督管理机关批准，东风汽车集团设立了东风汽车财务有限公司，是我国设立的第一家集团财务公司，也是我国第一家真正意义上的财务公司；1987年10月，全国第一个采取股份形式组建的中国嘉陵工业股份有限公司（集团）成立。

1988～1992年，为了推动企业组建集团，促进企业健康快速发展，国家有关部门相继出台了《关于选择一批大型企业集团进行试点请示的通知》《关于国家试点企业集团登记管理实施办法（试行）》《关于国家试点企业集团建立财务公司的实施办法》等一系列规范性文件，进一步拉开了企业组建集团的序幕，许多企业纷纷开始涉足金融领域组建大型企业集团。1988 年 5 月，招商局组建了中国平安保险公司，并通过收购两家境外保险公司的方式成功进入国际保险市场；1990 年 8 月，以上海宝钢为核心，14 个省市的 52 家企事业单位共同组建了上海宝山钢铁联合（集团）公司。1992 年 9 月，党的十四大明确提出了建立社会主义市场经济体制的宏伟目标，同时，党和国家进一步加大对企业建立和发展集团的顶层决策部署。从 1993 年到 1999 年底，我国企业加快了组建大型企业集团或集团公司的步伐，这与国家政策的大力支持密切相关。1993 年，《关于当前经济情况和加强宏观调控的意见》对企业集团建立和加强经济宏观调控作出原则部署；1995 年，《关于深化企业改革搞好国有大中型企业的意见》对进一步搞活大中型企业和建立集团企业作出具体规定；1997 年，国务院制定的《关于深化大型企业集团试点工作意见的通知》；等等。这些文件的出台，进一步加快了我国国有企业和民营企业组建集团公司的步伐，促使民营企业集团得到较快发展。20 世纪 90 年代中后期，为了帮助企业脱困并搞活大中型企业，扶持企业发展，我国政府采取了一系列企业改革措施，特别是国有企业改革，并按照《中华人民共和国公司法》的要求，推动企业集团向集团公司逐步转变。从 21 世纪开始，几乎所有不同所有制的企业集团都向集团公司转变，中国企业集团公司得到不断发展。中国企业集团公司的壮大发展进一步鼓励了大量产业资本进入金融领域，以进一步扩大企业集团发展，推动了企业产融结合的实施。

3.1.3 银行股份制改革与资本充足率监管

产融结合的核心是要产业资本和金融资本结合，而资本运作、资本流动、资本充足以及资本结合都要依托于股份制这一产权组织形式，股份便成了产融结合的纽带，其中，银行股份制改革为产业资本进入金融资本提供了有利条件。理论研究认为，银行股份制有助于实现产权多元化，更有利于两权分离、产权关系清晰，建立起决策、执行、监督相互制约的机制，是银行产权制度改革的有效途径。目前，世界上大部分商业银行基本采用股份制式的产权制度，股份制商业银行在商业银行体系中占据了主体地位。我国银行股份制改革也已进行了尝试，迄今为止，我国股份制商业银行得到了迅速发展。

1986年9月，为开展金融体系改革，作为银行股份制改革的试点，交通银行获批重新组建，引入1/4以上的产业资本股本，贵州茅台、一汽集团和红塔集团等均进行参股，是我国产业资本进入金融企业的首次案例，自此，我国以股份制为主体的银行体制得以确立和发展。之后，产业企业纷纷开始控股成立以招商银行和中信银行为代表的股份制商业银行，我国股份制商业银行形成了一定规模。20世纪90年代以后，我国不断深化市场经济体制改革，打开了银行业市场准入门槛，为产业资本向金融资本渗透提供了有利条件，同时企业改革的深化也促进了较多大型产业企业集团参股或控股进入商业银行，如1992年8月，经国务院批复并经人民银行批准，中国光大集团控股成立了中国光大银行。

虽然1984年开始我国实行的"拨改贷"让银行间接融资成了企业融资的主渠道，造就了一大批国有企业，促进了产业资本的发展，同时使金融部门的重要性逐渐显现，促使商业银行得到了长足发展，银行队伍不断壮大，但是却导致了企业负债率过高，不良资产数量过大，国有银企之间出现了严重的不良债务问题。为了使国有商业银行摆脱不良贷款问题，充实资本金，国家实施了一系列政策。1995年，发布了《中华人民共和国商业银行法》，原则上规定商业银行的资本充足率不得低于8%。1998年，财政部为补充四大国有商业银行的资本金以达到8%的资本充足率要求发行了2700亿元特别国债，但到1998年底，四家国有银行的资本充足率仍低于8%，财政资金无法解决资本金不足的问题。因此，为了真正解决银行资本金不足的问题，银行股份制改革得到进一步推进实施，并为民营企业这一产业资本进入金融机构提供了有利条件，如1996年，民生银行正式成立，注册资本13.8亿元，59家股东入股，其中48家为民营企业背景。自此，我国股份制商业银行得到不断发展壮大，成了中国银行体系的重要组成部分。

2001年12月，我国正式加入了世界贸易组织（WTO），经济开始正式面向全球化进程，进一步推动了以国有商业改革为重点的银行股份制改革，以积极融入全球市场竞争环境，提高市场竞争力。党的十六届三中全会指出：选择有条件的国有商业银行实行股份制改造，加快处置不良资产，充实资本金，创造条件上市，这也为产业资本进入金融机构提供了有利条件。在这一改革下，交通银行、中国银行、中国建设银行和中国工商银行为完成股份制改革目标，相继进行财务重组，引入产业资本以及公开上市，如由中央汇金投资有限公司、中国建设投资有限公司、国家电网公司、上海宝钢集团公司和中国长江电力股份有限公司 5 家公司共同发起设立的中国建设银行股份有限公司于 2004 年 9 月在北京挂牌成立，改制成了国家控股的股份制商业银行并于 2005 年 10 月在香港成功上市，其中投资主体就包括 3 家大型非金融资本的产业企业，为国有银行充实资本金、产权主体多元化做出了一定贡献。同时，招商银行和民生银行等股份制商业银行也积极引入产业资本，实现深化发展，加快了城市商业银行的股份制改造进程。

2004 年，中国银监会颁布实施了《商业银行资本充足率管理办法》，要求商业银行资本充足率不得低于 8%，并明确规定商业银行最迟要在 2007 年 1 月 1 日前达到最低资本要求。然而这一"生死令"却给大多数城市商业银行带来了严峻的挑战，据统计，2004 年底，全国 112 家城市商业银行的总体资本充足率仅为 1.36%，而不良贷款率高达 11.7%。在这一背景下，大量城市商业银行向民营企业打开了大门，如南充市商业银行为了充实资本金，2005 年引入了德资和民资，增资扩股后，民资以 70% 左右的占比绝对控股，而国有股下降到 8% 左右，其中以泰合为代表的诸多房地产商成为南充市商业银行的股东，如泰合董事长王仁果入股了南充市商业银行并担任董事，这一入股行为为泰合集团的发展壮大发挥了不可忽视的重要作用。此外，金融机构中除了银行应确保资本充足外，保险公司的资本充足要求也不可忽视。2008 年，中国保险监督管理委员会颁布《保险公司偿付能力管理规定》，自 2008 年 9 月 1 日起施行，明确规定"保险公司应当具有与其风险和业务规模相适应的资本，确保偿付能力充足率（资本充足率）不低于 100%"。这一保险公司"生死令"也为产业资本的进入打开了大门。2012 年 6 月 6 日，中国银监会进一步完善监管，对外发布自 2013 年 1 月 1 日起施行的《商业银行资本管理办法（试行）》，要求我国大型银行和中小银行的资本充足率分别要达到 11.5% 和 10.5% 的标准，并且商业银行应在 2018 年底前全面达到《商业银行资本管理办法》规定的监管要求，并对未达标的商业银行进行不同程度的强制监管。这一资本充足率的监管要求为实体企业进入银行等金融机构再次打开了通行大门，银行等金融机构为了充足资本金，渡过"生死令"，大力引入产业资本。

3.1.4 金融机构股东监管

近年来，随着我国金融业改革开放力度的加大，国家和各级政府鼓励推动产业资本与金融资本融合，大量非金融类的实体企业发起设立、参股或控股金融机构实施产融结合。尤其是实体企业参控股民营银行的热情逐渐高涨，据银监会统计，6 家开业的民营银行的股东中至少有 16 家上市公司，获批和筹建中的民营银行的股东合计有至少 40 家上市公司。企业参股金融机构实施产融结合不仅有助于实体企业优化资本配置、提升竞争力、实现发展，还有助于扩大金融机构资本来源、改善其股权结构。然而，在产融结合给实体企业带来发展的同时，却不乏一些实体企业盲目扩张，忽略自身实体主业发展，导致企业脱实向虚、杠杆率过高；一些实体企业以非自有资金虚假注资、循环注资，违规构建庞大的金融集团，使金融机构无法获取真正有助于抵御风险的资本；甚至一些实体企业不适当地干预金融机构行为，肆意进行关联交易和利益输送，进而引发了一系列监管套利风险。这一问题引起了金融监管部门的高度重视，2017 年便迎来了我国"史上最强监管年"，监管部门相继出台相关规定文件以规范非金融企业投资金融机构行为，强化对非金融企业投资金融机构的监管，促进了实业和金融业健康互动发展。

2017 年 4 月 10 日，中国银行业监督管理委员会（以下简称银监会）发布《关于切实弥补监管短板 提升监管效能的通知》（以下简称《通知》）以进一步提升监管有效性和防范化解金融风险。《通知》强调强化风险源头遏制主要是针对股东管理，在加强股东准入监管方面，制定统一的银行业金融机构股东管理规则，明确银行金融机构股东资格、参控股机构数量等监管要求，并加强资金来源审查，确保入股资金为投资人自有资金，来源合法合规等；在加强股权管理方面，严格管理关联交易，强化股东授信的风险审查，防止股东套取银行资金。自此，我国正式迎来了金融监管的"疾风骤雨"。2018 年 1 月 5 日，2018 年第 1 号中国银行业监督管理委员会令《商业银行股权管理暂行办法》（以下简称《办法》）发布，其监管重点是严管主要股东（持有或控制商业银行 5% 以上股权或表决权，或持有资本总额或股份总额不足 5% 但对商业银行经营管理有重大影响的股东），防止其滥用权利干预银行经营和掏空银行等行为。《办法》第十条规定"商业银行股东应当使用自有资金入股商业银行，且确保资金来源合法，不得以委托资金、债务资金等非自有资金入股，法律法规另有规定的除外"；第十一条规定"主要股东入股商业银行时，应当书面承诺遵守法律法规、监管规定和公司章程，并就入股商业银行的目的作出说明"；第十四条规定"同一投资人及其关联方、一致行动人作为主要股东参股商业银行的数量不得超过 2 家，或控股商业银行的数量不得超过 1 家"。《办法》不仅适用于银行，还参照适用于金融租赁公司、信托公司、金融资产管理公司、货币公司和财务公司等银监会监管的金融机构。2018 年 4 月 27 日，央行、银保监会、证监会联合印发了《关于加强非金融企业投资金融机构监管的指导意见》，进一步强化了企业投资控股金融机构的资质要求，规范资金来源，强化资本监管，强调非金融企业投资金融机构必须使用自有资金，同时对监管主要股东特别是控股股东进行了严格规范。这一系列监管规范文件的颁布，对非金融企业参控股金融机构成为股东的资质和监管要求进行了规范与完善，强化了监管当局对金融机构实体企业股东的监管，促进了我国实业和金融业的良好互动发展，进一步完善并规范了产融结合，为推动我国产融结合的良性发展奠定了制度基础。

3.2　我国实体企业产融结合发展历程

与西方国家相比，我国企业产融结合较晚形成且发展历程比较曲折，一直到改革开放以来，随着我国市场经济体制改革、金融体制改革、股份制改革的深化与大型企业集团（公司）的组建，我国企业产融结合才逐步发展起来。1978 年改革开放以前，中国企业的资金主要来源于财政；1979

年，经济体制改革和对外开放的方针推动了我国金融体制方面的一系列重大改革；20世纪80年代，我国财政资金出现十分紧张情形，推进了"拨改贷"；到了20世纪80年代中期，银行间接融资成了企业融资的主渠道，商业银行得到迅速发展，在经济体制改革、金融体制改革和股份制改革的推动下，出现了企业兴办股份制商业银行，银行队伍不断壮大。经济体制改革、金融体制改革和股份制改革等为我国企业产融结合的形成与发展奠定了基础，开启了我国企业产融结合的新纪元。如1986年，交通银行重组引入贵州茅台、一汽集团等实体企业集团提供的产业资本股本成为第一家股份制商业银行，与1987年东风汽车内部财务公司的建立等开启了我国企业产融结合的篇章。自此，随着我国金融体制的完善与实体企业集团（公司）的发展壮大，产融结合在我国实体企业逐渐发展起来，具体可分为以下几个阶段。

3.2.1　起步阶段（20世纪80年代中期到90年代末期）

随着我国金融体制的改革与大型企业集团的组建，我国企业产融结合逐步发展起来。其中，20世纪80年代中期到90年代末期为我国企业产融结合的起步阶段。1986年颁布的《关于进一步推动横向经济联合若干问题的规定》与1987年颁布的《关于组建和发展企业集团的几点意见》均明确鼓励大型企业集团内部设立财务公司以推动企业集团发展。1986年，首次发生了我国工商企业参股金融机构的最初实践，交通银行的重新组建引入了1/4以上的产业资本股本，贵州茅台、一汽集团和红塔集团等均对交通银行进行了持股；1987年4月，招商银行，我国首家由企业控股的股份制商业银行成立；1987年4月，中信实业银行由中信集团银行部改组成立；1987年5月，东风汽车财务有限公司的成立也成了我国企业集团内部成立金融机构的初步实践；1988年5月，中国平安保险公司，我国首家企业控股成立的保险公司由招商局组建成立。

随着金融体制的改革，商业银行、信用社与信用投资公司等金融机构逐渐兴起，为产业资本通过参股金融机构的方式进一步实施产融结合奠定基础。1991年，《关于选择一批大型企业集团进行试点的请示》的批准通过揭开了企业集团深化改革的序幕，有利于企业集团内部进一步设立银行类附属金融机构。1992 年 12 月，首钢集团批准成立的集团全资附属银行——华夏银行成为我国实体企业集团首次发起设立附属金融机构的典范。1992 年，中国人民银行颁布的《国家试点企业集团建立财务公司的实施办法》进一步规范了财务公司设立的条件和流程等，在一定程度上对企业集团设立财务公司这种产融结合的发展模式进行了规范。1994 年，《关于向金融机构投资入股的暂行规定的通知》颁布，严格规定了投资金融企业的资质与参股方式，如要求工商企业必须在满足净资产与业绩等方面的条件并通过审核后，才能向金融机构进行投资，为我国实体企业参股金融机构实施产融结合的发展之路奠定了一个良好的开端。因此，在相关政府政策与规定的推动和规范下，我国的产融结合模式在该期间得到了起步与发展。

3.2.2　发展阶段（2001～2004 年）

2001 年 12 月 11 日，我国正式加入世界贸易组织，国内外市场企业竞争日趋激烈，产融结合逐渐发展成为企业实现全球化与多元化发展，获取竞争优势，做大做强的重要手段，海尔、新希望、中石油和德隆等大型国有与民营企业率先参股或控股金融机构实施产融结合，以追求企业快速发展和规模扩张。例如，海尔集团从 2001 年投资入主青岛银行，以 24.6%的持股比例成为其控股股东之后，在 2001 年和 2002 年又分别成为长江证券第一大股东，建立了海尔保险公司、成立了集团财务公司等，全面渗透了银行、证券、保险和信托等金融领域，并获得几乎所有金融行业的牌照，形成了较完整的金融业构架体系，推动了实业的发展。新希望集团于1996 年入股民生银行之后，又参股或控股了民生人寿、联华信托、金鹰基金等金融机构，并成立了新希望集团财务公司，在银行、保险、证券、信托、基金等金融领域均有布局，将金融化作为企业三大发展战略之一，推动了企业快速发展的进程。而德隆集团却是中国企业产融结合失败的典型案例之一。自 2000 年成立了德隆国际战略投资有限公司后，德隆盲目快速地进行金融扩张，涉足的金融机构几乎遍布全国，仅 3 年多的时间其参股或控股的金融机构已达 21 家，其中直接或间接控制的证券公司就有 7 家，银行有 3 家。2004 年 4 月 14 日，德隆危机全面爆发，引起各界人士的密切关注。此后，国家相继颁布了一系列的政策规定以进一步整治信托、证券等金融业务领域的违规问题，2006 年，国资委出台《中央企业投资监督管理办法》，严格要求"央企在境内收购和投资产权均应报国资委，同时严禁企业违规使用银行信贷资金向金融、证券、房地产和保险等项目进行投资"，我国企业产融结合便进入了一段相对沉寂时期。

3.2.3　迅速扩张阶段（2009 ~ 2014 年）

在相关政策规定、市场规范监管逐渐成熟的情形下，自 2007 年起，我国企业产融结合逐渐复苏，国内企业集团产融结合发展的热情逐步高涨，这与 2006 年以来我国经济运行"高增长、低通胀"的良好态势紧密相关。自国家推动保险事业发展政策以来，一些大型企业开始投资或参股保险公司，如中国石油天然气集团公司与意大利忠利保险有限公司于 2007 年合资建立了中意财产保险公司，以推动企业更好发展。2008 年，全球金融危机爆发，告诉人们利润高的金融业是具有巨大风险的，金融的发展必须由坚实的实业基础做后盾，但在对我国经济造成一定冲击的同时，为我国加快发展产融结合实现海外并购也带来了新的机遇，并未阻碍我国企业产融结合的大潮。自 2009 年开始，我国国资委逐渐开始放开支持央企实施产融结合，越来越多的央企开始迅速扩张涉入商业银行、证券、保险、信托、期货等金融领域，迎来了新一轮的产融结合热潮。

2009 年，时任国资委副主任李伟指出："要培育具有国际竞争力的大型企业集团，必须充分认识产融结合问题的重要性和必要性。产融结合是国有企业培育国际竞争力，实现可持续发展的重要途径。"在 2010 年 12 月 31 日的中央负责人会议上，时任国资委主任王勇明确提出要支持具备条件的企业探索产融结合，进一步将我国产融结合推向了成熟发展。虽然，在没有政策明确支持的情况下，仍有许多企业以参股、投资等方式涉入金融领域，但自政策明确支持后，越来越多的企业全面迅速地开始了金融布局。根据国资委的统计，截至 2010 年末，就有数十家央企共投资了上百家金融资产，除国资委和银监会批准的中石油控股昆仑银行、国家电力控股河北银行之外，还有更多央企进入各种丰富化的金融领域，以支持主业的发展。据 2012 年国务院发展研究中心企业研究所所长在第十届"中国企业发展高层论坛"的讲话统计，在国资委管辖的 117 家央企中，已有 87 家企业实现了产融结合，占比为 68.3%。如中石油在 2009 年明显加快了其进军金融领域的步伐，控股了昆仑银行、昆仑信托、昆仑金融租赁、中油财务、中意人寿等金融机构，几乎拥有全金融牌照，形成了庞大的"昆仑系"金融控股架构，不仅增加了企业集团外部融资的灵活性、效率和降低融资成本，还有效增强了企业集团的资本运作、资源配置能力，甚至还为其频繁的海外并购提供了可行性。此外，中信集团在产业发展的基础上全范围涉足金融领域，相继成立中信期货、中信信托、中信证券、中信实业银行、中信基金和信诚人寿等，获取了涵盖银行、证券、信托、基金、期货和保险等全方位的金融牌照；宝钢集团在控股其财务公司、华宝信托的基础上，还参股了建设银行、浦发银行、兴业银行、渤海银行、交通银行、深圳发展银行、华泰财险和联合证券等多家金融机构，在获取客观投资收益的同时，也为其实业主业的发展奠定了基础。虽然我国产融结合当前主要呈央企挑大梁、龙头企业争先的现象，但是近几年越来越多的民营企业也掀起了产融结合浪潮，不断投资涉入较全的金融领域。除了海尔、新希望集团成功涉入银行、保险、证券等多维度金融领域以借助产融结合推动实业发展的典型案例以外，美的、联想和雅戈尔等也成功参股或控股银行、证券、保险等金融机构，支持了实业发展。

2013 年 11 月，中共中央正式公布的《关于全面深化改革若干重大问题的决定》中明确指出要改善国有资本授权经营体制，组建若干国有资本运营公司以开展企业证券发行、重组和并购等主要业务。国资委研究中心主任楚序平进一步指出未来要促进产业资本与金融资本融合、培育产融结合财团的改革重点，并强调产融结合对企业实现国际化和做大做强的重要性和必要性。可见，中国企业产融结合的实施已成了企业做大做强的必然选择，并不断获得了国家的重点重视。自此，我国企业产融结合更得到了空前的迅速发展，到 2014 年达到了鼎盛时期，据统计，有 570 多家实体上市公司参股或控股了金融机构，广泛分布到了各个行业领域。

3.2.4 产融结合"新生态"的形成与发展（2015 年至今）

自 2015 年以来，在国家政策的支持推动下，我国逐步进入了"互联网＋"时代，互联网金融与供应链金融开始出现并不断发展，使传统的"由产到融"模式发生了新变化，我国企业产融结合开始进入了"新形态"发展。

自 2015 年李克强首次提出"互联网＋"行动计划以来，《国务院关于积极推进"互联网＋"行动的指导意见》在保障支持"互联网＋"健康发展的基础上，进一步指出要开展产融结合创新试点以完善融资服务。在这一国家战略的推动下，以新型信息技术为依托的产融结合创新业态已成为发展趋势，在这种新形态下，产业与金融可以借助互联网平台实现互补，金融行业的高利润回报以及金融服务有助于支持企业产业发展，降低企业风险。《中国制造 2025》进一步指出要支持制造业企业集团产融结合，实现"制造强国"梦。传统的产融结合过去更偏重产业资本运作，通过金融与产业互动，参与资本市场，更多体现的是集团企业利用金融资本推动产业资本发展以获取竞争优势。"互联网＋"时代则是推动"大众创业、万众创新"的面向大众的"普惠金融"，是"信息经济＋实体经济＋金融经济"三方的互动融合，以信息、知识和人才融合的方式体现，金融机构能为企业提供各种中间业务服务，如市场咨询、人才技术互补等，能够更好地促进产融结合，促进金融更好地服务实体经济发展。

随着"互联网＋"时代的到来，供应链金融得到了高速发展，其中，2016 年迎来了供应链金融的盛行时代，许多互联网金融企业和资本企业均开始涉足供应链金融，同时国家也陆续发布一些相关政策支持发展供应链金融。2016 年 2 月，《关于金融支持工业稳增长调结构增效益的若干意见》由工信部和国家发展和改革委员会等八部委联合发布，明确指出要推动供应链金融以促进应收账款融资发展。此外，《关于大力发展电子商务 加快培育经济新动力的意见》的发布也表明了国务院重点推动供应链金融服务发展的任务。供应链金融主要表现为产业企业开展互联网金融服务的形式，有助于促进产业资本与金融资本的融合，是金融服务实体经济的有效工具。因此，许多传统行业的龙头纷纷开始从传统的产融结合模式转向

"供应链金融"，海尔、格力、美的、新希望、联想等大型企业集团均开始涉足供应链金融市场。在新希望集团的产融结合实践过程中，第一阶段以农业为主，同时进入金融领域投资，发起设立民生银行和民生人寿等金融机构，第二阶段开始围绕供应链金融布局，通过财务公司、担保公司和互联网金融平台对农业上下游提供支持，为新希望集团的发展壮大提供了坚实的基础。自此，我国企业产融结合的"新生态"逐步兴起与发展，并得到了国家的进一步支持。2016 年 3 月，李克强指出，金融首要任务是支持实体经济的发展。① 同年"十三五"规划建议中首次提出"提高金融服务实体经济效率"。2016 年 12 月国务院印发《"十三五"国家信息规划》，明确提出要进一步推进产融结合创新试点，优化金融机构融资服务。为了进一步推动央企转型升级，提高全球市场竞争力，2016 年 7 月发布的《国务院办公厅关于推动中央企业结构调整与重组的指导意见》明确鼓励支持中央企业搭建产融结合平台。在国家的大力支持推动下，为了进一步深化我国产融结合的发展，促进产业资本与金融资本的有机融合，工业和信息化部、国家发展和改革委员会与中国人民银行等各部委相继发布出台一系列指导意见与通知，如 2016 年 3 月工信部、中国人民银行、银监会制定并印发了《加强信息共享促进产融合作行动方案》。

总的来说，我国大型企业集团的产融结合实践几乎进入了各个金融业务领域，如证券、银行、信托和期货等金融领域，实现快速发展与规模扩张，逐步进入鼎盛时期，从形式上真正全面地实现产业资本和金融资本的有效融合。特别是近几年，随着国家及相关政策的大力推动支持，我国产融结合的发展达到了新的高度，越来越多的企业纷纷开展实践，使得产融结合已成为当今实践中不可忽略的重要现象。

3.3 我国实体企业产融结合发展现状分析

产融结合是指产业资本与金融资本以股权关系为纽带，通过参股、控

---

① 《李克强：金融首要任务还是要支持实体经济的发展》，中国政府网，2016 年 3 月 16 日。

股和人事参与等方式进行的内在融合。我国监管部门和法律法规严格限制商业银行等金融机构投资控股进入实业，如《中华人民共和国商业银行法》在第四十三条明确规定"商业银行在中华人民共和国境内不得从事信托投资业务和证券经营业务，不得向非自用不动产投资或者向非银行金融机构和企业投资"。因此，我国的产融结合主要表现为"由产到融"模式，即"实体＋金融"的产融结合模式。随着资本市场的发展和全球竞争环境的日趋激烈，我国越来越多的企业纷纷开始涉足金融领域，以寻求持续发展，通过产融结合获取竞争优势已不断成为企业长期发展的战略需要和未来趋势。

20世纪80年代中期开始，我国企业产融结合开始发展起来，越来越多实体企业逐渐开始参股、控股或成立银行、信托、证券、财务公司和保险公司等金融机构，积极涉足金融领域。然而，此后，许多企业借助产融结合盲目寻求金融扩张，扰乱金融秩序，引起了社会各界的广泛关注，监管机构便开始限制企业产融结合的盲目发展，2004年德隆危机的全面爆发成了导火线，于是，国家相继颁布了一系列的政策规定以进一步整治信托、证券等金融业务领域的违规问题以及企业盲目违规投资银行等金融机构的问题。随着我国相关法律法规的健全完善、资本市场的成熟发展以及全球市场竞争环境的变化，我国产融结合又进入了蓬勃发展时期，尤其是2009年以来，在政府的鼓励支持下，以央企为代表的大型企业集团的产融结合发展达到了一个新的高度，其中也不乏许多民营企业掀起了新一轮的产融结合热潮。

然而过去10多年我国企业产融结合实践的成果差强人意，出现了以德隆集团为首的一批知名企业的产融结合失败，严重影响了企业实体产业的发展，甚至导致破产。那么我国实体企业产融结合的现状如何？究竟怎样发展产融结合才能更加有效地促进金融资本和产业资本实质上的内在融合，进而促进企业持续发展呢？本书以2007～2014年为观测窗口，选择非ST、PT类的非金融类上市公司参股金融机构的行为为研究对象进行了分析。

3.3.1　产融结合上市公司主体分析

1. 实体上市公司整体产融结合的数量变化

由表3-1的数据分析可以看到，2007～2014年，我国企业产融结合总体上得到不断增加，参股金融机构的实体上市公司的规模数量较大，且数量不断增长的发展趋势比较平稳，尤其是 2014 年，有 622 家实体上市公司参股了金融机构，使"由产到融"产融结合的发展达到了最鼎盛时期。这与我国政府对产融结合的鼓励支持态度密切相关。可见，我国企业产融结合得到了空前发展，产融结合已成为实体企业获取竞争优势、寻求持续发展的重要手段。

表 3 - 1　　　　　2007 ~ 2014 年参股金融机构的非金融类上市公司统计　　　单位：家

类别	2007 年	2008 年	2009 年	2010 年	2011 年	2012 年	2013 年	2014 年
上市公司	412	456	463	503	524	593	610	622

资料来源：CSMAR 数据库和 Wind 数据库。

由表 3 - 2 可以看到，从总体上来说，在 A 股市场中，我国实施"由产到融"产融结合的实体上市公司越来越多，比重较高，不容小觑。如 2007 年，我国有 412 家非金融上市公司参股了金融机构，占全部上市公司（1550 家）的比例为 26.58%；2014 年，我国有 622 家非金融上市公司参股了金融机构，占全部上市公司（2613 家）的比例为 23.8%。可见，上市公司参股金融机构已逐渐成了中国企业的一种经常现象之一，研究中国企业"由产到融"这一产融结合的动因与经济后果十分重要。

表 3 - 2　　　　　　　参股金融机构的上市公司与全部上市公司占比

项目	2007 年	2008 年	2009 年	2010 年	2011 年	2012 年	2013 年	2014 年
参股上市公司（家）	412	456	463	503	524	593	610	622
全部上市公司（家）	1550	1625	1718	2063	2342	2494	2489	2613
比例（%）	26.58	28.06	26.95	24.38	22.37	23.78	24.51	23.80

资料来源：CSMAR 数据库和 Wind 数据库。每年度的上市公司总数数据来源于中国证监会官网。

2. 实体上市公司行业分布状况

从产融结合主体的行业分布（基于 2012 年证券行业分类）情况来看，如表 3 - 3 所示，我国产融结合的投资主体涉及的行业比较广泛，涉及 16 个行业，并且分布也比较集中，主要集中在制造业，电力、热力、燃气及水生产和供应业，批发与零售业，房地产业，交通运输、仓储和邮政业等，其中，制造业最为集中，这可能与制造业公司数量基数较大有关；主要集中于批发和零售业，电力、热力、燃气及水生产和供应业等。而较少分布在科学研究和技术服务业、卫生与社会工作等，尤其是居民服务、修理和其他服务业与教育这两种行业在样本期间均无实体企业参股。

表 3 – 3　　　　2007～2014 年参股金融机构的非金融类上市公司行业分布

行业代码	行业名称	2007 年	2008 年	2009 年	2010 年	2011 年	2012 年	2013 年	2014 年
A	农、林、牧、渔业	6	6	7	10	12	12	13	13
B	采矿业	11	12	15	17	15	18	20	22
C	制造业	196	221	216	236	255	314	323	335
D	电力、热力、燃气及水生产和供应业	34	38	39	39	39	40	41	42
E	建筑业	13	17	15	15	17	16	17	18
F	批发与零售业	56	62	61	67	67	71	69	67
G	交通运输、仓储和邮政业	19	17	22	27	29	28	29	29
H	住宿和餐饮业	1	1	2	2	2	2	2	2
I	信息传输、软件和信息技术服务业	13	14	16	17	16	16	19	19
K	房地产业	38	38	40	43	41	42	43	43
L	租赁和商务服务业	6	7	7	7	7	7	7	5
M	科学研究和技术服务业	1	1	1	1	1	1	1	2
N	水利、环境和公共设施管理业	4	6	5	5	6	7	8	8
O	居民服务、修理和其他服务业	0	0	0	0	0	0	0	0
P	教育	0	0	0	0	0	0	0	0
Q	卫生与社会工作	1	1	1	1	1	1	1	1
R	文化、体育和娱乐业	4	6	7	6	7	8	7	6
S	综合	9	9	9	10	9	10	10	10
	总计	412	456	463	503	524	593	610	622

注：2012 年证监会行业分类。

资料来源：CSMAR 数据库和 Wind 数据库。

3.3.2 产融结合对象分析

1. 上市金融机构与非上市金融机构被参股对比

总体上来说，我国企业更倾向于参股非上市金融机构，而不是参股上市金融机构。由表 3-4 和图 3-1 可以看到，2007~2014 年，我国参股非上市金融机构的非金融上市公司数量远大于参股上市金融机构的非金融上市公司，而且差距越来越大，这在一定程度上说明，我国实体企业更倾向于参股非上市金融机构。同时从图 3-1 可以看出，2007~2014 年，参股上市金融机构的非金融上市公司数量呈下降趋势，而参股非上市金融机构的非金融上市公司数量呈稳定增长趋势，进一步说明参股非上市金融机构越来越成为我国实体企业产融结合的方式。

表 3-4　　　　　2007~2014 年参股上市与非上市金融机构的上市公司数量统计
单位：家

类型	2007 年	2008 年	2009 年	2010 年	2011 年	2012 年	2013 年	2014 年
上市	182	179	167	184	174	145	133	132
非上市	318	354	371	401	431	521	545	562

资料来源：CSMAR 数据库和 Wind 数据库。

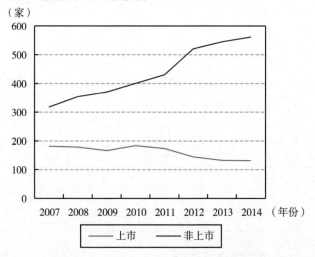

图 3-1　参股上市与非上市金融机构现状

2. 被参股金融机构的类型分布

我国实体企业进行"由产到融"产融结合的参股对象主要有银行、证券、保险、财务、基金、期货和信托七类金融机构。其中，我国非金融上市公司参股上市金融机构主要表现为参股银行、证券、保险和其他类金融机构；参股非上市金融机构则主要表现为以上七类金融机构。从总体上来说，由表3-5可以看到，非金融类上市公司主要倾向于参股银行、证券和财务这三类金融机构，参股对象较为单一，其中，参股银行的非金融上市公司最多，占了所有企业的50%多；其次是证券公司，约占所有企业的20%；最后是财务公司，约占10%。可见，我国实体企业产融结合时更倾向于参股银行、证券公司与财务公司，这在以前的相关研究中也是得到一定体现的。基于相关的理论与实际情况而言，这些非金融类上市公司较多选择银行和证券公司是有原因的。具体而言，由于银行贷款是我国企业重要的融资渠道，上市公司参股银行或控股银行有助于获取银行贷款或"关系贷款"，因此，上市公司倾向于参股银行。而上市公司倾向于参股证券的主要原因可能是因为证券公司具有先天的专业优势与信息优势，企业能够利用其优势进行资本市场运作并获得利益。最后，对于财务公司而言，基于国家积极支持鼓励企业集团设立财务公司，有实力的企业集团纷纷设立财务公司作为其附属机构，建立集团资本运作平台，以优化企业集团内部金融服务，如对外发行债券、同业拆借、股权投资其他金融机构等。

表 3-5　　　　2007~2014 年实体企业参股金融机构类型分布　　　　单位：家

类型	2007 年	2008 年	2009 年	2010 年	2011 年	2012 年	2013 年	2014 年
银行	278	309	320	357	373	434	442	459
证券公司	158	155	151	157	152	143	137	126
财务公司	37	42	48	56	62	83	93	104
保险公司	41	42	43	41	41	43	48	45
信托公司	25	28	27	31	33	34	36	34
期货公司	15	16	17	19	22	26	26	26
基金公司	6	8	8	8	10	13	16	20
其他	1	1	0	0	0	0	0	1
总计	561	601	614	669	693	776	798	815

资料来源：CSMAR 数据库和 Wind 数据库。

在非金融上市公司参股上市金融机构的行为中,实体企业主要表现为参股银行、证券、保险和其他类型金融机构。从表3-6可以看到,实体企业更倾向于参股上市银行和证券公司这两类上市金融机构,其中,参股银行的非金融上市公司最多,约占所有企业的66%,参股证券公司约占所有企业的29%,与总体结论比较一致。

表3-6 　　　　　2007～2014年实体企业参股上市金融机构类型分布 单位:家

类型	2007年	2008年	2009年	2010年	2011年	2012年	2013年	2014年
银行	146	144	131	141	133	121	109	107
证券公司	48	45	56	71	70	55	53	54
保险公司	17	15	14	10	7	8	7	5
其他	1	1	0	0	0	0	0	1
总计	212	205	201	222	210	184	169	167

在非金融上市公司参股非上市金融机构的行为中,实体企业主要表现为银行、证券、保险、财务、基金、期货和信托七类金融机构,与上市金融机构相比,非上市金融机构类型更为丰富,如财务公司主要是非上市金融机构,因为其一般属于大型企业集团内部设立的内部附属金融机构。由表3-7中可以看到,非金融类上市公司主要倾向于参股银行、证券公司和财务公司这三类非上市金融机构,其中,参股非上市银行的非金融上市公司最多,约占所有企业的51%;其次是证券公司,约占所有企业的20%;最后是财务公司,约占12%。这一结论也与我们的总体结论是相吻合的。

表3-7 　　　　　2007～2014年实体企业参股非上市金融机构类型分布 单位:家

类型	2007年	2008年	2009年	2010年	2011年	2012年	2013年	2014年
银行	169	194	223	256	281	352	369	390
证券公司	121	120	106	96	93	97	90	80
财务公司	37	42	48	56	62	83	93	104
保险公司	24	27	30	32	35	36	41	41
信托公司	25	28	27	31	33	34	36	34
期货公司	15	16	17	19	22	26	26	26
基金公司	6	8	8	8	10	13	16	20
总计	397	435	459	498	536	641	671	695

资料来源:CSMAR数据库和Wind数据库。

产融结合与企业投资行为研究

3.3.3 产融结合特征分析

1. 产融结合的多元化程度

从企业参股金融机构类型的多元化程度，即企业产融结合的广度来看，我国企业产融结合的多元化程度不高。由表 3 - 8、表 3 - 9 可以看到，在样本企业中，只参股一种类型金融机构的实体企业最多，平均达到了 66% 左右；其次是参股两种类型金融机构的实体企业，平均达到了 21% 左右；而持有三种及以上类型金融机构的实体企业较少，总共所占比例不到 15%。可见，目前我国大多数实业企业倾向于选择对单一的金融机构参股来进行产融结合，这表明我国实业企业产融结合的多元化程度还不高。

表 3 - 8　　　　　　2007~2014 年产融结合企业参股金融

机构多元化程度的数量分布　　　　　　　　　　单位：家

数量	2007 年	2008 年	2009 年	2010 年	2011 年	2012 年	2013 年	2014 年
1 种	255	307	310	333	345	406	415	412
2 种	103	96	99	107	113	111	119	128
3 种	32	30	26	31	35	40	39	47
4 种	10	11	15	16	15	18	17	15
5 种以上	12	12	13	16	16	18	20	20
总计	412	456	463	503	524	593	610	622

资料来源：CSMAR 数据库和 Wind 数据库。

表 3 - 9　　　　　　2007~2014 年产融结合企业参股金融

机构多元化程度的数量占比分布　　　　　　　　单位：%

数量	2007 年	2008 年	2009 年	2010 年	2011 年	2012 年	2013 年	2014 年
1 种	61.89	67.32	66.95	66.20	65.84	68.47	68.03	66.24
2 种	25.00	21.05	21.38	21.27	21.56	18.72	19.51	20.58
3 种	7.77	6.58	5.62	6.16	6.68	6.75	6.39	7.56
4 种	2.43	2.41	3.24	3.18	2.86	3.04	2.79	2.41
5 种以上	2.91	2.64	2.81	3.19	3.06	3.02	3.28	3.21
总计	100	100	100	100	100	100	100	100

资料来源：CSMAR 数据库和 Wind 数据库。

2. 产融结合的持有期限

在实体企业参股金融机构的行为中可能有两种意图的存在：一种是因战略发展需要而长期持股，借助产融结合获取有益资源推动自身发展；另一种可能表现为实体企业的一种短期投资的"投机"行为，企业参股金融机构可能是为了获取一定的短期投资收益。以 2007 年为基准期，基于我国 2007～2014 年中国 A 股非金融上市公司参股金融机构的数据，分析我国实体企业参股金融机构实施产融结合的持续期限，以识别当前我国实体企业参股金融机构的目的意图。由于在样本中，存在一家公司对同一家金融机构"参股—退出—参股"的情况，本书在该部分分析中，将退出后重新参股视为新参股，计算出持续期限，这样存在不同的持续期限样本，并保留一家公司对同一家金融机构的最大持续参股期限，这样就得出一家公司连续参股一家金融机构的最大期限。

（1）实体企业连续参股同一金融机构的持有期限基本现状。对于实体企业参股金融机构的连续持有期限来说，以 2007 年为基期，不考虑 2007 年之前的产融结合因素，企业更倾向于长期持有，进行长期股权投资，而不是为了短期投资获利的"投机"行为。由表 3 - 10 可以看到，对金融机构仅持股 1 年的企业样本所占比例为 15.1%，连续持有期限为 2～4 年的企业样本所占比例为 36.69%，连续持有期限为 5 年及以上的比例最高，为 48.21%，其中连续持有 8 年的企业样本就高达 21.32%。可见，我国实体上市公司更倾向于长期连续参股金融机构，而不是短期的投资。这在一定程度上可以说明，我国实体企业参股金融机构的产融结合可能并不仅仅是为了短期投资获利的投机行为，而是一种长期持有的战略行为，以满足企业发展需要，获取竞争优势，寻求持续发展。相关研究表明，国有上市公司借助长期持有金融机构进行的"造血"比一般投资产生的"输血"更有助于企业的长期发展（谭小芳等，2016）。因此，我国实体企业上市公司参股金融机构更多表现为一种长期战略行为，达到了一定程度上的"产融结合"，不仅能让企业分享到金融业所带来的高额利润，更重要的是有助于企业利用金融机构的人才、信息、资金等优势来支持实业发展，为企业做大做强提供坚强后盾。

表 3 – 10　　　　　非金融上市公司参股金融机构连续持有期限分布

持续期限	样本个数	占比（％）
1 年	214	15.10
2 年	175	12.35
3 年	199	14.04
4 年	146	10.30
5 年	156	11.01
6 年	120	8.47
7 年	105	7.41
8 年	302	21.32
合计	1417	100

资料来源：CSMAR 数据库和 Wind 数据库。

　　对于非金融上市公司参股上市金融机构的连续持有期限而言，由表 3 – 11 可以看到，对上市金融机构仅持股 1 年的企业样本所占比例为 17.65％，连续持有期限为 2～4 年的企业样本所占比例为 37.24％，连续持有期限为 5 年及以上的比例最高，为 45.11％，可见我国实体上市公司更倾向于长期连续参股上市金融机构，而不是短期的投资。对于非金融上市公司参股非上市金融机构的连续持有期限来说，由表 3 – 12 可以看到，对非上市金融机构仅持股 1 年的企业样本所占比例为 14.64％，连续持有期限为 2～4 年的企业样本所占比例为 38.05％，连续持有期限为 5 年及以上的比例最高，为 47.31％，可见，与参股上市金融机构相比，企业对非上市金融机构的持股更为持续长期持有，说明我国实体上市公司更倾向于长期连续参股非上市金融机构，而不是短期的投资。因此，无论是参股上市金融机构还是参股非上市金融机构，我国实体上市公司更倾向于长期持续持股，与总体结论基本一致，说明我国实体企业参股金融机构的产融结合可能并不是为了短期投资获利的投机行为，而是一种长期持有的战略行为。

表 3 – 11 非金融上市公司参股上市金融机构连续持有期限分布

持续期限	样本个数	占比（%）
1 年	74	17. 65
2 年	71	16. 95
3 年	45	10. 74
4 年	40	9. 55
5 年	68	16. 23
6 年	32	7. 64
7 年	23	5. 49
8 年	66	15. 75
合计	419	100

资料来源：CSMAR 数据库和 Wind 数据库。

表 3 – 12 非金融上市公司参股非上市金融机构连续持有期限分布

持续期限	样本个数	占比（%）
1 年	152	14. 64
2 年	130	12. 52
3 年	162	15. 61
4 年	103	9. 92
5 年	88	8. 48
6 年	85	8. 19
7 年	82	7. 9
8 年	236	22. 74
合计	1038	100

资料来源：CSMAR 数据库和 Wind 数据库。

（2）实体企业连续参股不同类型金融机构的持有期限分析。进一步从非金融上市公司对不同类型金融机构的连续持有期限来看，由表 3 – 13 可以看到，除了参股基金公司，非金融上市公司倾向于长期参股信托、证券、期货、银行、保险和财务公司，非金融上市公司对这六类金融机构连续持股 5 年及以上的比例达到最高。对于基金公司，非金融上市公司连续参股 2～4 年所占比重最高，达到 54.16%。综合来看，我国非金融上市公司参股不同类型非上市金融机构是一种长期战略行为，而不是短期获利的投机行为。

表 3 – 13　　　　　　　　实体上市公司对不同类型金融机构的连续持有期限

类型	1 年		2 ~ 4 年		5 年及以上	
	样本个数	占比（%）	样本个数	占比（%）	样本个数	占比（%）
银行	125	15.04	313	37.67	393	47.29
证券公司	30	11.63	84	32.57	144	55.8
财务公司	26	20.16	51	39.53	52	40.31
保险公司	16	18.39	35	40.23	36	41.38
信托公司	6	12	11	22	33	66
期货公司	3	8.57	13	37.14	19	54.29
基金公司	5	20.83	13	54.16	6	25

资料来源：CSMAR 数据库和 Wind 数据库。

（3）实体企业实施产融结合的连续期限。如上所述，在实体上市公司实施产融结合的行为中，一家实体上市公司会在同一年参股不同的金融机构，且对每家金融机构都有不同的连续参股期限，虽然实体上市公司可能在不同年度连续参股不同的金融机构，但我们都将其视为实施了产融结合行为。因此，我们进一步基于企业每年是否连续参股金融机构的行为对企业实施产融结合的连续期限进行总体衡量，其中存在间断情况，我们将企业重新参股金融机构的年份视为第一年，并保留企业连续实施产融结合的最大年份。本书以 2007 年为基期，主要对 2007 ~ 2014 年的产融结合样本进行了分析。由表 3 – 14 可以看到，仅实施产融结合 1 年的企业仅占比 8.74%，连续实施产融结合 2 ~ 4 年的企业占比为 32.95%，而连续 5 年及以上实施产融结合的企业占比最高，为 58.31%，其中连续实施产融结合 8 年，即在 2007 ~ 2014 年连续实施产融结合的样本高达 33.21%。进一步说明，我国实体企业的产融结合是企业的一种长期行为，而不是短期投机行为，有助于企业利用金融机构的人才、信息、资金等优势来支持实业发展，为企业做大做强提供坚强后盾。

表 3 – 14　　　　　　　非金融上市公司实施产融结合的连续期限分布

持续期限	样本个数	占比（%）
1 年	69	8.74
2 年	71	9.00
3 年	121	15.33
4 年	68	8.62
5 年	72	9.13
6 年	55	6.97
7 年	71	9.00
8 年	262	33.21
合计	789	100

资料来源：CSMAR 数据库和 Wind 数据库。

3. 产融结合的影响力

实体企业产融结合的影响力是指实体企业通过产融结合对其投资的金融机构经营决策的影响程度，一般以实体企业对金融机构的持股比例作为衡量指标。根据《企业会计准则第 2 号——长期股权投资》，当投资企业拥有被投资单位 50% 以上表决权资本时，投资企业对被投资单位具有实质控制权；当投资企业拥有被投资单位 20%～50% 的表决权时，投资企业对被投资单位具有重大影响；当投资企业占被投资单位的表决权比例在 20% 以下时，一般认为投资企业对被投资单位不具有重大影响。但具备以下几种任一情况的，可视为投资企业对被投资单位具有重大影响：（1）向被投资单位董事会等权力机构派驻代表；（2）向被投资单位派驻管理人员；（3）参与被投资单位的政策制定。在持股比例方面，王化成等（2007）、李维安和马超（2014）将持股金融机构 10% 或 20% 以上的股权定义为对金融机构的控股；2004 年中国银监会颁布的《商业银行与内部人和股东关联交易管理办法》将"能够直接、间接、共同持有或控制商业银行 5% 以上股份或表决权的非自然人股东"定义为银行的关联法人，陆正飞等（2012）也将持股银行比例 5% 以上的企业定义为关联企业；万良勇等（2015）将非金融企业持股银行比例 2%、3%、5% 以上的行为分别定义为参股银行进行了研究。因此，本书将持股比例的区间具体分为 [0，1%），

[1%，5%），[5%，10%），[10%，20%），[20%，50%）和[50%，100%]，具体统计结果如表3－15、表3－16所示。

表3－15　　　　　　　2007～2014年产融结合企业参股金融

机构持股比例的数量分布　　　　　　单位：家

持股比例	2007年	2008年	2009年	2010年	2011年	2012年	2013年	2014年
小于1%	285	283	286	313	304	334	344	359
1%～5%	135	151	161	182	195	211	211	216
5%～10%	68	73	75	80	93	132	137	136
10%～20%	31	34	37	46	49	62	69	79
20%～50%	32	43	48	59	61	73	85	94
50%以上	12	10	10	9	9	9	8	9
总计	563	594	617	689	711	821	854	893

资料来源：CSMAR 数据库和 Wind 数据库。

表3－16　　　　　　　2007～2014年产融结合企业参股金融

机构持股比例的占比分布　　　　　　单位：%

持股比例	2007年	2008年	2009年	2010年	2011年	2012年	2013年	2014年
小于1%	50.62	47.64	46.35	45.43	42.76	40.68	50.62	47.64
1%～5%	23.98	25.42	26.09	26.42	27.43	25.70	23.98	25.42
5%～10%	12.08	12.29	12.16	11.61	13.08	16.08	12.08	12.29
10%～20%	5.51	5.72	6.00	6.68	6.89	7.55	5.51	5.72
20%～50%	5.68	7.24	7.78	8.56	8.58	8.89	5.68	7.24
50%以上	2.13	1.69	1.62	1.30	1.26	1.10	2.13	1.69
总计	100	100	100	100	100	100	100	100

资料来源：CSMAR 数据库和 Wind 数据库。

通过分析可以看到，目前我国大部分实业企业参股金融机构的持股比例较小，主要集中于10%以下的区间，（0，10%）区间内的样本占总体的80%～85%，特别是持股5%以下的企业，就占了70%左右，而持股比例超过50%的样本上市公司最少，所占比例基本不高于3%，这说明我国实体上市公司对其参股的非上市金融机构没有实质控制权，也不能施加重大影响，不能参与被投资单位的经营决策，这些上市公司的产融结合更多体现的是一种获取投资收益的投资行为，而没有从企业发展的战略角度出发，实现实业与金融的有机结合。可见，目前我国企业进行产融结合的目的可能更多是为了获取投资收益，而不是基于公司整体目标的以服务主业为前提的战略行为。其中，就实业上市公司参股上市金融机构而言（见表3-17、表3-18），与参股非上市金融机构的比例相比较（见表3-19、表3-20），非金融类上市公司参股上市金融机构的比例较低，主要集中于1%以下的区间，且50%以上的不存在。而实业上市公司参股非上市金融机构的比例较高，在一定程度上可以说明与参股上市金融机构相比，企业参股非上市金融机构可能更表现为一种满足企业发展的战略行为。

表3-17　　　　　　2007～2014年产融结合企业参股上市金融
机构持股比例的数量分布　　　　　　　　单位：家

持股比例	2007年	2008年	2009年	2010年	2011年	2012年	2013年	2014年
小于1%	157	148	140	152	135	122	116	120
1%～5%	21	20	23	25	23	22	15	19
5%～10%	6	6	5	5	6	16	9	10
10%～20%	1	1	1	3	2	2	3	2
20%～50%	1	1	1	3	3	2	3	3
50%以上	0	0	0	0	0	0	0	0
总计	186	176	170	188	169	164	146	154

资料来源：CSMAR数据库和Wind数据库。

表3-18　　　　　　2007～2014年产融结合企业参股上市金融
机构持股比例的占比分布　　　　　　　　单位：%

持股比例	2007年	2008年	2009年	2010年	2011年	2012年	2013年	2014年
小于1%	84.40	84.09	82.35	80.84	79.88	74.39	79.45	77.92
1%～5%	11.29	11.36	13.53	13.30	13.61	13.41	10.27	12.34
5%～10%	3.23	3.41	2.94	2.66	3.55	9.76	6.16	6.49
10%～20%	0.54	0.57	0.59	1.60	1.18	1.22	2.06	1.30
20%～50%	0.54	0.57	0.59	1.60	1.78	1.22	2.06	1.95
50%以上	0.00	0.00	0.00	0.00	0.00	0.00	0.00	0.00
总计	100	100	100	100	100	100	100	100

资料来源：CSMAR数据库和Wind数据库。

表 3 – 19 **2007 ~ 2014 年产融结合企业参股非上市金融**

机构持股比例的数量分布 单位：家

持股比例	2007 年	2008 年	2009 年	2010 年	2011 年	2012 年	2013 年	2014 年
小于 1%	128	135	146	161	169	212	228	239
1% ~ 5%	114	131	138	157	172	189	196	197
5% ~ 10%	62	67	70	75	87	116	128	126
10% ~ 20%	30	33	36	43	47	60	66	77
20% ~ 50%	31	42	47	56	58	71	82	91
50% 以上	12	10	10	9	9	9	8	9
总计	377	418	447	501	542	657	708	739

资料来源：CSMAR 数据库和 Wind 数据库。

表 3 – 20 **2007 ~ 2014 年产融结合企业参股非上市金融**

机构持股比例的占比分布 单位：%

持股比例	2007 年	2008 年	2009 年	2010 年	2011 年	2012 年	2013 年	2014 年
小于 1%	33.95	32.30	32.66	32.13	31.18	32.26	32.20	32.34
1% ~ 5%	30.24	31.34	30.87	31.34	31.73	28.77	27.68	26.66
5% ~ 10%	16.45	16.03	15.66	14.97	16.05	17.66	18.08	17.05
10% ~ 20%	7.96	7.89	8.05	8.58	8.67	9.13	9.32	10.42
20% ~ 50%	8.22	10.05	10.51	11.18	10.70	10.81	11.58	12.31
50% 以上	3.18	2.39	2.25	1.80	1.67	1.37	1.14	1.22
总计	100	100	100	100	100	100	100	100

资料来源：CSMAR 数据库和 Wind 数据库。

虽然我国产业资本向金融资本的渗透力度不够，不足以控制金融资本，但总体上从变化趋势来看，特别是 2007 ~ 2012 年，在产融结合程度偏低的 5% 以下的区间，其所占比重总体上呈稳定下降的趋势，而在持股 [10%，20%）、[20%，50%）区间的企业所占比重逐渐上升，这说明我国实体上市公司正逐步提高产融结合的程度，由财务投资向真正的产融结合过渡。

此外，我们进一步分析了实体企业对不同类型金融机构的产融结合程度分析，由表3-21可以看到，非金融上市公司参股银行、证券公司、保险公司与信托公司的比例较小，主要集中在10%以下，产融结合程度较弱，实体企业难以影响这四种类型金融机构的经营决策，这可能与这四种类型金融机构的股权高度分散有关。这在一定程度上可以说明实体企业参股银行、证券公司、保险公司和信托公司更多的是为了进行投资，获取投资收益，而不是战略需求，对其参股的银行、证券公司、保险公司和信托公司这四类金融机构的影响力可能较小。相反，非金融上市公司参股期货公司、基金公司与财务公司的比例较大，主要表现为实体企业参股非上市金融机构行为，其参股比例大多主要集中在20%以上，尤其是期货公司，持股比例为20%以上的就达到了68.58%，其中50%以上的占了34.29%，说明实体企业对其参股的期货公司、基金公司和财务公司具有一定影响力，进一步说明实体企业参股期货公司、基金公司与财务公司更多是为了从企业发展战略角度出发，实现实业与金融业的有机结合，借助产融结合服务主业，推动企业实业发展。

表3-21　　　　　产融结合企业不同类型金融机构持股比例数量分布

类型	产融结合对象总数（家）	最大参股比例（%）	平均参股比例（%）	(0%, 5%)	[5%, 10%)	[10%, 20%)	[20%, 50%)	[50%, 100%]
银行	753	20	2.73	569	133	50	1	0
证券公司	242	34.86	3.80	191	27	11	13	0
财务公司	129	100	22.94	16	15	25	67	6
保险公司	80	52.38	6.95	42	19	16	2	1
信托公司	45	92.7	10.46	21	14	2	7	1
期货公司	35	100	42.98	4	2	5	12	12
基金公司	24	100	24.95	2	1	6	14	1
其他	20	0.06	0.04	2	0	0	0	0

资料来源：CSMAR数据库和Wind数据库。

4. 产融结合期间派驻董事参与金融机构治理

实体企业参与金融机构治理情况，即实体企业在其参股的金融机构单位进行重要人事安排，它在一定程度上也能够反映产融结合的影响力。具体而言，实体上市公司派驻人员成为金融机构董事，在一定程度上能够指导和参与金融机构的经营决策，实质上是通过产业资本向金融资本渗透实施对金融机构影响力的一种重要方式。

对是否向金融机构派驻董事的数据来源有两种路径。一种是是否向上市金融机构派驻董事，该部分数据主要来源于 CSMAR 数据库，根据上市金融机构董事名单及其任职经历与相应年度参股的实体上市公司的高管数据进行匹配，以得出是否向上市金融机构派驻董事。另一种是是否向非上市金融机构派驻董事数据，主要通过以下两种手工收集整理方式获取数据：一是在相应实体上市公司年报中的高管信息中查找是否有在其参股金融机构任职的情况；二是考虑到高管任职经历存在较多选择性披露情况，进一步补充数据，主要通过在非上市金融机构的官网上手工收集其年报和董事等高管信息，并结合其董事经历看是否有对应的实体企业背景，或者根据其董事名称在相关实体企业的相应年度的年报中是否有该人员任职的方式进行补充。本书主要结合第一次参股当年及以后是否派驻董事进行分析。

表 3 – 22 分析报告了 2007 ~ 2014 年，实体企业在产融结合期间向金融机构派驻董事参与金融企业治理情况。由表 3 – 22 中可以看到，与产融结合持股比例较低的情况不同，我国实体企业对金融机构进行人事安排（派驻董事）的程度较高，且 2007 ~ 2014 年呈逐渐增长的变化趋势，尤其是到 2014 年，约 45% 的参股金融机构实施产融结合的企业向其参股的金融机构派驻董事，在一定程度上能够对金融机构的决策行为等产生影响，说明目前我国实体企业的产融结合实施对金融机构还是具有一定影响力和话语权的，在一定程度上的确可以影响企业的信贷决策等。进一步说明，虽然我国实体企业形式上的产融结合程度较低，但当前实体企业开始逐渐通过派驻董事等人事安排来实现产业资本与金融资本的内在融合。从这个角度来说，可以认为企业参股金融机构已经越来越不再是纯获取投资收益的短期投机行为，越来越多的企业开始倾向于满足企业发展需要而进行参股金融机构的长期战略行为。

表 3 - 22　　　　2007～2014 年实体企业产融结合期间派驻董事

参与金融机构治理情况　　　　　　　　　单位：家

项目	2007 年	2008 年	2009 年	2010 年	2011 年	2012 年	2013 年	2014 年
派驻董事企业	116	137	142	177	190	236	261	281

资料来源：CSMAR 数据库和 Wind 数据库。

同时，在对实施产融结合的实体企业的年报分析中，我们发现，诸多向金融机构派驻董事的实体企业对该金融机构的持股比例往往低于 20%，甚至存在较多持股比例低于 5% 仍向金融机构派驻董事参与金融企业治理的情况。例如，云南白药集团股份有限公司（证券代码：000538）2008 年开始以 1.44% 的持股比例向红塔证券股份有限公司派驻了董事；四川大西洋焊接材料股份有限公司（证券代码：600588）在 2008～2014 年均向其参股金融机构自贡市商业银行股份有限公司派驻其董事长为董事，甚至在 2014 年的持股比例仅为 1.24%；恒逸石化股份有限公司（证券代码：000703）在 2007～2014 年以持股比例 2.09% 向浙商银行股份有限公司派驻董事，积极参与了浙商银行的重大决策。综合来看，我国越来越多的实体企业开始对金融机构的决策具有发言权，注重实现产业资本和金融资本的内在融合，企业参股金融机构已逐渐不再是简单的财务投资行为，而是企业实现持续发展的长期战略行为。实体企业通过产融结合不仅能够实现低成本融资，还能获取金融机构服务所带来的协同效应，实现产业扩张，获取竞争优势，促进企业发展。如中原特钢股份有限公司（证券代码：002423），2005～2014 年，持股兵器装备集团财务有限责任公司 4.67%，不仅获得了较多低成本的信贷融资，还获得兵器装备集团财务公司所带来的金融服务，2013 年，中原特钢与兵器装备集团财务公司签订融资租赁协议，租赁重型卧式车床，设备总价款 1530.6 万元，中原特钢自行支付558.6 万元，其余大部分价款均由该财务公司融资租赁支付，且向该财务公司获得 725 万元长期借款和 4000 万元短期借款；另外，中原特钢还与兵器装备集团财务公司签订了《金融服务协议》，由兵器装备集团财务有限责任公司向其提供结算、存款、信贷及其经中国银监会批准的可从事的其他金融业务的服务，保障了中原特钢的利益。

第 4 章

产融结合与企业投资

4.1 引言

进入 21 世纪以来，政府监管政策的支持、鼓励与企业自身寻求做大做强的冲动，使越来越多的实体企业纷纷涉足金融业，"实体 + 金融"的产融结合模式成了潮流和趋势。越来越多实体企业皆成功地通过参股或控股金融机构的方式实施"实体 + 金融"的产融结合模式来解决企业不同发展阶段面临的需求和痛点，以保障实业主体获得更好的发展，增强企业核心竞争力，推动企业做强做大，其中，以中央企业为主导，如华润集团、招商局集团、国家电网、中石油和中国五矿等都先后涉足证券、保险、信托、基金等，甚至开始控制商业银行（如珠海华润银行和昆仑银行）。此外，不少民营企业也成功实施"实体 + 金融"的产融结合模式，推动企业发展，如美的集团在实业主业发展的基础上，自 2009 年成立美的集团财务公司以来，开始全面渗透金融领域，参股了金鹰基金和华夏幸福基金两家基金，参股了顺德农商行、江苏银行和湖北银行等六家银行，直接或间接地为核心实业的发展做出了贡献。

在企业做大做强的过程中，投资是企业成长的必经之路，是企业存续和扩张的基础，是企业核心实业发展的源泉，相关研究表明，企业"实体 +

金融"的产融结合模式会对企业投资产生重要影响，主要表现在：一方面产融结合有助于企业缓解融资约束，有助于企业获取管理协同和财务协同效应，优化企业资源配置；另一方面产融结合还有助于企业获得金融机构的专业人才、技术及社会网络资源（Khanna and Yafeh，2007；Maurer and Haber，2007；Lu et al.，2012；李维安和马超，2014；万良勇等，2015）。海尔、联想、美的等成功的"实体 + 金融"产融结合模式实践也表明产融结合对实体企业投资与实业发展的重要作用。如联想的迅速发展与做大做强与其"由产到融"的产融结合实施密切相关，IT 产业一直是竞争最为激烈的行业，为了实现企业的可持续发展，保持竞争优势和行业龙头的竞争地位，在 2000 年联想分拆 IT 业务之后，2001 年成立了联想投资，2003 年成立了弘毅投资，2008 年控股入股了苏州信托，2009 年参股了汉口银行……这些金融机构在联想的投资成长过程中扮演了重要角色，如 2003 年成立的以股权投资与管理业务为主的弘毅投资，先后带领联想在建材、医药、装备制造、消费品、新能源、新材料、文化传媒等多个行业进行投资，2010 年总资金规模就超过了 300 亿元，利用其所管理的美元和人民币两类基金，弘毅投资为企业投资注入了强大的资金支持，提高了企业总体投资水平，增大了企业投资规模，同时弘毅投资的专业咨询服务也为企业的并购投资等活动成功进行奠定了基础。可见，企业参股金融机构实施产融结合会对企业投资行为产生重大影响，能够促进企业总体投资水平提高，投资规模增大。

从文献回顾分析可知，国内外学者研究表明企业参股金融机构实施产融结合有助于缓解企业融资约束，对企业投资产生影响，但该方面的研究主要从企业融资约束缓解和投资效率两方面进行了分析，没有对产融结合是否会促进企业总体投资水平提高、投资规模增大进行分析，并且尚未进一步探讨分析具体的作用机制和参股不同类型金融机构等不同产融结合特征所带来的不同影响。

4.2　理论分析与研究假设

投资是企业成长的必经之路，是企业存续和扩张的基础，若没有投资，企业便无法获得与扩大其生产能力，也就无法实现企业成长与发展。但是，现实中并不存在完备资本市场，企业投资时往往会因信息不对称（Greenwald et al.，1984；Myers and Majluf，1984；Myers，1984）等增强企业的外部融资约束，而融资约束会影响企业投资行为，对企业投资产生抑制作用，不仅会导致企业投资不足，还会让企业被迫放弃一些好的投资机会。相关研究表明，与发达国家相比，我国企业普遍存在不同程度的外部融资约束，特别是中小企业或民营企业融资困境较严重（李增泉等，2008）；盛明泉和李昊（2010）研究进一步指出，2007 年的全球金融危机显著降低了金融机构的贷款意愿，导致我国企业面临更加严重的外部融资约束。胡奕明等（2008）、祝继高和陆正飞（2009）等研究表明，我国企业当前的外部资金主要来源于信贷资金，也就是说，信贷资金的获取有助于缓解企业融资约束。因此，企业的投资行为会受其获取信贷资金的成本及便利性的影响（张敏等，2010；吴超鹏等，2012）。

作为企业成长过程中信贷资金的主要融资来源，金融机构对企业的投资行为具有重要的影响。在国家与相关政策的大力支持推动下，以海尔、联想、新希望等为首的国有与民营实体企业纷纷开始参股、控股或成立金融机构进入金融领域，"由产到融"的产融结合模式逐渐形成与发展，而这一参股或控股金融机构行为很有可能与我国企业普遍存在的融资约束有关（李维安和马超，2014）。相关研究表明，与未参股金融机构实施产融结合的实体企业相比，当实体企业参股金融机构实施产融结合时，一方面，作为金融机构的股东，尤其是控股股东，企业可以行使任免权甚至派驻董事影响金融机构的信贷决策，使企业更容易获得成本较低的银行贷款（Petersen and Rajan，1994；Berger and Udell，1995；Laeven，2001；Laporta et al.，2003；Maurer and Haber，2007；Lu et al.，2012；谢维敏，2013；万良勇等，2015）。另一方面，企业参股金融机构实施产融结合不仅有助于企业与金融机构之间通过正式的股权联系建立紧密关系，拓宽信息沟通渠道，提高信息交流及时性，进而降低企业与金融机构之间的信息不对称程度，缓解企业融资约束（万良勇等，2015），有助于企业获得成本较低的银行贷款，给企业带来融资便利。除了被参股的金融机构能够为实施产融结合的企业提供较多成本较低的贷款以外，还有助于企业获取其他未被参股金融机构的贷款支持。这是因为企业参股金融机构有助于企业更好地进入金融行业的关系圈子，增加圈内成员之间的信任（Putnam，1997），使企业会因金融机构偏好优先为其信任的企业发放更多低成本的信贷决策而获得更多成本较低的银行贷款（Petersen and Rajan，1994；李维安和马超，2014）。可见，企业参股金融机构实施产融结合有助于降低企业融资成本，缓解融资约束，获得更多的银行贷款融资，给企业融资带来便利。因此，参股金融机构实施产融结合的企业能够获得更多银行贷款和融资成本较低的融资便利，与未参股金融机构实施产融结合的企业相比，其面临的融资约束较低，企业便拥有更多的资金资源进行投资，进而促进企业投资规模增加（Almeida and Campello，2007；Bertoni et al.，2010；Bertoni et al.，2013；陈运森和朱松，2009；俞鸿琳，2012；吴超鹏等，2012；黄宏斌和刘志远，2014）。

基于此，本书认为企业参股金融机构实施产融结合有助于给企业带来融资便利，即企业融资成本降低或银行信贷额增加，进而有助于提高企业投资规模，也就是说，融资便利是产融结合促进企业投资规模提高的中介变量，于是，提出 H4 − 1 和 H4 − 2。基于实施产融结合的企业与被参股金融机构之间的关系及其对金融机构的影响力，本书认为当企业参股金融机构比例越大时，企业对金融机构的影响力较大，具有一定话语权和行使任免权，甚至能够往金融机构派驻董事，能够影响金融机构的信贷决策，使企业容易获得更多成本较低的银行贷款，带来更多融资便利，获得更多投资资金支持，促进企业投资规模提高。因此，企业参股金融机构比例越大，企业对金融机构的影响力越大，越可能给企业带来融资便利，获得投资资金支持，进而提高企业投资规模。此外，本书进一步分析了企业参股金融机构持续期限的影响，本书基于企业与金融机构之间的长久交易关系与信任视角，认为企业参股金融机构的持续时间越长，越有利于企业与金融机构之间建立长久的紧密关系，增强信任，更容易给企业带来融资便利，进而促进企业投资规模提高。基于此，提出以下假设：

H4 − 1：产融结合有助于提高企业投资规模。

H4 − 2：融资便利是产融结合提高企业投资规模的中介变量。

H4 − 2 − 1：融资成本是产融结合提高企业投资规模的中介变量。

H4 – 2 – 2：银行信贷是产融结合提高企业投资规模的中介变量。

4.3 研究设计

4.3.1 样本选择与数据来源

本章选择 2007～2014 年中国 A 股上市公司为研究样本，选择 2007 年为起点主要是因为：第一，2007 年中国证监会修订的《公开发行证券的公司信息披露内容与格式准则第 3 号——半年度报告的内容与格式》要求公司半年报中需披露公司持有其他上市公司发行的股票和证券投资情况以及持股非上市金融公司机构、拟上市公司情况，其中包括持股金融机构的类型、比例、金额等数据；第二，自 2007 年起，一些数据库（CSMAR 数据库）才相对完整地披露了上市公司参股其他上市公司（包括上市金融机构）的相关数据。根据本书研究需要对数据分别做了如下处理：一是剔除研究主体为金融类的上市公司，以保障研究样本为"由产到融"这一产融结合形式；二是剔除 ST、PT 类公司，因为这类公司的财务指标等比较异常；三是剔除财务数据缺失的样本。

数据主要来源于 CSMAR 数据库和 Wind 数据库，其中，上市公司参股上市金融机构数据主要来源于 CSMAR 数据库，通过对"企业对外投资数据"中的其他上市公司股权投资数据的整理，结合上市金融公司名单筛选出非金融类上市公司参股上市金融机构的数据；上市公司参股非上市金融机构的数据主要来源于 Wind 数据库，因为 Wind 数据库自 2005 年开始就相对比较详细地披露了企业参股非上市金融企业数据。企业投资规模数据来源于 CSMAR 数据库，其他财务数据等主要来源于 CSMAR 数据库。本书使用 Stata 13 对数据进行处理分析。

4.3.2 模型设计

为了验证 H4 – 1，借鉴黄福广等（2013）、徐业坤和李维安等（2013）、潘红波等（2017）等研究，构建模型（4-1）进行实证检验。为了验证 H4-2，即企业参股金融机构实施产融结合通过融资便利（降低融资成本或增加银行信贷）促进企业投资规模提高的中介效应路径检验，构建了中介效应模型（4-1）、模型（4-2）、模型（4-3）进行验证。

$$\text{INVEST}_{it} = \alpha_0 + \alpha_1 \text{Finhold}_{it} + \alpha_2 \text{Size}_{it-1} + \alpha_3 \text{Age}_{it-1} + \alpha_4 \text{Lev}_{it-1}$$
$$+ \alpha_5 \text{TobinQ}_{it-1} + \alpha_6 \text{CF}_{it-1} + \alpha_7 \text{Cash}_{it-1} + \alpha_8 \sum \text{Year}$$
$$+ \alpha_9 \sum \text{Indcd} + \varepsilon \tag{4-1}$$

$$\text{Loan}_{it}(\text{LOAN}_{it}) = \alpha_0 + \alpha_1 \text{Finhold}_{it} + \alpha_2 \text{Size}_{it-1} + \alpha_3 \text{Age}_{it-1} + \alpha_4 \text{Lev}_{it-1}$$
$$+ \alpha_5 \text{TobinQ}_{it-1} + \alpha_6 \text{CF}_{it-1} + \alpha_7 \text{Cash}_{it-1} + \alpha_8 \sum \text{Year}$$
$$+ \alpha_9 \sum \text{Indcd} + \varepsilon \tag{4-2}$$

$$\text{INVEST}_{it} = \alpha_0 + \alpha_1 \text{Loan}_{it}(\text{CFOLOAN}_{it}) + \alpha_2 \text{Finhold}_{it} + \alpha_3 \text{Size}_{it-1}$$
$$+ \alpha_4 \text{Age}_{it-1} + \alpha_5 \text{Lev}_{it-1} + \alpha_6 \text{TobinQ}_{it-1} + \alpha_7 \text{CF}_{it-1}$$
$$+ \alpha_8 \text{Cash}_{it-1} + \alpha_9 \sum \text{Year} + \alpha_{10} \sum \text{Indcd} + \varepsilon \tag{4-3}$$

在模型（4-1）、模型（4-2）、模型（4-3）中，α_0 为截距项，α_i 为回归模型中各个变量的系数，i 为个体企业，t 为时间，ε 为随机扰动项。企业投资规模（INVEST）为被解释变量，即企业的总体投资水平；企业产融结合（Finhold）是解释变量，用企业是否参股金融机构（Finhold1）、企业参股金融机构实施产融结合持续时间（Finhold2）和企业参股金融机构比例（Finhold3）衡量。其他变量为控制变量，具体变量定义与衡量方法详见表4-1。

4.3.3 变量定义与衡量

1. 被解释变量

企业投资规模（INVEST），即企业总体投资水平，现有文献大多用"购建固定资产、无形资产和其他长期资产支付的现金"反映企业的投资水平，但该指标主要反映企业在内部资本投资支出方面的情况，为了进一步反映企业所有投资活动的总体投资情况，用企业的投资活动的现金流支出除以期初总资产来衡量。

企业融资成本（Loan），即企业的债务融资成本，借鉴蒋琰（2009）、陆贤伟等（2013）和刘慧等（2016），用利息支出/总负债衡量。

企业银行贷款额（LOAN），为了考察企业产融结合对银行贷款的影响，借鉴黎文靖等（2014），用资产负债表的银行贷款衡量企业获得的银行贷款额，即资产负债表的银行贷款 =（短期借款 + 长期借款 + 一年内到期的非流动负债)/年初总资产。

2. 解释变量

我国实体企业参股或控股的金融机构分为上市金融机构和非上市金融机构。其中，根据 Wind 数据库统计，企业参股的非上市金融机构主要有银行、证券、财务、保险、信托、基金和期货公司 7 类，银行、证券和财务公司是企业参股最多的 3 种金融机构；持股的上市金融机构主要为银行、证券 2 种金融机构，其次是保险公司，极少数参股其他类型的上市金融机构。本书在本章构建了三种变量衡量企业参股金融机构实施产融结合状况：一是企业是否参股金融机构（Finhold1），虚拟变量，若实体上市公司参股了金融机构，则为 1，否则为 0；二是企业参股金融机构实施产融结合的连续期限（Finhold2），本书以 2007 年为基期，不考虑 2007 年之前的产融结合因素，用企业连续参股金融机构进行产融结合的持续期限衡量，样本企业中存在一家公司在不同年度参股金融机构实施产融结合"参股—退出—参股"的情况，本书将退出后重新参股实施产融结合的样本视为重新参股实施产融结合样本，计算出连续实施产融结合的持续期限；三是持股金融机构比例（Finhold3），由于一家实体上市公司可能在同一年度参股几家不同金融机构的情况，因此，本书在本章的回归分析中保留实体上市公司同一年度对金融机构的最大持股比例，来衡量企业持股金融机构比例。

3. 控制变量

借鉴黄福广等（2013）、徐业坤和李维安等（2013）、金宇超和靳庆鲁等（2016）、潘红波等（2017）等研究，控制了企业规模（Size）、上市年龄（Age）、资产负债率（Lev）、托宾 Q（TobinQ）、经营活动现金流（CF）和现金持有量（Cash）等控制变量，具体变量定义及其衡量见表 4 - 1。

变量名称		变量代码	变量定义
被解释变量	企业投资规模	INVEST	用投资活动的现金流支出/期初总资产衡量
	融资成本	Loan	即企业债务融资成本，用利息支出/总负债来衡量
	银行信贷	LOAN	用（短期借款＋长期借款＋一年内到期的非流动负债）/年初总资产衡量
解释变量	产融结合	Finhold	主要用企业是否参股金融机构（Finhold1）衡量，在假设 H4 - 1、H4 - 2、H4 - 3 的分析中，进一步采用企业参股金融机构实施产融结合的相对应年度的连续期限（Finhold2）和企业持股金融机构最大比例（Finhold3）衡量
控制变量	企业规模	Size	企业年末总资产的自然对数
	企业年龄	Age	企业上市年限
	财务杠杆	Lev	企业资产负债率
	托宾 Q	TobinQ	企业市场价值/总资产
	经营现金流	CF	企业经营活动现金流量净额除以期末总资产
	现金持有量	Cash	企业现金水平与总资产的比值
	年度	Year	年度虚拟变量
	行业	Indcd	行业虚拟变量

4.4　实证结果与分析

4.4.1　描述性统计

表 4 - 2 报告了关键变量的描述性统计结果，由表 4 - 2 中可以看到，企业是否参股金融机构实施产融结合（Finhold1）的均值为 0.29000，说明在样本企业中，我国参股金融机构的非金融上市公司所占平均比例为 29%，其中位数为 0.00000，标准差为 0.45400；企业连续参股金融机构实施产融结合的持续期限（Finhold2）的最大值为 8.00000，最小值为 0.00000，均值为 1.20400，中位数为 0.00000，标准差为 2.23300；企业参股金融机构的最大持股比例（Finhold3）的均值为 0.02280，中位数为 0.00000，标准差为 0.08720，说明我国非金融上市公司参股金融机构的比

产融结合与企业投资行为研究

例较低，产融结合程度还比较浅。可见，我国非金融上市公司参股金融机构实施产融结合的行为差异较大。从企业投资规模指标来看，企业投资规模（INVEST）的均值为 0.15500，中位数为 0.08510，标准差为 0.22400，说明我国上市公司的投资规模差异比较大。此外，从企业融资成本来看，企业债务融资成本（Loan）的均值为 0.02440，中位数为 0.02260，标准差为 0.01750，最大值为 0.08010，最小值为 0.00000，可见我国上市公司的债务融资成本差异较大，企业融资能力差异较大。

表 4 - 2　　　　　　　　　主要变量的描述性统计

变量名	样本量	均值	最小值	最大值	标准差	中位数
Finhold1	10137	0.29000	0.00000	1.00000	0.45400	0.00000
Finhold2	10137	1.20400	0.00000	8.00000	2.23300	0.00000
Finhold3	10137	0.02280	0.00000	1.00000	0.08720	0.00000
INVEST	10137	0.15500	0.00018	1.45300	0.22400	0.08510
Loan	10137	0.02440	0.00000	0.08010	0.01750	0.02260
LOAN	10137	0.23400	0.00000	1.20700	0.22400	0.19300
Size	10137	21.75000	16.16000	28.48000	1.25300	21.60000
Lev	10137	0.47500	0.04250	1.70400	0.26100	0.47000
Age	10137	9.67000	1.00000	24.00000	5.89700	10.00000
TobinQ	10137	2.14500	0.22100	11.33000	1.90700	1.60000
CF	10137	0.04390	-0.21600	0.27200	0.08170	0.04370
Cash	10137	0.19600	0.00828	0.68500	0.14600	0.15500

表 4 - 3 报告本章主要关键变量的 Pearson 相关性检验结果，由表 4 - 3 可以看到，在不考虑其他因素的情况下，企业是否参股金融机构实施产融结合（Finhold1）、连续参股金融机构实施产融结合的持续期限（Finhold2）与企业投资规模（INVEST）显著正相关，参股金融机构的最大持股比例（Finhold3）与企业投资规模（INVEST）正相关但不显著，说明企业参股金融机构实施产融结合有助于促进企业总体投资规模提高，在一定程度上支持了研究假设 H4 - 1。对于企业融资情况来说，企业是否参股金融机构实施产融结合（Finhold1）、连续参股金融机构实施产融结合的持续期限（Finhold2）、参股金融机构的最大持股比例（Finhold3）均与企业融资成本（Loan）负相关但不显著；而均与企业银行贷款额（LOAN）显著正相关，在一定程度上说明企业实施产融结合能给企业带来融资便利。

表4-3　　主要变量相关系数

变量	Finhold1	Finhold2	Finhold3	INVEST	Loan	LOAN	Size	Lev	Age	TobinQ	CF
Finhold1	1										
Finhold2	0.850***	1									
Finhold3	0.583***	0.512***	1								
INVEST	0.040*	0.038**	0.012	1							
Loan	-0.002	-0.003	-0.001	-0.028***	1						
LOAN	0.109***	0.071***	0.071***	0.066***	-0.002	1					
Size	0.293***	0.300***	0.315***	0.006	-0.078***	0.300***	1				
Lev	-0.003	-0.001	-0.001	-0.040***	0.556***	0.078***	-0.130***	1			
Age	0.252***	0.309***	0.153***	-0.100***	0.024	0.183***	0.177***	0.058***	1		
TobinQ	-0.175***	-0.182***	-0.120***	0.165***	-0.021***	0.045***	-0.429***	0.055***	-0.124***	1	
CF	0.002	0	0.003	0.051***	-0.003	0	0.037***	-0.011	-0.001	0.021**	1

注: ***、**和*分别表示在1%、5%和10%的水平上显著。

4.4.2 回归分析

为了验证 H4-1，即检验企业参股金融机构实施产融结合是否有助于提高企业总体投资水平，增大企业投资规模，本章对模型（4-1）进行了估计，同时本章采用了中介效应模型（4-1）、模型（4-2）、模型（4-3）对 H4-2 进行验证，即进一步分析企业参股金融机构实施产融结合会通过融资便利这一路径来促进企业投资规模增大的具体作用机制，在该部分内容的检验中，分别采用融资成本和银行信贷两个指标从两个不同的维度来衡量反映企业的融资便利，即表现为融资成本降低或银行贷款额增加，具体的回归结果见表 4-4、表 4-5。其中表 4-4 报告了企业是否参股金融机构实施产融结合（Finhold1）、企业连续实施产融结合的持续期限（Finhold2）、企业参股金融机构的最大持股比例（Finhold3）对企业投资规模的影响及其作用机制的回归结果，从回归结果可以看到，企业是否参股金融机构实施产融结合（Finhold1）对企业投资规模（INVEST）的影响系数为 0.0105（1% 水平显著），对企业融资成本（Loan）的影响系数分别为 -0.00131（5% 水平显著），说明企业参股金融机构有助于降低企业融资成本，提高企业投资规模，H4-1 得到验证，同时模型（4-3）的回归结果中，企业融资成本对企业投资规模（INVEST）的影响均负显著，说明企业参股金融机构实施产融结合会通过降低企业融资成本促进企业投资规模增加，H4-2-1 得到验证。同理，从回归结果中可以看到，企业连续实施产融结合的持续期限（Finhold2）、企业参股金融机构的最大持股比例（Finhold3）对企业投资规模的影响系数分别为 0.00122（10% 水平显著）、0.0689（1% 水平显著），对企业融资成本的影响系数均负显著，说明企业连续实施产融结合期限越长、持股比例越大，企业融资成本越低，企业投资规模越大，H4-1 进一步得到验证，且模型（4-3）的回归结果发现，企业融资成本对企业投资规模（INVEST）的影响均负显著，说明企业参股金融机构实施产融结合会通过降低企业融资成本促进企业投资规模增加，H4-2-1 得到验证。进一步使用银行贷款额指标替代融资成本指标来衡量反映企业融资便利，对企业

表4－4 产融结合、融资成本与企业投资规模

变量	模型（4-1）INVEST	模型（4-1）INVEST	模型（4-1）INVEST	模型（4-2）Loan	模型（4-2）Loan	模型（4-2）Loan	模型（4-3）INVEST	模型（4-3）INVEST	模型（4-3）INVEST
Loan	0.0105*** (2.66)						-1.237*** (-9.55)	-0.952*** (-11.32)	-1.250*** (-9.66)
Finhold1				-0.00131 (-1.97)			0.0108** (2.29)		
Finhold2		0.00122* (1.76)			-0.000130*** (-2.84)			0.00120* (1.81)	
Finhold3			0.0689*** (2.63)			-0.00989** (-2.01)			0.375*** (5.17)
Size	0.00127 (0.73)	0.00276** (2.16)	0.00363*** (2.76)	-0.00213*** (-4.53)	-0.00139 (-8.84)	-0.00114 (-8.28)	0.000342 (0.16)	0.00534*** (3.96)	-0.00147 (-0.69)
Lev	-0.00385*** (-4.23)	-0.00221*** (-3.27)	-0.00322*** (-4.73)	0.0000263 (2.13)	0.0000257 (4.26)	0.0000239 (1.39)	-0.00433*** (-3.00)	-0.00401*** (-4.23)	-0.00433*** (-3.00)
Age	-0.00200*** (-6.00)	-0.00256*** (-10.25)	-0.00246*** (-9.96)	0.0000893* (1.66)	0.0000120 (0.41)	0.0000208 (0.73)	-0.00149*** (-3.74)	-0.00224*** (-8.46)	-0.00153*** (-3.89)

变量	模型 (4－1)	模型 (4－1)	模型 (4－1)	模型 (4－2)	模型 (4－2)	模型 (4－2)	模型 (4－3)	模型 (4－3)	模型 (4－3)
	INVEST	INVEST	INVEST	Loan	Loan	Loan	INVEST	INVEST	INVEST
TobinQ	0.0159***	0.0149***	0.0116***	－0.00243***	－0.00227***	－0.00155***	0.0193***	0.0105***	0.0191***
	(14.03)	(12.96)	(13.67)	(－7.02)	(－16.88)	(－15.53)	(13.24)	(11.71)	(13.07)
CF	0.0264**	0.249***	0.0454***	－0.0220***	－0.0146***	－0.0141***	0.147***	0.110***	0.147***
	(2.16)	(13.10)	(4.96)	(－4.65)	(－6.34)	(－7.23)	(7.31)	(8.37)	(7.32)
Cash	0.141***	0.0884***	0.108***	－0.0443***	－0.0366***	－0.0376***	0.120***	0.0892***	0.120***
	(11.78)	(9.83)	(12.11)	(－14.40)	(－33.28)	(－34.42)	(7.41)	(8.47)	(7.38)
Constant	0.0599	0.0295	0.0223	0.0927***	0.0748***	0.0682***	0.102**	0.0143	0.138***
	(1.54)	(1.01)	(0.76)	(8.39)	(20.97)	(21.74)	(2.12)	(0.46)	(2.83)
Year	控制	控制	控制	控制	控制	控制	控制	控制	控制
Indcd	控制	控制	控制	控制	控制	控制	控制	控制	控制
N	10137	10137	10137	10137	10137	10137	10137	10137	10137
adj. R²	0.082	0.111	0.098	0.081	0.222	0.218	0.089	0.097	0.091

注：***，** 和 * 分别表示在 1%，5% 和 10% 的水平上显著；括号内为 t 值。

第 4 章 产融结合与企业投资

表4-5 产融结合、银行信贷与企业投资规模

变量	模型(4-1) INVEST	模型(4-1) INVEST	模型(4-1) INVEST	模型(4-2) LOAN	模型(4-2) LOAN	模型(4-2) LOAN	模型(4-3) INVEST	模型(4-3) INVEST	模型(4-3) INVEST
LOAN	0.0105*** (2.66)						0.105*** (14.76)	0.105*** (14.76)	0.105*** (14.78)
Finhold1				0.00863*** (2.59)			0.00797*** (2.71)		
Finhold2		0.00122* (1.76)			0.00132*** (2.91)			0.00119* (1.71)	
Finhold3			0.0689*** (2.63)			0.156*** (2.72)			0.0762*** (2.92)
Size	0.00127 (0.73)	0.00276** (2.16)	0.00363*** (2.76)	0.00976*** (8.01)	0.0124*** (11.12)	0.00428*** (3.12)	0.00142 (1.09)	0.00168 (1.30)	0.00112 (0.85)
Lev	-0.00385*** (-4.23)	-0.00221*** (-3.27)	-0.00322*** (-4.73)	0.452*** (57.93)	0.416*** (58.60)	0.485*** (55.69)	-0.00417*** (-6.15)	-0.00418*** (-6.17)	-0.00418*** (-6.17)
Age	-0.00200*** (-6.00)	-0.00256*** (-10.25)	-0.00246*** (-9.96)	-0.00431*** (-14.34)	-0.00420*** (-15.20)	-0.00415*** (-12.47)	-0.00249*** (-10.01)	-0.00247*** (-9.83)	-0.00244*** (-9.92)

变量	模型（4-1） INVEST	模型（4-1） INVEST	模型（4-1） INVEST	模型（4-2） LOAN	模型（4-2） LOAN	模型（4-2） LOAN	模型（4-3） INVEST	模型（4-3） INVEST	模型（4-3） INVEST
TobinQ	0.0159*** （14.03）	0.0149*** （12.96）	0.0116*** （13.67）	0.0179*** （3.50）	0.0191*** （4.13）	0.0133** （2.34）	0.0131*** （15.41）	0.0131*** （15.36）	0.0129*** （15.21）
CF	0.0264** （2.16）	0.249*** （13.10）	0.0454*** （4.96）	0.00233 （0.99）	0.00104 （0.49）	0.00564** （2.16）	0.0626*** （6.82）	0.0624*** （6.80）	0.0626*** （6.82）
Cash	0.141*** （11.78）	0.0884*** （9.83）	0.108*** （12.11）	-0.214*** （-18.58）	-0.220*** （-21.05）	-0.208*** （-16.22）	0.150*** （15.98）	0.150*** （15.96）	0.150*** （15.97）
Constant	0.0599 （1.54）	0.0295 （1.01）	0.0223 （0.76）	-0.0503* （-1.84）	-0.0942*** （-3.78）	0.0504 （1.64）	0.0267 （0.92）	0.0235 （0.81）	0.0335 （1.14）
Year	控制	控制	控制	控制	控制	控制	控制	控制	控制
Indcd	控制	控制	控制	控制	控制	控制	控制	控制	控制
N	10137	10137	10137	10137	10137	10137	10137	10137	10137
adj. R^2	0.082	0.111	0.098	0.381	0.400	0.346	0.113	0.113	0.114

注：***，**和*分别表示在1%、5%和10%的水平上显著；括号内为t值。

第4章　产融结合与企业投资

产融结合是否会通过给企业带来融资便利而促进企业投资规模提高进行检验，由表4-5的结果可以看到企业是否参股金融机构实施产融结合（Finhold1）、企业连续实施产融结合的持续期限（Finhold2）、企业参股金融机构的最大持股比例（Finhold3）对企业投资规模（INVEST）的影响系数均正显著，对企业银行贷款额（LOAN）的系数均正显著，说明企业参股金融机构实施产融结合有助于企业获得更多银行贷款，提高企业投资规模；同时，模型（4-3）的回归结果发现企业银行贷款额（LOAN）对企业投资规模（INVEST）的影响系数是正显著的，说明银行信贷是企业参股金融机构实施产融结合提高企业投资规模的中介变量，H4-2-2得到了验证。综上所述，H4-1、H4-2均得到验证，即企业参股金融机构实施产融结合有助于给企业带来融资便利，进而促进企业投资规模增大。

4.5　稳健性检验

为了增加研究结果的有效性和可靠性，本章进行了以下稳健性检验。

4.5.1　参股比例5%以上+PSM匹配样本检验

正如前面所述，在实证检验时将参股金融机构的样本作为实施产融结合的企业样本，这其中隐藏了一个问题，即在参股金融机构的非金融上市公司，部分企业的持股比例非常小，这些企业对所参股的金融机构的实际影响力可能较为有限，将这些企业纳入样本可能会带来噪音。考虑到银行等金融机构的股权高度分散，本书借鉴万良勇等（2015）研究，选取5%作为界定标准，将参股金融机构比例5%以上的非金融上市公司视为对金融机构具有一定影响力的企业，如2004年中国银监会颁布的《商业银行与内部人和股东关联交易管理办法》将"能直接、间接、共同持有或控制商业银行5%以上股份或表决权的非自然人股东"界定为银行的关联法人。因此，本书首先选取了参股金融机构持股比例在5%以上的样本视为实施了产融结合的企业样本，其他样本（参股比例在5%以下及未参股）视为没有实施产融结合的样本，这能在一定程度上消除这一噪音的影响。考虑到筛选处理后样本中未实施产融结合的企业样本比较多于实施产融结合企业的样本，同时为了避免因截面上市公司的内在特征而不是产融结合决策所产生的对企业决策后果的影响和解决样本自选择与内生性等问题。借鉴黎文靖和李茫茫（2017），使用了倾向性得分配对（PSM）方法，对样本进行匹配，并选用了公司规模、财务杠杆、盈利能力、成长性、经营活动净现金流、第一大股东持股比例作为配对标准，控制年度和行业，使用0.005的半径进行配对，得到配对样本后再进行回归检验。

本部分内容分析中将产融结合界定为参股金融机构5%以上比例的样本，并同时采用 PSM 方法进行检验，在解决内生性的基础上，以消除一些参股比例非常低且对金融机构不具有影响力的噪音影响。其中，表 4-6 报告了企业是否参股金融机构实施产融结合（Finhold1）、企业连续参股金融机构实施产融结合的持续期限（Finhold2）、企业参股金融机构的最大持股比例（Finhold3）对企业投资规模（INVEST）的影响及其通过融资成本降低而带来融资便利的具体作用机制的回归结果，表 4-6 的结果发现企业是否参股金融机构实施产融结合（Finhold1）、企业连续参股金融机构实施产融结合的持续期限（Finhold2）、企业参股金融机构的最大持股比例（Finhold3）与企业投资规模（INVEST）正相关，同时融资成本（Loan）是企业产融结合促进投资规模提高的中介变量，与主体研究结论保持一致，即企业参股金融机构实施产融结合，或企业连续实施产融结合的期限越长，参股比例越大，企业融资成本越低，给企业带来融资便利，进而使得企业投资规模更大，H4-1、H4-2 均得到了验证。表 4-7 报告了企业是否参股金融机构实施产融结合（Finhold1）、企业连续参股金融机构实施产融结合的持续期限（Finhold2）、企业参股金融机构的最大持股比例（Finhold3）对企业投资规模（INVEST）的影响及其通过增加银行信贷额而带来融资便利的具体作用机制的回归结果，从结果中可以看到，企业是否参股金融机构实施产融结合（Finhold1）、企业连续参股金融机构实施产融结合的持续期限（Finhold2）、企业参股金融机构的最大持股比例（Finhold3）与企业投资规模（INVEST）正相关，同时银行贷款额（LOAN）是

表4-6 产融结合、融资成本与企业投资规模 [模型(4-1)、模型(4-2)、模型(4-3)，参股比例5%以上+PSM]

变量	模型(4-1) INVEST	模型(4-1) INVEST	模型(4-1) INVEST	模型(4-2) Loan	模型(4-2) Loan	模型(4-2) Loan	模型(4-3) INVEST	模型(4-3) INVEST	模型(4-3) INVEST
Loan							-1.343***	-1.316***	-1.339***
							(-5.34)	(-5.25)	(-5.28)
Finhold1	0.0168***			-0.00541***			0.0221***		
	(3.11)			(-3.51)			(2.83)		
Finhold2		0.00312**			-0.000610**			0.00321**	
		(2.07)			(-1.97)			(1.98)	
Finhold3			0.249***			-0.00944**			0.244***
			(7.73)			(-1.99)			(7.41)
Size	0.00537**	0.00797***	0.00562	-0.00129*	-0.00137*	-0.00135*	0.00520*	0.00532*	0.00192
	(2.14)	(1.98)	(1.40)	(-1.84)	(-1.96)	(-1.93)	(1.65)	(1.68)	(0.55)
Lev	-0.109***	-0.141***	-0.132***	0.0138***	0.0145***	0.0147***	-0.107***	-0.109***	-0.0984***
	(-6.10)	(-5.87)	(-5.52)	(4.10)	(4.31)	(4.35)	(-4.20)	(-4.27)	(-3.85)
Age	-0.000807	-0.000538	-0.000400	-0.0000983	-0.0000865	-0.000146	-0.0000882	-0.000259	-0.000102
	(-1.51)	(-0.71)	(-0.57)	(-0.65)	(-0.55)	(-0.97)	(-0.11)	(-0.31)	(-0.14)

变量	模型（4-1）INVEST	模型（4-1）INVEST	模型（4-1）INVEST	模型（4-2）Loan	模型（4-2）Loan	模型（4-2）Loan	模型（4-3）INVEST	模型（4-3）INVEST	模型（4-3）INVEST
TobinQ	0.0119***	0.0141***	0.0155***	-0.00138**	-0.00143**	-0.00135**	0.0199***	0.0199***	0.0196***
	(5.35)	(4.99)	(5.20)	(-2.14)	(-2.21)	(-2.10)	(4.30)	(4.29)	(6.00)
CF	0.187***	0.268***	0.205***	-0.00939	-0.00893	-0.00887	0.185***	0.183***	0.175***
	(5.22)	(4.65)	(4.26)	(-0.85)	(-0.80)	(-0.80)	(2.91)	(2.88)	(3.52)
Cash	0.0834***	0.109***	0.107***	-0.0361***	-0.0358***	-0.0359***	0.0575	0.0557	0.0585
	(3.50)	(3.39)	(3.37)	(-5.15)	(-5.10)	(-5.12)	(1.48)	(1.43)	(1.62)
Constant	0.0273	-0.0145	0.0115	0.0583***	0.0565***	0.0569***	0.0370	0.0486	0.0971
	(0.49)	(-0.17)	(0.13)	(3.57)	(3.44)	(3.47)	(0.50)	(0.66)	(1.21)
Year	控制	控制	控制	控制	控制	控制	控制	控制	控制
Inded	控制	控制	控制	控制	控制	控制	控制	控制	控制
N	2218	2218	2218	2218	2218	2218	2218	2218	2218
adj. R^2	0.114	0.094	0.114	0.047	0.044	0.044	0.102	0.101	0.121

注：***、**和*分别表示在1%、5%和10%的水平上显著；括号内为 t 值。

第 4 章　产融结合与企业投资

表4-7 产融结合、银行信贷与企业投资规模 [模型(4-1)、模型(4-2)、模型(4-3)，参股比例5%以上+PSM]

变量	模型(4-1) INVEST	模型(4-1) INVEST	模型(4-1) INVEST	模型(4-2) LOAN	模型(4-2) LOAN	模型(4-2) LOAN	模型(4-3) INVEST	模型(4-3) INVEST	模型(4-3) INVEST
LOAN							0.208*** (14.01)	0.209*** (14.10)	0.184*** (11.35)
Finhold1	0.0205*** (2.81)			0.0116** (1.98)			0.0167*** (3.20)		
Finhold2		0.00237** (2.13)			0.00855*** (8.01)			0.00314*** (2.62)	
Finhold3			0.234*** (9.85)			0.0489** (2.04)			0.329*** (11.12)
Size	0.00608* (1.69)	0.00596** (2.31)	0.00343 (1.35)	-0.00276 (-0.83)	0.00711** (2.45)	0.00769*** (3.03)	0.00355 (1.42)	-0.00418 (-1.63)	0.000749 (0.30)
Lev	-0.134*** (-5.55)	-0.109*** (-6.07)	-0.104*** (-5.94)	0.492*** (27.40)	0.482*** (24.56)	0.460*** (26.02)	-0.219*** (-11.42)	-0.205*** (-10.57)	-0.196*** (-10.26)
Age	-0.000329 (-0.46)	-0.000922* (-1.65)	-0.000904* (-1.74)	-0.00290*** (-4.74)	-0.00353*** (-5.52)	-0.00259*** (-4.60)	-0.000137 (-0.26)	-0.000275 (-0.51)	-0.000407 (-0.80)

变量	模型 (4-1)	模型 (4-1)	模型 (4-1)	模型 (4-2)	模型 (4-2)	模型 (4-2)	模型 (4-3)	模型 (4-3)	模型 (4-3)
	INVEST	INVEST	INVEST	LOAN	LOAN	LOAN	INVEST	INVEST	INVEST
TobinQ	0.0155***	0.0128***	0.0117***	0.0820***	0.0943***	0.0739***	0.0110***	0.00944***	0.0109***
	(5.17)	(5.38)	(5.35)	(7.63)	(7.97)	(6.80)	(4.81)	(4.05)	(5.14)
CF	0.217***	0.205***	0.178***	-0.421***	-0.294***	-0.197***	0.272***	0.288***	0.226***
	(4.48)	(5.30)	(5.04)	(-11.32)	(-7.06)	(-5.27)	(7.17)	(7.57)	(6.42)
Cash	0.111***	0.0807***	0.0801***	-0.401***	-0.244***	-0.341***	0.140***	0.139***	0.134***
	(3.44)	(3.39)	(3.43)	(-15.82)	(-8.81)	(-13.87)	(5.97)	(5.93)	(5.77)
Constant	0.00907	0.0236	0.0589	0.124*	-0.0826	-0.0715	0.0438	0.212***	0.0895
	(0.11)	(0.41)	(1.05)	(1.86)	(-1.31)	(-1.30)	(0.79)	(3.71)	(1.63)
Year	控制	控制	控制	控制	控制	控制	控制	控制	控制
Indcd	控制	控制	控制	控制	控制	控制	控制	控制	控制
N	2476	2476	2476	2476	2476	2476	2476	2476	2476
adj. R²	0.095	0.114	0.145	0.457	0.455	0.451	0.181	0.180	0.202

注：***、** 和 * 分别表示在 1%、5% 和 10% 的水平上显著；括号内为 t 值。

第 4 章　产融结合与企业投资

企业产融结合促进投资规模提高的中介变量，与主体研究结论保持一致，H4-1、H4-2得到验证，可见，企业参股金融机构实施产融结合的确有助于降低企业融资成本或增加企业银行信贷，带来融资便利，进而促进企业提高投资规模。

4.5.2　连续参股4年及以上+PSM匹配样本检验

考虑到部分企业参股金融机构存在短期投机动机，会对结果产生一定的噪音影响，为了进一步消除部分企业参股金融机构的短期投机行为带来的噪音影响，选择了连续参股金融机构实施产融结合的最大持续期限在4年及4年以上的企业作为产融结合实施样本进行分析，而将那些连续参股金融机构3年及以下的企业样本视为未实施产融结合样本。这是因为企业连续参股金融机构的期限越长，越可能说明企业参股金融机构是该企业的一种长期战略发展行为，而不是短期投机行为，也就是说，参股期限较长的企业可能较不会存在短期投机动机。同时，考虑到样本企业中可能参股3年及以下的企业较多，并为了解决样本自选择与内生性等问题，本章进一步采用PSM方法匹配出相应的未实施产融结合样本进行了实证分析。

表4-8报告了企业是否参股金融机构实施产融结合（Finhold1）、企业连续实施产融结合的持续期限（Finhold2）、企业参股金融机构的最大持股比例（Finhold3）对企业投资规模（INVEST）的影响及其通过融资成本降低而带来融资便利的具体作用机制的回归结果，结果发现与主体研究结论一致，融资成本（Loan）降低带来的融资便利是企业产融结合促进企业投资规模提高的中介作用路径，H4-1、H4-2得到验证，即企业参股金融机构实施产融结合，或企业连续实施产融结合的期限越长，参股比例越大，企业融资成本越低，给企业带来融资便利，进而使得企业投资规模更大。表4-9报告了企业是否参股金融机构实施产融结合（Finhold1）、企业连续参股金融机构实施产融结合的持续期限（Finhold2）、企业参股金融机构的最大持股比例（Finhold3）对企业投资规模（INVEST）的影响及其通过增加银行信贷额而带来融资便利的具体作用机制的回归结果，结果发现与主体研究结论一致，银行信贷额（LOAN）增加带来的融资便利是企

业产融结合促进企业投资规模提高的中介变量，可见企业参股金融机构实施产融结合的确会给企业带来融资成本降低或银行信贷增加的融资便利，进而促进企业投资规模增加，H4 - 1、H4 - 2得到验证。

4.5.3 投资规模指标重新衡量

为了更加具体地反映企业的总体投资规模，本书借鉴童盼和陆正飞（2005）、张兆国等（2011）、刘星等（2013）、王义中和宋敏（2014）、杨畅等（2014）、潘玉香和杨悦等（2015），使用固定资产、长期投资、在建工程、工程物资和无形资产的增加值之和除以期初总资产重新衡量企业投资规模，并进行回归检验，其中由于2007年施行的会计准则的变化，本书基于杨畅等（2014）将持有至到期投资和长期股权投资视为长期投资，具体实证回归结果详见表4 - 10、表4 - 11，发现结果仍保持不变，与主体研究结论一致。

表4 - 10报告了企业是否参股金融机构实施产融结合（Finhold1）、企业连续实施产融结合的持续期限（Finhold2）、企业参股金融机构的最大持股比例（Finhold3）对企业投资规模（INVEST）的影响及其通过融资成本降低而带来融资便利的具体作用机制的回归结果，结果发现与主体研究结论一致，融资成本降低带来的融资便利是企业产融结合促进企业投资规模提高的中介作用路径，H4 - 1、H4 - 2得到验证，即企业参股金融机构实施产融结合，或企业连续实施产融结合的期限越长，参股比例越大，企业融资成本越低，给企业带来融资便利，进而使得企业投资规模更大。表4 - 11报告了企业是否参股金融机构实施产融结合（Finhold1）、企业连续参股金融机构实施产融结合的持续期限（Finhold2）、企业参股金融机构的最大持股比例（Finhold3）对企业投资规模的影响及其通过增加银行信贷额而带来融资便利的具体作用机制的回归结果，结果发现与主体研究结论一致，银行信贷额增加带来的融资便利是企业产融结合促进企业投资规模提高的中介变量，可见企业参股金融机构实施产融结合的确会给企业带来融资成本降低或银行信贷增加的融资便利，进而促进企业投资规模增加，H4 - 1、H4 - 2得到验证。

表4-8　产融结合、融资成本与企业投资规模 [模型(4-1)、模型(4-2)、模型(4-3)、参股4年及以上+PSM]

变量	模型(4-1) INVEST	模型(4-1) INVEST	模型(4-1) INVEST	模型(4-2) Loan	模型(4-2) Loan	模型(4-2) Loan	模型(4-3) INVEST	模型(4-3) INVEST	模型(4-3) INVEST
Loan	0.00850** (2.30)						-0.541*** (-4.22)	-0.960*** (-6.92)	-0.572*** (-4.57)
Finhold1				-0.00103** (-2.14)			0.00826** (2.11)		
Finhold2		0.00219* (1.79)			-0.000192** (-2.02)			0.00148* (1.73)	
Finhold3			0.0770*** (4.44)			-0.00585*** (-3.77)			0.0263* (1.83)
Size	0.00181 (1.01)	0.00222 (1.22)		-0.00212*** (-8.24)	-0.00158*** (-6.29)	-0.00168*** (-8.87)	0.0114*** (6.20)	0.000652 (0.32)	0.0108*** (5.96)
Lev	-0.0750*** (-8.58)	-0.0873*** (-6.79)	-0.112*** (-10.04)	0.00772*** (8.33)	0.00398*** (4.57)	0.00802*** (9.83)	-0.0821*** (-8.35)	-0.0263*** (-3.25)	-0.0832*** (-8.48)
Age	-0.00162*** (-4.13)	-0.000812 (-1.38)	-0.00141*** (-3.81)	-0.0000468 (-0.07)	-0.000121 (-0.18)	-0.0000869* (-1.97)	-0.00167*** (-4.23)	-0.00210*** (-4.91)	-0.00140*** (-3.63)

变量	模型（4-1）	模型（4-1）	模型（4-1）	模型（4-2）	模型（4-2）	模型（4-2）	模型（4-3）	模型（4-3）	模型（4-3）
	INVEST	INVEST	INVEST	Loan	Loan	Loan	INVEST	INVEST	INVEST
TobinQ	0.0112***	0.0178***	0.00750***	-0.00190***	-0.000953***	-0.00143***	0.0150***	0.0158***	0.0148***
	(5.69)	(5.86)	(4.45)	(-7.85)	(-5.25)	(-8.38)	(8.35)	(6.87)	(8.22)
CF	0.200***	0.232***	0.150***	-0.0148***	-0.0195***	-0.00485***	0.140***	0.198***	0.144***
	(7.13)	(5.54)	(6.59)	(-4.00)	(-5.28)	(-3.87)	(5.64)	(6.47)	(5.77)
Cash	0.0907***	0.145***	0.0811***	-0.0409***	-0.0447***	-0.0390***	0.0551***	0.0748***	0.0688***
	(5.68)	(6.02)	(5.06)	(-18.93)	(-20.66)	(-20.52)	(3.03)	(4.03)	(3.81)
Constant	0.0871**	0.0961	0.104***	0.0885***	0.0779***	0.0746***	-0.0998**	0.0745	-0.0847**
	(2.13)	(1.46)	(2.58)	(14.37)	(12.89)	(16.92)	(-2.33)	(1.51)	(-1.99)
Year	控制	控制	控制	控制	控制	控制	控制	控制	控制
Indcd	控制	控制	控制	控制	控制	控制	控制	控制	控制
N	4235	4235	4235	4235	4235	4235	4235	4235	4235
adj. R^2	0.109	0.090	0.113	0.207	0.170	0.231	0.119	0.117	0.118

注：***、**和*分别表示在1%、5%和10%的水平上显著；括号内为 t 值。

第4章 产融结合与企业投资

表4-9　产融结合、银行信贷与企业投资规模 [模型(4-1)、模型(4-2)、模型(4-3)、参股4年及以上+PSM]

变量	模型(4-1) INVEST	模型(4-1) INVEST	模型(4-1) INVEST	模型(4-2) LOAN	模型(4-2) LOAN	模型(4-2) LOAN	模型(4-3) INVEST	模型(4-3) INVEST	模型(4-3) INVEST
LOAN	0.00850** (2.30)						0.164*** (16.48)	0.168*** (17.14)	0.0314*** (10.15)
Finhold1	0.00219* (1.79)			0.00810** (2.00)			0.00751** (2.09)		
Finhold2					0.00132** (2.32)			0.00143* (1.78)	
Finhold3			0.0770*** (4.44)			0.129** (2.31)			0.0285** (2.06)
Size	0.00181 (1.01)	-0.00166 (-0.61)	0.00222 (1.22)	-0.00715*** (-3.51)	-0.00733*** (-3.63)	-0.00520*** (-2.70)	0.00741*** (4.34)	0.00254 (1.26)	0.00948*** (5.45)
Lev	-0.0750*** (-8.58)	-0.0873*** (-6.79)	-0.112*** (-10.04)	0.631*** (51.11)	0.630*** (52.13)	0.622*** (49.79)	-0.141*** (-15.43)	-0.135*** (-14.71)	-0.0984*** (-11.42)
Age	-0.00162*** (-4.13)	-0.000812 (-1.38)	-0.00141*** (-3.81)	-0.00294*** (-7.15)	-0.00281*** (-6.99)	-0.00247*** (-5.98)	-0.00108*** (-2.96)	-0.00118*** (-3.05)	-0.00139*** (-3.83)

变量	模型（4-1）INVEST	模型（4-1）INVEST	模型（4-1）INVEST	模型（4-2）LOAN	模型（4-2）LOAN	模型（4-2）LOAN	模型（4-3）INVEST	模型（4-3）INVEST	模型（4-3）INVEST
TobinQ	0.0112*** (5.69)	0.0178*** (5.86)	0.00750*** (4.45)	0.0282*** (3.96)	0.0244*** (3.59)	0.0277*** (3.80)	0.0144*** (8.72)	0.0143*** (7.39)	0.0109*** (6.78)
CF	0.200*** (7.13)	0.232*** (5.54)	0.150*** (6.59)	-0.176*** (-7.10)	-0.197*** (-8.13)	-0.198*** (-7.85)	0.212*** (8.53)	0.248*** (8.99)	0.148*** (6.50)
Cash	0.0907*** (5.68)	0.145*** (6.02)	0.0811*** (5.06)	-0.217*** (-11.92)	-0.147*** (-8.23)	-0.211*** (-11.47)	0.134*** (8.46)	0.136*** (8.59)	0.0987*** (6.22)
Constant	0.0871** (2.13)	0.0961 (1.46)	0.104*** (2.58)	0.206*** (4.70)	0.175*** (3.79)	0.181*** (4.46)	-0.0656* (-1.70)	0.0349 (0.78)	-0.0671* (-1.70)
Year	控制	控制	控制	控制	控制	控制	控制	控制	控制
Indcd	控制	控制	控制	控制	控制	控制	控制	控制	控制
N	4235	4235	4235	4235	4235	4235	4235	4235	4235
adj. R^2	0.109	0.090	0.113	0.506	0.556	0.510	0.162	0.158	0.133

注：***，** 和 * 分别表示在1%、5%和10%的水平上显著；括号内为 t 值。

第4章 产融结合与企业投资

表4-10　产融结合、融资成本与企业投资规模［模型(4-1)、模型(4-2)、模型(4-3)，投资规模重新衡量］

变量	模型(4-1) INVEST	模型(4-1) INVEST	模型(4-1) INVEST	模型(4-2) Loan	模型(4-2) Loan	模型(4-2) Loan	模型(4-3) INVEST	模型(4-3) INVEST	模型(4-3) INVEST
Loan							-0.609*** (-6.67)	-0.608*** (-6.66)	-0.608*** (-6.66)
Finhold1	0.152* (1.86)			-0.000993* (-1.76)			0.00555* (1.70)		
Finhold2		0.0153** (2.24)			-0.000126*** (-2.75)			0.000367 (0.74)	
Finhold3			0.979* (1.90)			-0.0106** (-2.15)			0.00948 (0.43)
Size	-0.182** (-1.98)	-0.178* (-1.94)	-0.185* (-1.96)	-0.00176*** (-5.96)	-0.00151*** (-9.67)	-0.00144*** (-10.47)	0.00349 (2.38)	0.00378*** (2.58)	0.00384*** (2.59)
Lev	0.0200 (0.47)	0.0200 (0.47)	0.0195 (0.46)	0.0000205 (2.07)	0.0000257 (3.97)	0.0000121 (0.70)	-0.00345*** (-3.44)	-0.00346*** (-3.45)	-0.00347*** (-3.46)
Age	0.225 (1.52)	0.228 (1.54)	0.239 (1.58)	0.0000323 (0.80)	-0.0000122 (-0.40)	-0.0000267 (-0.90)	-0.00264*** (-9.50)	-0.00261*** (-9.26)	-0.00257*** (-9.36)

变量	模型 (4-1)	模型 (4-1)	模型 (4-2)	模型 (4-2)	模型 (4-2)	模型 (4-3)	模型 (4-3)	模型 (4-3)
	INVEST	INVEST	Loan	Loan	Loan	INVEST	INVEST	INVEST
TobinQ	0.272**	0.269**	-0.00221***	-0.00237***	-0.00244***	0.0131***	0.0131***	0.0131***
	(2.31)	(2.31)	(-8.23)	(-17.69)	(-18.64)	(13.37)	(13.34)	(13.29)
CF	0.356	0.356	-0.0241*	-0.00285	-0.00248*	0.0595***	0.0593***	0.0593***
	(1.34)	(1.33)	(-1.83)	(-1.16)	(-1.75)	(4.25)	(4.23)	(4.23)
Cash	-0.296	-0.311	-0.0449***	-0.0376***	-0.0377***	0.0158	0.0156	0.0157
	(-0.35)	(-0.37)	(-16.04)	(-34.05)	(-34.59)	(1.44)	(1.42)	(1.43)
Constant	2.211	2.260	0.0852***	0.0772***	0.0759***	-0.0153	-0.0205	-0.0214
	(1.61)	(1.58)	(13.31)	(21.76)	(23.91)	(-0.45)	(-0.61)	(-0.63)
Year	控制	控制	控制	控制	控制	控制	控制	控制
Inded	控制	控制	控制	控制	控制	控制	控制	控制
N	10528	10528	10528	10528	10528	10528	10528	10528
adj. R²	0.118	0.118	0.108	0.219	0.220	0.078	0.078	0.078

注: ***、 ** 和 * 分别表示在 1%, 5% 和 10% 的水平上显著; 括号内为 t 值。

第 4 章 产融结合与企业投资

—— 产融结合行为研究与投资企业结合产

表 4－11　产融结合、银行信贷与企业投资规模 [模型(4－1)、模型(4－2)、模型(4－3)，投资规模重新衡量]

变量	模型 (4－1) INVEST	模型 (4－1) INVEST	模型 (4－1) INVEST	模型 (4－2) LOAN	模型 (4－2) LOAN	模型 (4－2) LOAN	模型 (4－3) INVEST	模型 (4－3) INVEST	模型 (4－3) INVEST
LOAN	0.152* (1.86)						0.327*** (52.38)	0.313*** (50.12)	0.308*** (50.15)
Finhold1	0.0153** (2.24)			0.0102*** (2.76)			0.00719*** (2.60)		
Finhold2					0.00124** (2.24)			0.000759* (1.79)	
Finhold3		0.979* (1.90)				0.123** (2.06)			0.0825* (1.82)
Size	-0.182** (-1.98)	-0.178* (-1.94)	-0.185* (-1.96)	0.00400*** (2.89)	0.00413*** (2.97)	0.00422*** (3.04)	-0.00145 (-1.15)	0.000485 (0.38)	0.00262** (2.14)
Lev	0.0200 (0.47)	0.0200 (0.47)	0.0195 (0.46)	0.480*** (55.32)	0.480*** (55.29)	0.480*** (55.28)	-0.00611*** (-9.61)	-0.00573*** (-8.95)	-0.00606*** (-9.37)
Age	0.225 (1.52)	0.228 (1.54)	0.239 (1.58)	-0.00389*** (-11.52)	-0.00391*** (-11.44)	-0.00378*** (-11.33)	-0.00277*** (-11.84)	-0.00290*** (-12.12)	-0.00322*** (-14.63)

变量	模型 (4-1) INVEST	模型 (4-1) INVEST	模型 (4-2) LOAN	模型 (4-2) LOAN	模型 (4-2) LOAN	模型 (4-3) INVEST	模型 (4-3) INVEST	模型 (4-3) INVEST
TobinQ	0.272** (2.31)	0.272** (2.31)	0.0127** (2.25)	0.0124** (2.20)	0.0123** (2.19)	0.0150*** (19.42)	0.0155*** (19.85)	0.0162*** (21.64)
CF	0.356 (1.34)	0.352 (1.32)	0.00536** (2.08)	0.00539** (2.09)	0.00535** (2.08)	0.165*** (14.09)	0.0192** (2.25)	0.0311*** (3.64)
Cash	-0.296 (-0.35)	-0.303 (-0.36)	-0.178*** (-13.88)	-0.178*** (-13.91)	-0.178*** (-13.88)	0.150*** (17.48)	0.144*** (16.65)	0.119*** (14.24)
Constant	2.211 (1.61)	2.124 (1.55)	0.0520* (1.68)	0.0494 (1.59)	0.0480 (1.55)	-0.0544* (-1.94)	-0.0804*** (-2.84)	-0.0994*** (-3.76)
Year	控制	控制	控制	控制	控制	控制	控制	控制
Indcd	控制	控制	控制	控制	控制	控制	控制	控制
N	10528	10528	10528	10528	10528	10528	10528	10528
adj. R^2	0.118	0.118	0.367	0.367	0.367	0.243	0.231	0.205

注：***、** 和 * 分别表示在1%、5%和10%的水平上显著；括号内为 t 值。

第4章 产融结合与企业投资

4.6 进一步分析

4.6.1 参股金融机构类型与企业投资

本书发现实体企业参股金融机构实施产融结合有助于给企业带来银行信贷获取方面的债务融资便利，进而提高企业投资规模，促进自身发展。然而，实体企业参股或控股的金融机构不仅包括银行、也包括证券、保险、期货、信托、基金等非银行类金融机构，而不同的金融机构所涉及的业务经营范围有所不同，如银行是以货币信贷业务为主要经营业务的金融机构，证券是以专门经营证券业务为主的金融机构等。目前，虽然我国存在部分企业依靠"影子银行"（如证券、信托和保险等非银行金融机构）来获取资金的情况，但长期以来我国企业的银行贷款融资还是主要来源于银行。基于不同类型金融机构的不同业务特征，进一步分析了企业参股不同类型金融机构实施产融结合对其银行信贷融资便利和投资规模的影响。基于企业获取融资的来源，进一步将参股金融机构划分为参股银行类金融机构（Holdbank）和参股非银行类金融机构（Holdnonbank），分别设置了两个虚拟变量以衡量，其中，参股银行类金融机构（Holdbank），用企业是否在该年度参股了银行进行反映，若企业在该年度参股了银行，则赋值为1，否则为0；参股非银行类金融机构（Holdnonbank），用企业是否在该年度参股了证券、财务、保险等非银行类金融机构进行反映，若企业在该年度参股了证券、财务、保险、基金、信托、期货等非银行类金融机构，则赋值为1，否则为0。考虑到样本企业中存在同一年度同时参股银行和非银行类金融机构的情况，会带来一定噪音，因此本章删除了同一年同时参股银行和非银行类金融机构的实体企业。此外，考虑到筛选处理后样本中未实施产融结合的企业样本比较多于实施产融结合企业的样本，同时为了避免因截面上市公司的内在特征而不是产融结合决策所产生的对企业决策后果的影响和解决内生性等问题，借鉴黎文靖和李茫茫（2017）的研究，本章使用了倾向性得分配对（PSM）方法，对样本进行匹配后再回归检验，回归结果见表4－12和表4－13。

表4－12报告了参股银行类金融机构实施产融结合与参股非银行类金融机构实施产融结合对企业银行信贷融资便利的不同影响。从回归结果中可以看到，企业参股银行类金融机构对融资成本（Loan）的影响系数为－0.0141（1%水平显著），对银行贷款额（LOAN）的影响系数为0.0166（1%水平显著），说明企业参股银行类金融机构实施产融结合会给企业带来负债融资成本降低、银行贷款额增加的银行信贷融资便利。而对于参股非银行类金融机构实施产融结合的企业来说，对融资成本没有显著的负影响，对银行贷款额的影响为正但不显著，说明企业参股非银行类金融机构实施产融结合没有显著降低企业融资成本、增加银行贷款额，也就是说与企业参股银行类金融机构实施产融结合相比，企业参股非银行类金融机构并没有显著给企业带来融资便利。表4－13进一步分析了参股银行类金融机构和参股非银行类金融机构实施产融结合对企业投资规模的影响，从结果中可以看到，企业参股银行类金融机构对企业投资规模的影响系数为正且显著，而企业参股非银行类金融机构实施产融结合对企业投资规模的影响虽然为正但不显著，说明参股银行类金融机构实施产融结合能够显著提高企业投资规模，而参股非银行类金融机构实施产融结合并不能显著提高企业投资规模。可见，实体企业参股金融机构实施产融结合对企业融资便利和投资规模的影响主要是来自参股银行类金融机构实施产融结合，即与参股非银行类金融机构实施产融结合相比，参股银行类金融机构更能显著降低企业融资成本、增加银行贷款额，给企业带来债务融资便利，进而提高企业投资规模。

表4－12　　　　参股金融机构类型与企业融资（融资成本、银行信贷）

变量	融资成本		银行信贷	
	参股银行	参股非银行	参股银行	参股非银行
Finhold	－ 0.0141 ***	0.00110	0.0166 ***	0.0181
	（－22.60）	（1.44）	（2.92）	（1.48）
Size	－ 0.00185 ***	－ 0.00106 ***	0.0144 ***	0.0267 ***
	（－7.12）	（－3.08）	（5.56）	（5.20）

变量	融资成本		银行信贷	
	参股银行	参股非银行	参股银行	参股非银行
Lev	0.00685 ***	0.0113 ***	0.246 ***	0.547 ***
	(6.93)	(6.93)	(22.92)	(16.34)
Age	0.000141 **	-0.000109	-0.00331 ***	-0.00240 *
	(2.51)	(-1.33)	(-5.76)	(-1.83)
TobinQ	-0.00141 ***	-0.00143 ***	0.0370 ***	0.00153
	(-7.89)	(-4.59)	(3.51)	(1.42)
CF	-0.00223	-0.00829 *	-0.115 ***	-0.615 ***
	(-0.71)	(-1.66)	(-3.31)	(-8.40)
Cash	-0.0267 ***	-0.0351 ***	-0.364 ***	-0.192 ***
	(-12.32)	(-10.36)	(-15.09)	(-3.48)
Constant	0.0836 ***	0.0583 ***	-0.0177	-0.416 ***
	(14.23)	(7.52)	(-0.30)	(-3.68)
Year	控制	控制	控制	控制
Indcd	控制	控制	控制	控制
N	3136	1798	3136	1798
adj. R^2	0.333	0.240	0.330	0.295

注：*** 、** 和 * 分别表示在 1%、5% 和 10% 的水平上显著；括号内为 t 值。

表 4 - 13 　　　　　　参股金融机构类型与企业投资规模

变量	企业投资规模	
	参股银行	参股非银行
Finhold	0.0221 ***	0.00765
	(3.12)	(1.14)
Size	0.0219 ***	0.0117 ***
	(6.34)	(3.94)
Lev	-0.0464 ***	-0.0754 ***
	(-3.27)	(-5.07)
Age	-0.00177 **	0.00116
	(-2.54)	(1.39)
TobinQ	0.0316 ***	0.00664 **
	(13.61)	(2.58)

产融结合与企业投资行为研究

变量	企业投资规模	
	参股银行	参股非银行
CF	0. 162 ***	0. 121 ***
	（3. 66）	（2. 87）
Cash	0. 140 ***	0. 138 ***
	（4. 89）	（4. 76）
Constant	− 0. 410 ***	− 0. 119 *
	（− 5. 24）	（− 1. 76）
Year	控制	控制
Indcd	控制	控制
N	3136	1798
adj. R^2	0. 125	0. 093

注：***、**和*分别表示在1%、5%和10%的水平上显著；括号内为 t 值。

4. 6. 2　向金融机构派驻董事与否与企业投资

研究中发现实体企业参股金融机构实施产融结合有助于给企业带来银行信贷获取方面的债务融资便利，进而提高企业投资规模，促进自身发展。相关文献表明，参股金融机构的企业向金融机构派驻董事会影响金融机构的信贷决策等经营决策行为，方便企业更容易获得成本较低的银行贷款（万良勇等，2015）。基于参股金融机构实施产融结合的企业是否向金融机构派驻董事参与治理情况，本书进一步将产融结合类型划分为向金融机构派驻董事（Board）和未向金融机构派驻董事（NonBoard）两种类型，分别设置了两个虚拟变量以衡量，其中，向金融机构派驻董事，用企业是否在该年度向其参股金融机构派驻董事进行反映，若企业在该年度派驻了董事，则赋值为1，否则为0；未向金融机构派驻董事，若企业未向其参股的金融机构派驻董事，则赋值为1，否则为0。考虑到筛选处理后样本中未向金融机构派驻董事的企业样本比较多于向金融机构派驻董事的企业样本，同时为了避免因截面上市公司的内在特征而不是产融结合决策所产生的对企业决策后果的影响和解决内生性等问题，借鉴黎文靖和李茫茫（2017），本章使用了倾向性得分配对（PSM）方法，对样本进行匹配，并对配对样本进行回归检验，回归结果见表 4 - 14 和表 4 - 15。

　　表 4 - 14、表 4 - 15 分别报告了实施产融结合的企业是否向金融机构派驻董事参与治理对企业银行信贷融资便利和投资规模的不同影响。从回归结果中可以看到，向参股金融机构派驻董事实施产融结合能够显著降低企业融资成本、增加银行信贷，给企业带来显著的融资便利，进而显著提高企业投资规模；而未向金融机构派驻董事仅仅参股金融机构实施产融结合不能显著为企业带来融资便利，提高企业投资规模的作用也不明显。这说明，向参股金融机构派驻董事能够在一定程度上影响金融机构的信贷决策行为，为企业带来更多积极效应。

表 4 - 14　　　　　**向金融机构派驻董事参与治理与企业融资**
（融资成本、银行信贷）

变量	融资成本		银行信贷	
	派驻董事	未派驻董事	派驻董事	未派驻董事
Finhold	- 0. 00191 **	- 0. 000443	0. 0589 **	0. 0183
	(- 2. 39)	(- 0. 72)	(2. 27)	(1. 60)
Size	- 0. 00256 ***	- 0. 000957 ***	0. 0343 **	0. 0476 ***
	(- 5. 75)	(- 2. 79)	(2. 34)	(8. 83)
Lev	0. 0226 ***	0. 000249	0. 920 ***	0. 278 ***
	(8. 92)	(0. 91)	(10. 94)	(50. 91)
Age	0. 0000120	- 0. 0000519	- 0. 00272	- 0. 00327 ***
	(0. 15)	(- 0. 85)	(- 1. 05)	(- 2. 87)
TobinQ	- 0. 000319	- 0. 00121 ***	0. 185 ***	0. 00501
	(- 1. 00)	(- 6. 03)	(17. 50)	(1. 38)
CF	- 0. 0118 **	- 0. 0133 ***	- 0. 708 ***	- 0. 377 ***
	(- 2. 20)	(- 3. 46)	(- 4. 00)	(- 5. 50)
Cash	- 0. 0344 ***	- 0. 0471 ***	- 0. 439 ***	- 0. 326 ***
	(- 10. 37)	(- 17. 67)	(- 4. 00)	(- 7. 08)
Constant	0. 0733 ***	0. 0685 ***	- 1. 106 ***	- 0. 730 ***
	(7. 57)	(8. 81)	(- 3. 47)	(- 5. 78)
Year	控制	控制	控制	控制
Indcd	控制	控制	控制	控制
N	2238	3827	2238	3827
adj. R^2	0. 209	0. 178	0. 154	0. 442

注： *** 、** 和 * 分别表示在 1% 、5% 和 10% 的水平上显著；括号内为 t 值。

表 4 – 15　　　　向金融机构派驻董事参与治理与企业投资规模

变量	企业投资规模	
	派驻董事	未派驻董事
Finhold	0.0223 ***	0.00540
	(2.78)	(1.25)
Size	0.0111 ***	0.0132 ***
	(3.06)	(6.45)
Lev	− 0.148 ***	− 0.00506 **
	(− 5.75)	(− 2.44)
Age	− 0.00309 ***	− 0.00170 ***
	(− 3.90)	(− 3.93)
TobinQ	0.0156 ***	0.0113 ***
	(4.92)	(8.16)
CF	0.227 ***	0.145 ***
	(4.17)	(5.58)
Cash	0.139 ***	0.164 ***
	(4.13)	(9.37)
Constant	− 0.0302	− 0.194 ***
	(− 0.37)	(− 4.06)
Year	控制	控制
Indcd	控制	控制
N	2238	3827
adj. R^2	0.115	0.106

注：***、** 和 * 分别表示在 1%、5% 和 10% 的水平上显著；括号内为 t 值。

4.6.3　产融结合企业的资本支出 VS 并购支出

　　基于实体企业参股金融机构实施产融结合能给企业带来融资便利，有助于提高企业投资规模，进一步分析了实体企业参股金融机构实施产融结合获得融资便利后具体的投资支出方向。一般来说，企业的内部资本支出和并购支出都是一定程度上能够促进企业自身发展的投资活动支出，如企业的内部资本支出是企业为购建固定资产、无形资产和其他长期资产所进行的投资支出，是企业寻求内部自身发展的投资活动支出；企业并购支出是企业进行并购活动所进行的支出，是企业为寻求外部规模扩张以促进企业发展壮大的投资活动支出。因此，本书分别检验了参股金融机构实施产融结合的企业利用其带来的融资便利所获得的投资资金对并购支出和企业内部投资支出及其投资倾向的影响。为了考察实施产融结合的企业在并购扩张支出与内部投资活动支出方面是否存在差异，用企业并购交易支出（并购交易金额）/期初总资产和企业内部资本支出（企业为购建固定资产、无形资产和其他长期资产支付的现金）/期初总资产分别衡量反映企业并购扩张支出和内部资本投资支出，对每年参股金融机构实施产融结合的样本公司进行配对的均值检验。表 4 – 16 的结果表明，对于参股金融机构实施产融结合的企业来说，虽然企业投资规模增加，但企业寻求外部规模扩张的并购投资支出与内部资本投资支出之间存在显著差异，与内部投资资本支出相比，这些企业更倾向于进行并购活动，使其并购扩张支出显著多于内部资本支出，以寻求外部规模扩张。

表 4 – 16　　　　　　　参股金融机构实施产融结合的企业的
并购与内部资本投资支出比较

类别	企业参股金融机构实施产融结合
并购支出（并购交易支出/总资产）（MAEX）	0.16790
资本支出（内部资本支出/总资产）（CAPEX）	0.07234
MAEX – CAPEX（并购支出 – 资本支出）	0.09556
配对 T 检验的 t 值	3.4199
配对 T 检验的 P 值	0.0003

4.6.4　产融结合与企业投资效率

正如前面研究表明，企业参股金融机构实施产融结合有助于给企业带来融资便利，进而提高企业总体投资水平，提高企业投资规模。但我们在进一步讨论中发现这些参股金融机构实施产融结合的企业在具体的投资决策上具有倾向性，他们更倾向于进行并购支出行为，而不是内部资本投资支出行为。本书采用理查森（Richardson，2006）的模型衡量企业的投资效率（INV），用模型回归的残差的绝对值度量，残差的绝对值越大，企业的投资效率越低。基于罗党论和应千伟等（2012）、程新生和谭有超等（2012）、何熙琼和尹长萍等（2016），本书使用的基本模型如下：

$$Invest_{it} = \alpha_0 + \alpha_1 Growth_{it-1} + \alpha_2 Size_{it-1} + \alpha_3 Age_{it-1} + \alpha_4 Lev_{it-1} + \alpha_5 Cash_{it-1}$$
$$+ \alpha_6 Ret_{it-1} + \alpha_7 Invest_{it-1} + \alpha_8 \sum Year + \alpha_9 \sum Indcd + \varepsilon$$

$$(4-4)$$

其中，Invest 为（企业购建固定资产、无形资产和其他长期资产支付的现金 - 处置固定资产、无形资产和其他长期资产所收回的现金净额）/期初总资产；Growth、Size、Age、Lev、Cash、Ret 分别为营业收入增长率、企业规模、上市年限、资产负债率、现金持有量、净资产收益率，并同时控制了年度和行业虚拟变量。

为了进一步分析产融结合对企业投资效率的影响，本书借鉴辛清泉等（2007）、李维安和马超（2014）、何熙琼和尹长萍等（2016）等，引入企业规模（Size）、资产负债率（Lev）、成长性（Growth）、经营现金流（CF）、销售利润率（Profit）、管理费用率（ADM）、两职合一（Dual）、独董比例（Indep）等控制变量，并控制行业和年度虚拟变量进行回归分析。此外，还采用前文所使用的倾向性得分配对（PSM）方法匹配样本回归，以缓解样本自选择等内生性问题，保证结论的可靠性。由表4-17可以看到，企业是否参股金融机构实施产融结合（Finhold1）、企业连续实施产融结合的持续期限（Finhold2）、企业参股金融机构的最大持股比例（Finhold3）均与企业投资效率（INV）显著正相关，说明企业参股金融机构实施产融结合会显著降低企业投资效率，这一结论与李维安和马超（2014）等研究的结果是吻合一致的。

表4-17 产融结合与企业投资效率

变量	全样本			PSM		
	INV	INV	INV	INV	INV	INV
Finhold1	0.00218 *			0.00379 **		
	(1.82)			(2.01)		
Finhold2		0.000407 **			0.000782 **	
		(2.05)			(2.46)	

变量	全样本			PSM		
	INV	INV	INV	INV	INV	INV
Finhold3			0.0123 **			0.0131 *
			(2.06)			(1.67)
Size	−0.00569 ***	−0.00404 ***	−0.00477 ***	−0.00322 ***	−0.00334 ***	−0.00377 ***
	(−10.12)	(−10.59)	(−9.93)	(−4.62)	(−5.26)	(−6.14)
Lev	0.00113 ***	0.00163 ***	0.00168 ***	−0.00524 *	−0.00508 *	0.00181
	(3.19)	(3.45)	(3.19)	(−1.86)	(−1.88)	(0.57)
Growth	0.0221 ***	0.0178 ***	0.0211 ***	0.0179 ***	0.0178 ***	0.0176 ***
	(16.43)	(19.28)	(15.76)	(11.91)	(12.04)	(7.82)
CF	0.0187 **	0.00950	0.0217 ***	0.0119	0.0121	0.0248 **
	(2.50)	(1.52)	(2.84)	(1.07)	(1.10)	(2.16)
Profit	−0.0222 ***	−0.0000684	−0.0000673	−0.0126 **	−0.00237	−0.00594
	(−6.22)	(−0.15)	(−0.16)	(−2.25)	(−1.28)	(−1.02)
ADM	0.000115 ***	−0.0000296	0.0000567	0.0102 ***	0.0109 ***	0.00378
	(20.51)	(−0.05)	(0.11)	(3.82)	(4.00)	(1.10)
Dual	−0.000895	−0.000516	−0.00309 **	0.00109	0.00126	0.000102
	(−0.69)	(−0.47)	(−2.38)	(0.50)	(0.58)	(0.04)
Indep	0.00695	−0.00251	0.000173	−0.00985	−0.0163	−0.0111
	(0.70)	(−0.33)	(0.02)	(−0.70)	(−1.16)	(−0.82)
Constant	0.166 ***	0.139 ***	0.156 ***	0.119 ***	0.129 ***	0.136 ***
	(12.87)	(15.52)	(14.73)	(6.83)	(8.64)	(8.71)
Year	控制	控制	控制	控制	控制	控制
Indcd	控制	控制	控制	控制	控制	控制
N	11999	11999	11999	3529	3529	3529
adj. R^2	0.083	0.070	0.056	0.080	0.067	0.046

注：***、** 和 * 分别表示在1%、5%和10%的水平上显著；括号内为 t 值。

第 **5** 章

产融结合与企业并购

5.1 引言

我国较早的实体企业涉足金融领域实施产融结合的典型是德隆公司，在 21 世纪初，德隆公司就通过资产并购的方式快速扩张，获得了证券、银行、信托等多家金融机构，形成了庞大的德隆系，然而德隆系的快速扩张却忽视了实体产业的匹配发展，导致最终走向破产失败。自此以后，产融结合的发展进入了一段冷却时期。近年来，随着金融改革的加速与发展，尤其是 2014 年以来，越来越多的实业巨头纷纷涉足金融领域，形成了一系列的实业大系，如"海尔系""美的系""格力系""苏宁系"……产业资本与金融资本结合的热情正不断高涨，而这些实业系与当时"空手套"的德隆系、明天系等不同，他们谋求的是支持实业发展的产融结合。例如，海尔集团自 2000 年开始不断向金融领域渗透，成立了海尔投资公司、参股青岛商业银行、控股长江证券、成立海尔保险公司与集团财务公司等，获取了一系列的金融牌照，为企业多元化进程和实业扩张发展提供了有利条件与支持。2016 年，海尔以 55.8 亿美元并购了通用电气家电业务（GEA），完成了迄今为止中国家电业最大的一笔海外并购，而这一成功并购显然离不开海尔实施产融结合的贡献，海尔全牌照的专业金融机构为技术难度大、周期长且复杂的跨国并购提供了最为全面、值得信任的金融服务，保障了并购的顺利进行。在国资委支持央企产融结合的明确表态下，几大央企也加快了产融结合的步伐。例如，宝钢集团在参股交通银行、建行、浦发、华泰财险和新华人寿等的基础上，控股成立了宝钢集团财务公司、华宝信托和华宝投资有限公司，打造出一个相对完整的金融产业链，支撑企业实业链的发展。2007年，宝钢集团成立了华宝投资有限公司，并依靠该平台对其钢铁产业链进行了大量的并购重组，先后与八一钢铁、邯郸钢铁、包头钢铁和韶关钢铁等国内区域钢铁巨头谈成并购或合作协议，同时还在2009年成功收购了澳大利亚铁矿石开采商 Aquila 公司15%股权并成为其第二大股东，使宝钢的产能在两年间迅速提高近30%。可见，越来越多的企业的产融结合促进实业共同发展，实现企业产业扩张的长期发展战略，企业产融结合的实施有助于企业围绕主营业务发展的外部扩张和快速成长。

5.2 理论分析与研究假设

企业并购是企业实现外部扩张的主要手段，是企业实现快速成长的最有效途径。因此，并购已逐渐成为我国企业进行扩张来做大做强的最主要方式之一，尤其是2014年以来，我国A股市场掀起一场前所未有的并购浪潮，而对于企业来说，能够通过并购方式做大做强便显得格外重要。随着金融中介机构与专业服务机构的迅速发展，金融机构在资本市场中的投资与融资中发挥了不可忽视的重要作用（Campbell and Kracaw，1982）。同时，金融机构等专业服务机构在企业的并购中也起着关键作用，他们不仅能够为企业提供并购资金、信息知识，还能为企业并购提供咨询意见与整合能力等（Ksner et al.，1994；Pablo et al.，1996；Hellmann and Puri，2002；Gompers et al.，2009；孙轶和武常岐，2012；何孝星等，2016；李曜和宋贺，2017），如李曜和宋贺（2017）等研究证明了风险投资支持在企业并购中所发挥的积极作用，发现风险投资有助于降低并购信息成本、代理成本、谈判成本和并购支付成本，并有助于并购后的资源整合，降低并购整合失败的风险，进而有助于促进企业并购发生和提高企业并购绩效；孙铁和武常岐（2012）等研究同样验证了银行等专业咨询机构在企业并购中发挥的积极作用，研究发现投资银行等专业咨询机构有助于降低谈判成本，提供并购专业意见，管理与控制企业并购前和并购后的风险。基于金融机构在企业并购中发挥的重要作用，本书认为企业参股金融机构实施的产融结合在一定程度上会对企业的并购扩张行为产生影响。

首先，从融资能力角度来说，企业并购的实施需要大量的资金支持，其融资能力会影响企业并购发生的可能性，特别是较高的外部融资能力是直接推动企业并购实施的关键因素（Celikurt et al.，2010；周守华等，2016）。对于参股金融机构实施产融结合的企业来说，一方面，企业参股金融机构有助于拓宽企业与相关金融机构之间的信息沟通渠道，提高信息交流的及时性，降低企业与控股金融机构之间的信息不对称程度缓解企业融资约束，企业更容易获得更多、成本更低的银行贷款（Petersen and Rajan，1994；Berger and Udell，1995；Laeven，2001；Laporta et al.，2003；Maurer and Haber，2007；Lu et al.，2012；谢维敏，2013；万良勇等，2015）；另一方面，通过对银行等金融机构的股权控制，直接影响其信贷决策，便于企业获得控股银行数量更多、成本更低的贷款资金（李维安和马超，2014；万良勇等，2015）。可见，企业参股金融机构有助于企业获取银行贷款支持。此外，企业参股投资银行等金融机构还有助于企业通过发行债券等的方式，利用金融机构的客户等社会网络关系和基金管理条件，以较优越的条件快速获取到并购资金。因此，企业参股金融机构实施产融结合有助于提高企业的外部融资能力，即与未参股金融机构实施产融结合的企业相比，参股金融机构实施产融结合的企业的融资能力较强，能够迅速满足并购所需的大量资金支持，推动企业并购的实施。

其次，从并购决策的不确定性角度来说，相关信息表明，并购方在选择并购对象、估值和并购整合等方面因信息不对称而面临较多不确定性，产生较大的并购风险（万良勇和胡璟，2014），获取更多的并购信息、知识与相关经验有助于减少并购决策的不确定性，促进并购实施。相关研究表明，金融机构等专业咨询机构主要控制了对资本的获取、专业知识、能力与做法和信息三种重要资源（Zalan and Lewis，2005）。例如，约50%的重要并购目标均来自专业咨询机构通过其专业圈子和客户等关系网络获取目标企业的详细信息（Angwin，2001）。同时，金融机构的专业人才、知识和能力等有助于为企业并购提供咨询意见（Kesner et al.，1994）。对于参股金融机构实施产融结合的企业来说，投资银行等金融机构有助于为企业并购提供相关信息、知识和咨询意见等，促进企业并购的实施。

基于资源基础理论，企业参股金融机构进行产融结合不仅有助于并购企业融资能力的提高，获取并购所需的充足资金，还有助于企业凭借金融机构所拥有的社会网络获取并购信息，以及金融机构专业的金融人才、技术和知识也有助于为企业并购提供咨询建议，提高资源整合能力，进而促进企业并购实施。据此，我们可以推测，相对于未参股金融机构实施产融结合的企业来说，参股金融机构实施产融结合的企业更容易获得更多的并购资源，进而更有动机实施并购。基于此，提出以下假设：

H5 - 1：产融结合有助于促进企业并购实施。

在企业的并购决策过程中，支付方式的选择是一个尤为重要的环节，也是决定企业成功完成并购的重要因素。它不仅会影响主并企业的股权分布结构、财务杠杆及其未来的经营安排等（Fuller et al.，2002），还会改变收购公司与目标公司的利益分配关系和企业控制权的力量对比，对企业并购的成功实施和并购双方的利益产生了重要影响。自 2006 年证监会颁布《上市公司收购管理办法》规定"收购人可以采用现金、证券、现金与证券相结合等合法方式支付收购上市公司的价款"和 2010 年国务院办公厅印发《国务院关于促进企业兼并重组的意见》指出"支持符合条件的企业通过发行股票、债券、可转债等方式兼并重组融资，鼓励上市公司以股权及其他金融创新方式作为兼并重组的支付手段"以来，我国企业并购的支付方式逐渐由比较单一的现金为主的支付方式转为了现金支付、股票支付及混合支付等多元化的支付方式。相关研究表明，并购方的财务状况、股权结构，相对交易规模等均会影响企业的并购支付方式，尤其是企业的并购资金支持方面，因此企业的融资能力和资金支持在企业支付方式选择中显得尤为重要。

一般来说，融资约束较大的企业在并购中为了降低财务风险会倾向于使用股票支付而不是现金支付，这是因为融资约束较大的企业使用股票支付能够节约企业内部资金，减少未来融资的不确定性，维持财务灵活性，进而避免投资不足。相反，融资能力较强的企业在并购中往往会更倾向于选择现金支付方式，特别是债务融资能力较强的企业。银行贷款是企业并购的重要外部资金来源（Shivdasani and Bharadwaj，2003）。主并企业的财务实力会显著影响企业并购支付方式的选择，企业债务融资能力越强，企业越可能采用现金支付方式（Faccio and Masulis，2005）。我国的金融体系主要表现为"银行主导型"，企业在股票市场获取股权融资难度较大，信贷资金便成了企业并购资金的主要来源。孙世攀等（2013）研究发现企业债务容量越大，企业举债能力越强，企业越倾向于采用现金支付方式。葛伟杰等（2014）研究进一步证明了融资约束会严重影响企业并购支付方式选择，企业融资能力与企业并购现金支付方式正相关。可见，企业的融资能力尤其债务融资能力会严重影响企业并购中现金支付方式的选择，即企业的融资能力越强，企业越倾向于选择现金并购支付方式。

正如前面所述，企业参股金融机构实施产融结合不仅有助于降低企业与金融机构之间的信息不对称，还能通过对银行等金融机构的股权控制，直接影响其信贷决策，缓解企业融资约束，便于企业获得更多且成本较低的融资（Maurer and Haber，2007；Lu et al.，2012；李维安和马超，2014；万良勇等，2015），因此，企业参股金融机构实施产融结合有助于提高企业的融资能力。既然参股金融机构实施产融结合的企业能够提高企业的融资能力，尤其是债务融资能力，那么，与未参股金融机构实施产融结合的主并企业相比，参股金融机构实施产融结合的主并企业能够获得更多的外部资金支持，更容易在资本市场中筹集到并购所需的资金，因而能够更多地使用现金方式支付并购价款（Karampatsas et al.，2014），进而更倾向于采用现金支付方式。吉利收购沃尔沃的案例正诠释了企业产融结合搭建的融资平台在企业并购中所发挥的重要作用，在吉利跨国并购沃尔沃的项目中，吉利的融资平台主要有三个：一是2009年12月由吉利全资子公司与大庆国资委合资建立的吉利万源国际投资有限公司；二是2010年由上海市政府搭建的上海嘉尔沃公司；三是2012年由吉利万源控股和嘉尔沃出资搭建的上海吉利兆圆国际投资有限公司，最终吉利采用现金对价的方式以18亿美元收购沃尔沃100%的股权，其中61%的并购资金（11亿美元）来自这三个产融结合搭建的融资平台（谭小芳和范静，2014）。基于此，提出了以下假设：

H5 – 2：产融结合与企业并购现金支付方式选择正相关。

与未参股金融机构实施产融结合的企业相比，参股金融机构实施产融结合的企业更倾向于进行并购扩张行为，那么这些企业的并购究竟是否能为企业带来价值，产生好的并购绩效呢？在企业并购过程中，当收购方参股金融机构实施了产融结合时，由于收购方与银行、投行等金融机构建立了紧密联系，有助于企业更好地进入金融行业的关系圈子（李维安和马超，2014），而金融机构的专业技术、知识能力和人才有助于企业并购的成功实施，为企业创造价值，主要具有以下表现。

第一，在并购中的信息成本方面，有助于降低并购中的信息搜寻成本和识别成本。金融机构拥有比较深刻的行业洞察力，有助于其对要收购资产的市场前景和市场地位等做出较准确的判断，同时由于其具备较强的财务特长和尽职调查能力，能够对目标方的资产、利润、现金流等进行更为专业的分析和判断，以防陷入并购陷阱，进而降低并购方的信息搜寻成本和识别成本（Gompers et al.，2009；李曜和宋贺，2017）。同时，也有助于企业识别出与什么样的企业进行并购的整合成本和风险更低，进而使得并购绩效更好。

第二，在并购支出方面，有助于降低并购中的谈判成本和支付成本。企业参股金融机构实施产融结合有助于获得金融机构的支持，能够作为企业并购资金实力和发展潜力的标志，减少并购方向目标方证明实力而进行的磋商和交流，进而减少谈判成本。此外，金融机构的专业化知识能力和人才有助于收购方对目标方的价值进行准确评估，降低支付成本，降低企业因判断失误和支付过高的并购对价而并购失败的风险（孙轶和武常岐，2012）。此外，与金融机构之间建立的紧密联系还有助于减少银行等金融咨询机构的咨询服务成本，从而提高并购绩效（田高良等，2013）。

因此，在企业并购中，收购方参股金融机构是交易质量的一个重要的积极信号，因为金融机构的支持可以为企业带来更多的知识、技术、信息等咨询和资金支持，提高企业的并购绩效。基于此，提出了以下假设：

H5 – 3：产融结合有助于提高企业并购绩效。

5.3 研究设计

5.3.1 样本选择与数据来源

选择 2007~2014 年中国 A 股上市公司为研究样本，选择 2007 年为起点主要是因为：一是 2007 年证监会修订的《公开发行证券的公司信息披露内容与格式准则第 3 号——半年度报告的内容与格式》要求公司半年报中需披露公司持有其他上市公司发行的股票和证券投资情况以及持股非上市金融公司机构、拟上市公司情况，其中包括持股金融机构的类型、比例、金额等数据；二是自 2007 年起，一些数据库才相对完整地披露了上市公司参股其他上市公司（包括上市金融机构）的相关数据。

数据主要来源于 CSMAR 数据库和 Wind 数据库，其中，上市公司参股上市金融机构数据主要来源于 CSMAR 数据库，通过对"企业对外投资数据"中的其他上市公司股权投资数据的整理，结合上市金融公司名单筛选出非金融类上市公司参股上市金融机构的数据；上市公司参股非上市金融机构的数据主要来源于 Wind 数据库，因为 Wind 数据库自 2005 年起就相对比较详细地披露了企业参股非上市金融企业数据。企业并购数据和其他财务数据等主要来源于 CSMAR 数据库。使用 Stata 13 对数据进行处理分析。

根据研究需要，在 H5 - 1 分析产融结合对企业并购实施的影响中，借鉴张雯等（2013）、万良勇和胡璟（2014）等的方法，对样本进行了如下筛选：一是剔除研究主体为金融类的上市公司，以保障研究样本为"由产到融"这一产融结合形式；二是剔除 ST、PT 类公司，因为这类公司的财务指标等比较异常；三是选择上市公司为主并方的并购样本；四是剔除业务类型为债务重组的并购样本，剔除重组类型为资产剥离、债务重组、资产置换、股份回购的样本；五是将分次购入目标公司股权以实现并购视为一次并购事件；六是剔除并购交易不成功样本；七是剔除数据缺失的样本。

在研究分析 H5 - 2，即分析产融结合对企业并购方式选择的在保持与前文分析一致的基础上，按照以下标准筛选样本：一是选择上市公司为主并方的并购样本；二是剔除研究主并方为金融类的上市公司；三是剔除 ST、PT 类公司；四是剔除业务类型为债务重组的并购样本，剔除重组类型为资产剥离、债务重组、资产置换、股份回购的样本；五是剔除并购交易不成功样本；六是若同一公司在同一年内发生多次并购，则取交易金额最大的一次，以避免同一年数据样本重复对结果造成的偏差；七是只选择支付方式为现金支付、股票支付、现金和股票混合支付样本；八是剔除数据缺失的样本。

在研究分析 H5 - 3，即分析产融结合对企业并购绩效的影响中，借鉴翟进步等（2011）、王艳和阚铄（2014）与李曜和宋贺（2017）等研究，在保持与前文分析一致的基础上，按照以下标准对样本进行筛选：一是剔除研究主体为金融类的上市公司，以保障研究样本为"由产到融"这一产融结合形式；二是剔除 ST、PT 类公司，因为这类公司的财务指标等比较异常；三是选择上市公司为主并方的并购样本；四是剔除业务类型为债务重组的并购样本，剔除重组类型为资产剥离、债务重组、资产置换、股份回购的样本；五是剔除并购交易不成功样本；六是若同一公司在同一年内发生多次并购，则取交易金额最大的一次，以降低不同并购事件的影响；七是若同一公司在不同年度发生多次并购，则视为多次样本事件；八是剔除数据缺失的样本。

5.3.2　模型设计

为了验证研究 H5 - 1，借鉴张雯等（2013）、万良勇和胡璟（2014）、李善民等（2015）和黎文飞等（2016）等研究，构建了模型（5 - 1）。

$$
\begin{aligned}
\text{logit}(\text{P1})\,\text{or}\,\text{logit}(\text{P2}) = {} & \alpha_0 + \alpha_1\,\text{Finhold}_{it} + \alpha_2\,\text{Size}_{it-1} + \alpha_3\,\text{Age}_{it-1} \\
& + \alpha_4\,\text{Lev}_{it-1} + \alpha_5\,\text{ROA}_{it-1} + \alpha_6\,\text{TobinQ}_{it-1} \\
& + \alpha_7\,\text{Dual}_{it} + \alpha_8\,\text{Indep}_{it} + \alpha_9\,\text{BoardSize}_{it} \\
& + \alpha_{10}\,\text{Property}_{it} + \alpha_{11}\sum\text{Year} + \alpha_{12}\sum\text{Indcd} + \varepsilon
\end{aligned}
$$

$$(5 - 1)$$

为了验证 H5－2，借鉴孙世攀等（2013）与武恒光和郑方松（2017）等研究，构建了模型（5－2）。

$$
\begin{aligned}
\text{Pay1}(\text{Pay2}) = {} & \alpha_0 + \alpha_1 \text{Finhold}_{it} + \alpha_2 \text{Size}_{it-1} + \alpha_3 \text{Lev}_{it-1} + \alpha_4 \text{ROA}_{it-1} \\
& + \alpha_5 \text{TobinQ}_{it-1} + \alpha_6 \text{CF}_{it-1} + \alpha_7 \text{Relate}_{it} + \alpha_8 \text{Shrcr1}_{it} + \varepsilon
\end{aligned}
$$

$$(5-2)$$

为了验证 H5－3，借鉴王艳和阚铄（2014）与李曜和宋贺（2017）等研究，构建了模型（5－3）。

$$
\begin{aligned}
\text{CAR}(\Delta\text{ROA}) = {} & \alpha_0 + \alpha_1 \text{Finhold}_{it} + \alpha_2 \text{Deal}_{it} + \alpha_3 \text{Pay}_{it} + \alpha_4 \text{Size}_{it-1} \\
& + \alpha_5 \text{ROA}_{it-1} + \alpha_6 \text{Lev}_{it-1} + \alpha_7 \text{CF}_{it-1} + \alpha_8 \text{Shrcr1}_{it} \\
& + \alpha_9 \text{Property}_{it} + \alpha_{10} \sum \text{Year} + \alpha_{11} \sum \text{Indcd} + \varepsilon
\end{aligned}
$$

$$(5-3)$$

在模型（5－1）、模型（5－2）、模型（5－3）中，α_0 为截距项，α_i 为回归模型中各个变量的系数，i 为个体企业，t 为时间，ε 为随机扰动项。企业并购实施（P1、P2）、现金支付方式（Pay1、Pay2）和并购绩效（CAR、ΔROA）分别为被解释变量，其中并购实施用并购概率（P1）和并购频率（P2）衡量，P1 为哑变量，若企业该年度内发生并购则为 1，否则为 0；P2 为企业在该年度发生的并购次数。现金支付方式分别用两种方式衡量：一种对于全部以股票作为支付方式和现金股票作为混合支付方式的定义为 0，将全部以现金作为支付方式定义为 1（Karampatasas et al.，2014），并采用 Probit 模型回归；另一种是若全部为现金支付则为 2，混合支付（现金加股票支付）为 1，股票支付为 0（Faccio and Masulis，2005），并采用有序 probit 模型进行回归分析。企业并购绩效分别用短期绩效（CAR）和长期绩效（ΔROA）衡量。企业产融结合（Finhold）是解释变量，用企业是否参股金融机构（Finhold1）、企业参股金融机构实施产融结合持续时间（Finhold2）和企业参股金融机构比例（Finhold3）衡量。其他变量为控制变量，具体变量定义与衡量方法详见表 5－1。

5.3.3　变量定义与衡量

1. 被解释变量

为了比较全面地反映企业并购发生的情况，本章借鉴万良勇和胡璟（2014）、黎文飞和唐清泉等（2016）分别设置了并购概率（P1）和并购频率（P2）两个变量衡量反映。其中，并购概率，即"企业是否发生并购"，虚拟变量，若企业在该年度内发生并购，则为1，未发生则为0；并购频率，即"企业实施并购次数"，为企业在该年度发生的并购次数，若该年度没有发生并购，则取值为0。在模型（5-1）中，并购概率为二分类变量，因此采用二元 Logistic 回归模型；并购频率为多分类有序变量，因此采用有序多分类 Logistic 回归模型。

并购现金支付方式选择（Pay1、Pay2），本章分别基于前人研究（Karampatasas et al.，2014；Faccio and Masulis，2005）对现金支付方式的选择进行衡量，一种是对于全部以股票作为支付方式和现金股票作为混合支付方式的定义为0，将全部以现金作为支付方式定义为1（Karampatasas et al.，2014），并采用 Probit 模型回归。另一种是若全部为现金支付则为2，混合支付（现金加股票支付）为1，股票支付为0（Faccio and Masulis，2005），并采用 Ordered probit 模型进行回归分析。

并购绩效，借鉴王艳和阚铄（2014）、李曜和宋贺（2017）等研究，本章分别使用短期并购绩效（CAR）和长期并购绩效（ΔROA）衡量。短期并购绩效（CAR），使用累计超额收益率（CAR）来衡量，依据市场模型法计算超额回报率，即 $R_{i,t} = \beta_0 + \beta_1 R_{m,t} + \varepsilon_{i,t}$，其中，$R_{m,t}$ 和 $R_{i,t}$ 分别为 t 日的市场日收益率和个股日收益率。借鉴潘红波等（2008）、陈仕华等（2013）和王艳和阚铄（2014）等研究的普遍做法，选择并购事件首次公告日前150个交易日至前30个交易日为模型估计窗口期，通过估计出的模型计算并购首次公告日前后若干交易日的超额收益率。同时，参考并购绩效研究文献的常用方法，分别以［-3，3］和［-10，10］为窗口计算累计超额收益率（CAR）。长期并购绩效（ΔROA），借鉴陈仕华等（2013）、李曜和宋贺（2017）等的研究，使用并购首次宣告日前后 1 年总资产收益率的变化来衡量企业的长期并购绩效，即 $\Delta ROA_{t-1,t+1} = ROA_{t+1} - ROA_{t-1}$。

2. 解释变量

我国实体企业参股或控股的金融机构分为上市金融机构和非上市金融机构。其中，根据 Wind 数据库统计，企业参股的非上市金融机构主要有银行、证券、财务公司、保险公司、信托公司、基金公司和期货公司 7 类，银行、证券和财务公司是企业参股最多的 3 种金融机构；持股的上市金融机构主要为银行、证券 2 种金融机构，其次是保险公司，极少数参股其他类型的上市金融机构。本章构建了 3 种变量衡量企业参股金融机构实施产融结合状况：一是企业是否参股金融机构，虚拟变量，若实体上市公司参股了金融机构，则为 1，否则为 0；二是企业参股金融机构实施产融结合的连续期限，以 2007 年为基期，不考虑 2007 年之前的产融结合因素，用企业连续参股金融机构进行产融结合的持续期限衡量，样本企业中存在一家公司在不同年度参股金融机构实施产融结合"参股—退出—参股"的情况，将退出后重新参股实施产融结合的样本视为重新参股实施产融结合样本，并计算出连续实施产融结合的持续期限；三是持股金融机构比例，由于一家实体上市公司可能在同一年度参股几家不同金融机构的情况，因此，回归分析中保留实体上市公司同一年度对金融机构的最大持股比例，来衡量企业持股金融机构比例。

3. 控制变量

借鉴张雯等（2013）、万良勇和胡璟（2014）、李善民等（2015）、黎文飞等（2016）、孙世攀等（2013）、武恒光和郑方松（2017）、王艳和阚铄（2014）、李曜和宋贺（2017）等的研究，控制了其他影响企业并购实施、现金支付方式选择和并购绩效的关键因素变量，如企业规模、企业年龄、企业盈利能力、财务杠杆、现金流量、董事会规模及独立董事比例、第一大股东持股比例和产权性质等变量，具体变量定义及其衡量见表 5 - 1。

表 5 – 1

变量名称		变量代码	变量定义
被解释变量	并购实施	P1	并购概率，"企业是否发生并购"，虚拟变量，若企业在该年度内发生并购，则为1，未发生则为0
		P2	并购频率"企业实施并购次数"，为企业在该年度发生的并购次数，若该年度没有发生并购，则取值为0
	现金支付方式	Pay1	对于全部以股票作为支付方式和现金股票作为混合支付方式的定义为0，将全部以现金作为支付方式定义为1（Karampatasas et al.，2014）
		Pay2	若全部为现金支付则为2，混合支付（现金加股票支付）为1，股票支付为0（Faccio and Masulis，2005）
	并购绩效	CAR	短期并购绩效，累计超额收益率，用并购首次公告日前后[–3，3]、[–10，10]窗口期计算累计异常收益率
		ΔROA	并购前后一年总资产收益率变化值，即 $ROA_{t+1} - ROA_{t-1}$
解释变量	产融结合	Finhold	主要用企业是否参股金融机构（Finhold1）衡量，在H1、H2、H3的分析中，进一步采用企业参股金融机构实施产融结合的连续期限（Finhold2）和企业持股金融机构最大比例（Finhold3）衡量
控制变量	企业规模	Size	收购方企业年末总资产的自然对数
	企业年龄	Age	收购方企业上市年限
	财务杠杆	Lev	收购方企业资产负债率
	盈利能力	ROA	收购方企业总资产收益率
	托宾Q	TobinQ	收购方企业市场价值/总资产
	现金流量	CF	收购方企业经营活动现金流量净额除以期末总资产
	两职兼任	Dual	收购方董事长与总经理兼任为1，否则为0
	独立董事比例	Indep	收购方独立董事占董事会总人数的比例
	董事会规模	BoardSize	收购方董事会董事人数
	股权集中度	Shrcr1	收购方第一大股东持股比例
	关联并购	Relate	并购交易未发生在关联方之间为1，否则为0
	并购相对规模	Deal	并购交易金额/收购方前一年总资产
	现金支付方式	Pay1	并购绩效的控制变量，全部以现金支付方式为1，否则为0
	产权性质	Property	虚拟变量，若收购方企业为国有企业，则为1；否则为0
	年度	Year	年度虚拟变量
	行业	Indcd	行业虚拟变量

5.4 实证结果与分析

5.4.1 描述性统计

表 5 - 2 报告了关键变量的描述性统计结果，由表 5 - 2 可以看到，企业是否参股实施产融结合（Finhold1）的均值为 0.2800，说明在样本企业中，我国参股金融机构的非金融上市公司所占平均比例为 28%，其中位数为 0.0000，标准差为 0.4490；企业连续参股金融机构实施产融结合的最大持续期限（Finhold2）的最大值为 8.0000，最小值为 0.0000，均值为 1.0560，中位数为 0.0000，标准差为 2.0450；企业参股金融机构的最大持股比例（Finhold3）的均值为 0.0215，中位数为 0.0000，标准差为 0.0836，说明我国非金融上市公司参股金融机构的比例较低，产融结合程度还比较浅。可见，我国非金融上市公司参股金融机构实施产融结合的行为差异较大。从并购实施的指标来看，企业并购概率（P1）的均值为 0.3160，中位数为 0.0000，标准差为 0.4650；企业并购频率（P2）的最大值为 8.0000，均值为 0.5980，中位数为 0.0000，标准差为 1.2100，说明我国非金融上市公司的并购发生行为差异较大。从并购支付方式选择来看，全部现金支付方式（Pay1）的均值为 0.8730，说明在发生实施并购行为的非金融上市公司中，约有 87.30% 的企业采用了全部用现金的并购支付方式进行支付；现金支付方式（Pay2）的均值为 1.7920，一定程度上也说明了在并购样本企业中，企业更倾向于采用现金的并购支付方式进行支付。从并购绩效指标来看，短期并购绩效 CAR［-3，3］和 CAR［-10，10］的均值分别为 0.0240 和 0.0243，中位数分别为 0.0020 和 0.0033，标准差分别为 0.1320 和 0.2320；长期并购绩效 ΔROA 的均值为 -0.0103，中位数为 -0.0061，标准差为 0.1490，说明样本企业的并购绩效差异较大。

表 5 – 2　　　　　　　　　　　　主要变量的描述性统计

变量名	样本量	均值	最小值	最大值	标准差	中位数
Finhold1	13331	0.2800	0.0000	1.0000	0.4490	0.0000
Finhold2	13331	1.0560	0.0000	8.0000	2.0450	0.0000
Finhold3	13331	0.0215	0.0000	1.0000	0.0836	0.0000
P1	13331	0.3160	0.0000	1.0000	0.4650	0.0000
P2	13331	0.5980	0.0000	8.0000	1.2100	0.0000
Pay1	4453	0.8730	0.0000	1.0000	0.3330	1.0000
Pay2	4453	1.7920	0.0000	2.0000	0.5710	2.0000
CAR [−3, 3]	3547	0.0240	−1.7270	2.8960	0.1320	0.0020
CAR [−10, 10]	3547	0.0243	−4.6270	6.3550	0.2320	0.0033
ΔROA	3547	−0.0103	−4.7700	3.3110	0.1490	−0.0061
Size	13331	21.7100	11.3500	28.4800	1.2940	21.5500
Age	13331	9.3020	1.0000	24.0000	5.7370	10.0000
Lev	13331	0.4750	0.0425	1.7040	0.2610	0.4700
ROA	13331	0.0404	−0.2650	0.2360	0.0650	0.0391
TobinQ	13331	2.1450	0.2210	11.3300	1.9070	1.6000
CF	13331	0.0439	−0.2160	0.2720	0.0817	0.0437
Dual	13331	0.2060	0.0000	1.0000	0.4040	0.0000
Indep	13331	0.3680	0.0909	0.8000	0.0539	0.3330
BoardSize	13331	8.9940	3.0000	18.0000	1.8260	9.0000
Shrcr1	13331	36.1400	0.8230	89.4100	15.4700	34.3400
Property	13331	0.5010	0.0000	1.0000	0.5000	1.0000
Relate	4453	0.3480	0.0000	1.0000	0.4760	0.0000
Deal	3547	0.2610	0.0000	8.0880	1.0330	0.0265

表 5 – 3 报告了模型 (5 – 1), 即分析产融结合与企业并购实施的主要变量的 Pearson 相关性检验结果, 从相关系数表中可以看到, 在不考虑其他因素的情况下, 企业是否参股金融机构实施产融结合 (Finhold1)、连续参股金融机构实施产融结合的最大持续期限 (Finhold2)、参股金融机构的最大持股比例 (Finhold3) 分别均与企业并购概率 (P1)、并购频率 (P2) 显著正相关, 说明企业参股金融机构实施产融结合有助于促进企业并购的实施, 在一定程度上支持了 H5 – 1。表 5 – 4 报告了模型 (5 – 2), 即分析产融结合与企业并购现金支付方式选择的主要变量的 Pearson 相关

表 5 - 3

主要变量相关系数表 1 [并购实施——模型 (5 - 1)]

变量	Finhold1	Finhold2	Finhold3	P1	P2	Size	Age	Lev	ROA	TobinQ	BoardSize
Finhold1	1										
Finhold2	0.823 ***	1									
Finhold3	0.414 ***	0.356 ***	1								
P1	0.038 ***	0.021 ***	0.032 ***	1							
P2	0.026 ***	0.014 *	0.021 ***	0.667 ***	1						
Size	0.285 ***	0.300 ***	0.250 ***	0.040 ***	0.066 ***	1					
Age	0.252 ***	0.315 ***	0.111 ***	- 0.068 ***	- 0.058 ***	0.192 ***	1				
Lev	- 0.008	- 0.006	- 0.003	- 0.007	- 0.004	- 0.102 ***	0.029 ***	1			
ROA	- 0.005	- 0.004	- 0.002	0.012	0.009	- 0.062 ***	0.001	0.071 ***	1		
TobinQ	- 0.007	- 0.006	- 0.003	- 0.006	- 0.004	- 0.075 ***	0.003	0.195 ***	- 0.065 ***	1	
BoardSize	0.125 ***	0.100 ***	0.077 ***	0.007	0.019 **	0.295 ***	0.059 ***	- 0.006	- 0.018 **	- 0.020 **	1

注：***，**和*分别表示在 1%、5% 和 10% 的水平上显著。

表5-4　　主要变量相关系数表2 [并购现金支付方式选择——模型 (5-2)]

变量	Finhold1	Finhold2	Finhold3	Pay1	Pay2	Size	TobinQ	ROA	CF	Lev	Relate	Shrer1
Finhold1	1											
Finhold2	0.803***	1										
Finhold3	0.403***	0.330***	1									
Pay1	0.066***	0.046***	0.038***	1								
Pay2	0.048***	0.039***	0.031**	0.955***	1							
Size	0.297***	0.316***	0.241***	0.180***	0.172***	1						
TobinQ	-0.161***	-0.161***	-0.080***	-0.064***	-0.069***	-0.387***	1					
ROA	-0.009	-0.007	-0.004	-0.036**	-0.042***	-0.121***	0.244***	1				
CF	-0.006	-0.007	-0.003	-0.031**	-0.037*	-0.074***	-0.154***	0.005	1			
Lev	-0.004	-0.002	0.001	-0.076***	-0.094***	-0.154***	0.295***	0.832***	0.078***	1		
Relate	0.068***	0.059***	0.049***	-0.221***	-0.252***	0.095***	-0.046***	-0.011	-0.007	0.024	1	
Shrer1	0	-0.030**	0.042***	0.041***	0.034*	0.247***	-0.041***	-0.01	0.047***	-0.013	0.089***	1

注：***、**和*分别表示在1%、5%和10%的水平上显著。

表 5 - 5

主要变量相关系数表 3 [并购绩效——模型 (5 - 3)]

变量	Finhold1	Finhold2	Finhold3	CAR[-3,3]	CAR[-10,10]	ΔROA	Deal	Pay1	Size	Lev	CF
Finhold1	1										
Finhold2	0.817***	1									
Finhold3	0.399***	0.331***	1								
CAR[-3,3]	0.036**	0.027*	0.017	1							
CAR[-10,10]	0.037**	0.026*	0.018	0.962***	1						
ΔROA	0.009	0.008	0.004	0.002	0.001	1					
Deal	-0.023	-0.019	-0.009	0.202***	0.209***	0.547***	1				
Pay1	0.050***	0.029*	0.033**	-0.171***	-0.187***	0.038**	-0.099***	1			
Size	0.285***	0.287***	0.224***	-0.134***	-0.139***	0.127***	-0.179***	0.169***	1		
Lev	-0.011	-0.007	-0.002	0.051	0.054	-0.835***	0.417***	-0.086***	-0.169***	1	
CF	-0.008	-0.008	-0.004	0.116***	0.119***	-0.005	0.866***	-0.035**	-0.079***	0.078***	1

注：***，**和*分别表示在1%，5%和10%的水平上显著。

性检验结果，可以看到，企业是否参股金融机构实施产融结合（Finhold1）、连续参股金融机构实施产融结合的最大持续期限（Finhold2）、参股金融机构的最大持股比例（Finhold3）分别均与企业并购全部支付现金（P1）、现金支付方式选择（P2）显著正相关，说明参股金融机构实施产融结合的非金融上市公司在并购中更倾向于使用现金支付方式，在一定程度上支持了H5-2。表5-5报告了模型（5-3），即分析产融结合与企业并购绩效的主要变量的Pearson相关性检验结果，可以看到短期并购绩效（CAR［-3，3］、CAR［-10，10］）与企业是否参股金融机构实施产融结合（Finhold1）、连续参股金融机构实施产融结合的最大持续期限（Finhold2）是显著正相关的，而短期并购绩效（CAR［-3，3］、CAR［-10，10］）与企业参股金融机构的最大持股比例（Finhold3）虽然正相关，但不显著；此外长期并购绩效（ΔROA）与企业是否参股金融机构实施产融结合（Finhold1）、连续参股金融机构实施产融结合的最大持续期限（Finhold2）、参股金融机构的最大持股比例（Finhold3）均不显著正相关，H5-3得到部分验证，有待后文的实证回归分析进一步检验。

5.4.2　回归分析

为了验证H5-1，即检验企业参股金融机构实施产融结合对企业并购实施的影响，本书采用模型（5-1）进行了估计，由于并购概率（P1）为二分类变量，故采用二元Logistic回归模型进行实证检验，而并购频率（P2）为多分类有序变量，故采用有序多分类Logistic回归模型进行实证检验。由表5-6可以看到，企业是否参股金融机构实施产融结合（Finhold1）对企业并购概率（P1）和并购频率（P2）的影响系数分别为0.189（1%水平上显著）和0.171（1%水平上显著），说明参股金融机构实施产融结合的企业更倾向于发动并购行为及更多的并购实施行为，即产融结合与企业并购实施正相关，验证了H5-1；企业连续参股金融机构实施产融结合的最大持续期限（Finhold2）对企业并购概率（P1）和并购频率（P2）的影响系数分别为0.0325（1%水平上显著）和0.0286（1%水平上显著），说明企业连续实施产融结合期限越长，企业越容易发动并购及发动并购次数越多，支持了 H5 - 1，同样说明了企业产融结合的实施有助于促进企业并购实施；企业参股金融机构的最大持股比例（Finhold3）对企业并购概率（P1）与并购频率（P2）的影响系数分别为 0.478（5% 水平上显著）和 0.376（10% 水平上显著），说明企业参股金融机构的持股比例越大，企业的并购行为越多，支持了 H5 - 1，也进一步说明了企业参股金融机构实施产融结合有助于促进企业并购实施。因此，表 5 - 6 的结果表明了企业参股金融机构实施产融结合有助于促进企业并购实施，验证了 H5 - 1。

表 5 - 6　　　　　　　　　　　产融结合与企业并购实施

变量	P1	P1	P1	P2	P2	P2
Finhold1	0.189 ***			0.171 ***		
	(4.02)			(3.74)		
Finhold2		0.0325 ***			0.0286 ***	
		(3.12)			(2.80)	
Finhold3			0.478 **			0.376 *
			(2.02)			(1.81)
Size	0.120 ***	0.124 ***	0.126 ***	0.151 ***	0.155 ***	0.136 ***
	(5.79)	(6.03)	(5.99)	(7.41)	(7.71)	(7.34)
Lev	- 0.0283	- 0.0293	- 0.0297	- 0.0174	- 0.0182	- 0.0140
	(- 1.32)	(- 1.33)	(- 0.88)	(- 0.90)	(- 0.65)	(- 0.73)
ROA	2.154 ***	2.155 ***	2.197 ***	2.031 ***	2.034 ***	2.463 ***
	(5.14)	(5.14)	(5.20)	(4.97)	(4.94)	(6.50)
Age	- 0.0286 ***	- 0.0286 ***	- 0.0260 ***	- 0.0291 ***	- 0.0291 ***	- 0.0261 ***
	(- 7.00)	(- 6.94)	(- 6.42)	(- 7.21)	(- 7.16)	(- 6.61)
TobinQ	0.0257 *	0.0251 *	0.0218	0.0368 **	0.0361 **	- 0.000554
	(1.74)	(1.70)	(1.47)	(2.55)	(2.52)	(- 0.63)
Dual	0.00348	0.00573	0.00401	0.0108	0.0127	0.0153
	(0.07)	(0.11)	(0.08)	(0.22)	(0.26)	(0.31)
Indep	- 0.167	- 0.178	- 0.162	- 0.299	- 0.310	- 0.242
	(- 0.41)	(- 0.44)	(- 0.41)	(- 0.75)	(- 0.80)	(- 0.61)
BoardSize	- 0.00598	- 0.00606	- 0.00478	- 0.00630	- 0.00636	- 0.00420
	(- 0.46)	(- 0.47)	(- 0.37)	(- 0.50)	(- 0.51)	(- 0.34)

变量	P1	P1	P1	P2	P2	P2
Property	−0.262*** (−5.48)	−0.263*** (−5.50)	−0.261*** (−5.46)	−0.278*** (−5.95)	−0.279*** (−5.99)	−0.280*** (−6.00)
Constant	−2.520*** (−5.46)	−2.555*** (−5.53)	−2.616*** (−5.61)			
Year	控制	控制	控制	控制	控制	控制
Indcd	控制	控制	控制	控制	控制	控制
N	13331	13331	13331	13331	13331	13331
pseudo R^2	0.088	0.088	0.087	0.055	0.055	0.056
chi^2	487.1	481.3	1453.9	540.0	1528.8	517.3

注：***、**和*分别表示在1%、5%和10%的水平上显著；括号内为t值。

基于企业并购行为的发生，进一步分析了企业参股金融机构实施产融结合对企业支付方式选择的影响，即对 H5-2 进行验证分析，本书采用了模型（5-2）进行估计，分别基于前人研究（Karampatasas et al.，2014；Faccio and Masulis，2005）对现金支付方式的选择进行衡量。一种是对于全部以股票作为支付方式和现金股票作为混合支付方式的定义为0，将全部以现金作为支付方式定义为1（Karampatasas et al.，2014），并采用 Probit 模型回归；另一种是若全部为现金支付则为2，混合支付（现金加股票支付）为1，股票支付为0（Faccio and Masulis，2005），并采用有序 Probit 模型进行回归分析。由表5-7可以看到，企业是否参股金融机构实施产融结合（Finhold1）对企业并购现金支付方式选择（Pay1、Pay2）的影响系数分别为0.200（1%水平上显著）和0.179（1%水平上显著），说明参股金融机构实施产融结合的企业在并购中更倾向于使用现金支付方式进行支付，验证了 H5-1；企业连续参股金融机构实施产融结合的最大持续期限（Finhold2）对企业并购现金支付方式选择（Pay1、Pay2）的影响系数分别为0.0424（1%水平上显著）和0.0368（5%水平上显著），说明企业连续实施产融结合期限越长，企业越倾向于使用现金支付，支持了 H5-1；企业参股金融机构的最大持股比例（Finhold3）对企业并购现金支付方式选择（Pay1、Pay2）的影响系数分别为2.800（5%水平上显著）和2.709（5%水平上显著），说明企业参股金融机构的持股比例越大，企业越倾向于使用现金支付，支持了 H5 – 1。因此，表 5 – 7 的结果表明了参股金融机构实施产融结合的企业在并购中更倾向于选择现金支付方式进行支付。

表 5 – 7　　　　　　　产融结合与企业并购支付方式选择

变量	Pay1	Pay1	Pay1	Pay2	Pay2	Pay2
Finhold1	0. 200 ***			0. 179 ***		
	（3. 07）			（2. 82）		
Finhold2		0. 0424 ***			0. 0368 **	
		（2. 63）			（2. 34）	
Finhold3			2. 800 **			2. 709 **
			（2. 23）			（2. 21）
Size	0. 170 ***	0. 183 ***	0. 154 ***	0. 154 ***	0. 157 ***	0. 131 ***
	（6. 53）	（6. 29）	（5. 04）	（6. 09）	（6. 22）	（4. 40）
TobinQ	− 0. 0250 *	− 0. 0287 **	− 0. 0992 ***	− 0. 0289 **	− 0. 0284 **	− 0. 102 ***
	（− 1. 92）	（− 2. 18）	（− 4. 21）	（− 2. 26）	（− 2. 22）	（− 4. 55）
ROA	3. 358 ***	3. 354 ***	4. 769 ***	3. 460 ***	3. 428 ***	4. 041 ***
	（5. 28）	（5. 27）	（5. 84）	（5. 54）	（5. 50）	（6. 45）
CF	− 0. 168	− 0. 135	− 0. 0395	− 0. 213	− 0. 210	− 0. 0398
	（− 0. 73）	（− 0. 59）	（− 0. 18）	（− 0. 91）	（− 0. 90）	（− 0. 18）
Lev	− 0. 0685	− 0. 0935	− 0. 126 **	− 0. 101	− 0. 105 *	− 0. 150 ***
	（− 1. 09）	（− 1. 50）	（− 2. 31）	（− 1. 60）	（− 1. 65）	（− 2. 72）
Relate	− 0. 812 ***	− 0. 810 ***	− 0. 802 ***	− 0. 835 ***	− 0. 836 ***	− 0. 830 ***
	（− 14. 65）	（− 14. 63）	（− 14. 51）	（− 15. 49）	（− 15. 50）	（− 15. 42）
Shrcr1	0. 00159	0. 00200	0. 00174	0. 00210	0. 00215	0. 00231
	（0. 85）	（1. 08）	（0. 94）	（1. 15）	（1. 18）	（1. 27）
Constant	− 2. 111 ***	− 2. 360 ***	− 1. 665 **			
	（− 3. 65）	（− 3. 68）	（− 2. 45）			
Year	控制	控制	控制	控制	控制	控制
Indcd	控制	控制	控制	控制	控制	控制
N	4453	4453	4453	4453	4453	4453
pseudo R^2	0. 161	0. 159	0. 161	0. 128	0. 128	0. 129
chi^2	544. 9	536. 7	542. 9	530. 3	527. 8	534. 5

注：*** 、** 和 * 分别表示在 1% 、5% 和 10% 的水平上显著；括号内为 t 值。

此外，在分析了企业产融结合的实施对其并购绩效的影响，即 H5 - 3 以后，本章分别从企业短期绩效和长期绩效两个维度进行了实证分析。表 5 - 8 报告了产融结合与企业短期并购绩效的回归结果，由表 5 - 8 可以看到，企业是否参股金融机构实施产融结合（Finhold1）对企业短期并购绩效 CAR［- 3，3］、CAR［- 10，10］的影响系数分别为 0.00682（10%水平上显著）和 0.0227（1%水平上显著），企业连续参股金融机构实施产融结合的最大持续期限（Finhold2）对企业短期并购绩效 CAR［- 3，3］、CAR［- 10，10］的影响系数分别为 0.00223（5%水平上显著）和 0.00251（10%水平上显著），企业参股金融机构的最大持股比例（Finhold3）对企业短期并购绩效 CAR［- 3，3］、CAR［- 10，10］的影响系数分别为 0.0553（5%水平上显著）和 0.180（5%水平上显著），验证了 H5 - 3，说明参股金融机构实施产融结合的企业的短期并购绩效较好，即与未参股金融机构实施产融结合的企业并购相比，市场对参股金融机构实施产融结合的企业并购的反映较好，一定程度上表明参股金融机构实施产融结合的企业的并购有助于积极影响市场对该交易质量的看法。

表 5 - 9 报告了产融结合与企业长期并购绩效的回归结果，由表 5 - 9 可以看到，企业是否参股金融机构实施产融结合（Finhold1）、企业连续参股金融机构实施产融结合的最大持续期限（Finhold2）、企业参股金融机构的最大持股比例（Finhold3）对企业长期并购绩效 ΔROA 的影响系数分别为 0.0134（10%水平上显著）、0.00316（5%水平上显著）、0.280（5%水平上显著），验证了 H5 - 3，说明与未参股金融机构实施产融结合的企业并购相比，参股金融机构实施产融结合的企业并购的长期绩效较好，验证了 H5 - 3。

表 5 - 8　　　　　　　　　　产融结合与企业短期并购绩效

变量	CAR[-3,3]	CAR[-3,3]	CAR[-3,3]	CAR[-10,10]	CAR[-10,10]	CAR[-10,10]
Finhold1	0.00682 *			0.0227 ***		
	(1.71)			(3.85)		
Finhold2		0.00223 **			0.00251 *	
		(1.98)			(1.80)	

变量	CAR[-3,3]	CAR[-3,3]	CAR[-3,3]	CAR[-10,10]	CAR[-10,10]	CAR[-10,10]
Finhold3			0.0553 **			0.180 **
			(2.10)			(2.50)
Deal	0.134 ***	0.131 ***	0.000227 ***	0.155 ***	0.155 ***	0.00387 **
	(6.97)	(6.90)	(4.16)	(9.31)	(6.29)	(2.55)
Pay1	-0.0953 ***	-0.0950 ***	-0.142 ***	-0.0973 ***	-0.0974 ***	-0.370 ***
	(-8.31)	(-8.31)	(-25.29)	(-9.51)	(-6.95)	(-5.47)
Size	-0.00498 **	-0.00620 ***	-0.0125 ***	-0.00924 ***	-0.00806 ***	-0.0720 ***
	(-2.57)	(-3.53)	(-7.06)	(-3.90)	(-3.01)	(-3.29)
Lev	0.00382 ***	0.00370 ***	0.0373 ***	0.0356 ***	0.0364 **	0.433 ***
	(3.74)	(3.78)	(3.91)	(2.63)	(2.40)	(2.99)
CF	0.00245	0.00411 ***	0.00596 ***	0.0130	0.00291 ***	0.0889 ***
	(0.09)	(8.55)	(3.46)	(0.41)	(4.22)	(21.98)
Shrcr1	-0.000335 ***	-0.000181	-0.000224 *	-0.000383 **	-0.000422 **	-0.000683
	(-2.78)	(-1.56)	(-1.79)	(-2.23)	(-2.52)	(-1.18)
Property	-0.00723 *	-0.00845 **	-0.00639	-0.00813	-0.00736	-0.0347
	(-1.86)	(-2.24)	(-1.60)	(-1.52)	(-1.39)	(-1.33)
Constant	0.192 ***	0.242 ***	0.408 ***	0.291 ***	0.271 ***	1.780 ***
	(4.38)	(6.14)	(11.80)	(5.81)	(4.79)	(3.81)
Year	控制	控制	控制	控制	控制	控制
Inded	控制	控制	控制	控制	控制	控制
N	3547	3547	3547	3547	3547	3547
adj. R^2	0.237	0.236	0.221	0.170	0.168	0.109

注：*** 、** 和 * 分别表示在1%、5%和10%的水平上显著；括号内为t值。

表 5-9　　　　　　　　产融结合与企业长期并购绩效

变量	ΔROA	ΔROA	ΔROA
Finhold1	0.0134 *		
	(1.95)		
Finhold2		0.00316 **	
		(2.01)	
Finhold3			0.280 **
			(2.06)

变量	ΔROA	ΔROA	ΔROA
Pay1	0.156 ***	− 0.000804	− 0.000943
	(2.76)	(− 0.21)	(− 0.25)
Size	− 0.0508 ***	− 0.124 ***	− 0.121 ***
	(− 3.94)	(− 3.63)	(− 3.70)
Lev	0.00880	0.00163	− 0.00489
	(1.30)	(0.13)	(− 0.39)
CF	− 0.335 ***	− 0.329 ***	− 0.330 ***
	(− 3.41)	(− 3.07)	(− 3.10)
Shrcr1	0.875 ***	0.896 ***	0.900 ***
	(37.36)	(9.08)	(9.12)
Deal	− 0.000199	− 0.000148	0.0000939
	(− 0.25)	(− 0.19)	(0.12)
Property	0.00755	0.00855	0.0217 **
	(0.61)	(0.88)	(1.97)
Constant	− 0.0448	0.193	0.258
	(− 0.34)	(0.78)	(1.00)
Year	控制	控制	控制
Indcd	控制	控制	控制
N	3547	3547	3547
adj. R^2	0.872	0.872	0.874

注：*** 、** 和 * 分别表示在1%、5%和10%的水平上显著；括号内为 t 值。

5.5 稳健性检验

为了增加研究结果的有效性和可靠性，进行以下稳健性检验。

第一，在实证检验时将参股金融机构的样本作为实施产融结合的企业样本，这其中隐藏了一个问题，即在参股金融机构的非金融上市公司，部分企业的持股比例非常小，这些企业对所参股的金融机构的实际影响力可能较为有限，将这些企业纳入样本可能会带来噪音。考虑到银行等金融机构的股权高度分散，借鉴万良勇等（2015）的研究，选取 5% 作为界定标准，将参股金融机构比例 5% 以上的非金融上市公司视为对金融机构具有一定影响力的企业，如 2004 年中国银监会颁布的《商业银行与内部人和股东关联交易管理办法》将"能直接、间接、共同持有或控制商业银行 5% 以上股份或表决权的非自然人股东"界定为银行的关联法人。因此，将持有金融机构股权比例小于 5% 的样本进行剔除，即将其视为未实施产融结合，考虑到样本企业中持有金融机构股权比例小于 5% 的企业较多，进一步采用 PSM 方法匹配样本开展了进一步研究。

第二，为了进一步消除部分企业参股金融机构的短期投机行为带来的噪音影响，选择了连续参股金融机构实施产融结合的最大持续期限在 4 年及 4 年以上的企业作为产融结合实施样本进行分析，而将那些连续参股金融机构 3 年及以下的企业样本视为未实施产融结合样本。这是因为企业连续参股金融机构的期限越长，越可能说明企业参股金融机构是该企业的一种长期战略发展行为，而不是短期投资行为，也就是说，参股期限较长的企业可能不会存在短期投机动机。同时，考虑到样本企业中可能参股 3 年及以下的企业较多，进一步采用 PSM 方法匹配样本开展了进一步研究。

第三，考虑到筛选处理后样本中未实施产融结合的企业样本比较多于实施产融结合企业的样本，同时为了避免因截面上市公司的内在特征而不是产融结合决策所产生的对企业决策后果的影响和解决内生性等问题，借鉴黎文靖和李茫茫（2017），本章使用了倾向性得分配对（PSM）方法，如前面分析的方法对样本进行匹配，得到配对样本后再进行回归检验。

因此，对如下两个方面的稳健性进行检验：一方面，将产融结合界定为参股金融机构 5% 以上比例的样本，并同时采用 PSM 方法进行检验，在解决内生性的基础上，以消除一些参股比例非常低且对金融机构不具有影响力的噪音影响；另一方面，将产融结合界定为连续参股金融机构 4 年及以上的样本，并同时采用 PSM 方法进行检验，在解决内生性的基础上，以消除部分企业的短期投机动机的噪音影响。通过这两种进一步检验，发现相关的实证结果与主体结论是保持一致的，较为稳健。

5.5.1 参股比例 5% 以上 + PSM 匹配样本检验

考虑到在参股金融机构的非金融上市公司，部分企业的持股比例非常小，这些企业对所参股的金融机构的实际影响力可能较为有限，而这些样本可能会带来噪音。首先选取了参股金融机构持股比例在 5% 以上的样本视为实施了产融结合的企业样本，其他样本（参股比例在 5% 以下及未参股）视为没有实施产融结合的样本，这能在一定程度上消除这一噪音的影响。鉴于样本企业中持有金融机构股权比例小于 5% 的企业较多，采用 PSM 方法匹配出相应的未实施产融结合样本进行了实证分析。表 5 - 10 报告了产融结合对企业并购实施的影响结果，从结果中可以看到，企业是否参股金融机构实施产融结合（Finhold1）、企业实施产融结合持续期限（Finhold2）、企业参股金融机构的最大持股比例（Finhold3）与企业并购概率（P1）和并购频率（P2）均显著正相关，说明企业参股金融机构实施产融结合有助于促进企业并购扩张行为的实施，与主体研究结论一致。表 5 - 11 报告了产融结合对企业并购支付方式选择的影响，从结果中可以看到，企业是否参股金融机构实施产融结合（Finhold1）、企业实施产融结合持续期限（Finhold2）、企业参股金融机构的最大持股比例（Finhold3）与企业并购现金支付方式选择（Pay1、Pay2）均显著正相关，说明参股金融机构实施产融结合的企业在并购中更倾向于使用现金支付方式进行支付，与主题结论研究一致。表 5 - 12 和表 5 - 13 分别报告了产融结合对企业短期并购绩效和长期并购绩效的影响，从结果中可以看到企业是否参股金融机构实施产融结合（Finhold1）、企业实施产融结合持续期限（Finhold2）、企业参股金融机构的最大持股比例（Finhold3）与企业短期并购绩效（CAR [-3, 3]、CAR [-10, 10]）和长期并购绩效（ΔROA）均显著正相关，说明与未参股金融机构实施产融结合的企业并购相比，参股金融机构实施产融结合的企业的并购绩效更好，与主体研究结论一致。

表 5 - 10　　　　产融结合与企业并购实施（参股比例 5% 以上 + PSM 检验）

变量	P1	P1	P1	P2	P2	P2
Finhold1	0.187 * (1.85)			0.182 ** (1.97)		
Finhold2		0.0511 ** (2.43)			0.0538 *** (2.63)	

变量	P1	P1	P1	P2	P2	P2
Finhold3			0.552 **			0.579 **
			(2.00)			(2.35)
Size	0.0222	0.00486	0.0201	0.0546	0.0559	0.0772 *
	(0.49)	(0.11)	(0.44)	(1.26)	(1.27)	(1.85)
Lev	0.818 **	0.886 ***	0.794 **	0.838 ***	0.824 ***	0.719 **
	(2.55)	(2.76)	(2.48)	(2.80)	(2.76)	(2.52)
ROA	1.341	0.770	0.823	0.744	0.719	1.082
	(1.14)	(0.67)	(0.72)	(0.70)	(0.68)	(1.03)
Age	−0.0224 **	−0.0252 **	−0.0217 **	−0.0257 ***	−0.0308 ***	−0.0206 **
	(−2.30)	(−2.51)	(−2.24)	(−2.75)	(−3.20)	(−2.32)
TobinQ	0.0365	0.0548	0.0426	0.0531	0.0526	0.0229
	(0.62)	(0.94)	(0.73)	(1.16)	(1.15)	(0.51)
Dual	0.135	0.270 **	0.254 *	0.256 **	0.251 *	0.239 *
	(0.99)	(1.98)	(1.87)	(1.98)	(1.94)	(1.88)
Indep	−1.600 *	−1.018	−1.643 *	−1.836 **	−2.150 **	−2.181 **
	(−1.66)	(−1.08)	(−1.71)	(−2.01)	(−2.29)	(−2.45)
BoardSize	−0.00951	0.0129	−0.00541	0.0182	0.00121	0.0131
	(−0.39)	(0.53)	(−0.22)	(0.80)	(0.05)	(0.59)
Property	−0.549 ***	−0.553 ***	−0.533 ***	−0.451 ***	−0.449 ***	−0.430 ***
	(−4.84)	(−4.87)	(−4.72)	(−4.16)	(−4.16)	(−4.16)
Constant	−0.0497	−0.0989	0.0165			
	(−0.05)	(−0.10)	(0.02)			
Year	控制	控制	控制	控制	控制	控制
Indcd	控制	控制	控制	控制	控制	控制
N	2415	2415	2415	2415	2426	2415
pseudo R^2	0.043	0.046	0.045	0.073	0.070	0.060
chi^2	122.3	131.3	129.2	375.4	377.2	321.4

注：*** 、** 和 * 分别表示在1%、5%和10%的水平上显著；括号内为 t 值。

第 5 章　产融结合与企业并购

129

表 5 – 11　　　　　　　　产融结合与企业并购支付方式选择

（参股比例 5% 以上 + PSM 检验）

变量	Pay1	Pay1	Pay1	Pay2	Pay2	Pay2
Finhold1	0.214 *			0.225 *		
	(1.70)			(1.79)		
Finhold2		0.0591 *			0.0490 *	
		(1.84)			(1.66)	
Finhold3			2.634 *			2.011 *
			(1.69)			(1.65)
Size	0.0545	0.136 *	− 0.0113	0.0579	0.0231	0.0424
	(0.89)	(1.80)	(− 0.14)	(0.96)	(0.37)	(0.64)
TobinQ	− 0.107 **	− 0.0979	− 0.134 **	− 0.103 **	− 0.0895 *	− 0.0698
	(− 2.06)	(− 1.59)	(− 2.28)	(− 2.06)	(− 1.77)	(− 1.26)
ROA	4.778 ***	0.973	4.912 ***	4.705 ***	4.521 ***	5.122 ***
	(3.50)	(0.80)	(3.41)	(3.88)	(3.77)	(3.81)
CF	0.942	0.835	0.918	0.841	0.760	0.724
	(1.14)	(0.97)	(1.07)	(1.01)	(0.91)	(0.84)
Lev	− 0.0297	− 0.825 **	− 0.0296	− 0.0999	− 0.0805	0.00690
	(− 0.07)	(− 2.31)	(− 0.07)	(− 0.26)	(− 0.21)	(0.02)
Relate	− 0.728 ***	− 0.814 ***	− 0.763 ***	− 0.734 ***	− 0.751 ***	− 0.755 ***
	(− 5.53)	(− 5.93)	(− 5.60)	(− 5.58)	(− 5.74)	(− 5.50)
Shrcr1	− 0.00117	0.0000165	0.00347	− 0.00620	0.000683	− 0.0128 **
	(− 0.28)	(0.00)	(0.87)	(− 1.49)	(0.17)	(− 2.21)
Constant	0.327	− 0.566	2.054			
	(0.25)	(− 0.34)	(1.18)			
Year	控制	控制	控制	控制	控制	控制
Indcd	控制	控制	控制	控制	控制	控制
N	863	863	863	863	863	863
pseudo R^2	0.112	0.141	0.159	0.112	0.141	0.159
chi^2	62.58	79.17	89.06	62.58	79.17	89.06

注：*** 、** 和 * 分别表示在 1%、5% 和 10% 的水平上显著；括号内为 t 值。

表 5 – 12　　　　　　　产融结合与企业短期并购绩效

（参股比例 5% 以上 + PSM 检验）

变量	CAR[−3,3]	CAR[−3,3]	CAR[−3,3]	CAR[−10,10]	CAR[−10,10]	CAR[−10,10]
Finhold1	0. 0186 ***			0. 0216 **		
	(2. 73)			(2. 05)		
Finhold2		0. 00255 *			0. 00393 *	
		(1. 77)			(1. 86)	
Finhold3			0. 0378 **			0. 0896 **
			(2. 07)			(2. 11)
Deal	0. 0107 **	0. 0101 **	0. 0103 **	− 0. 0116	− 0. 00395	− 0. 00673
	(2. 41)	(2. 15)	(2. 32)	(−0. 41)	(−0. 19)	(−0. 11)
Pay1	− 0. 0905 ***	− 0. 0915 ***	− 0. 0895 ***	− 0. 0917 ***	− 0. 0902 ***	− 0. 0909 ***
	(−8. 00)	(−7. 58)	(−7. 90)	(−4. 54)	(−3. 42)	(−3. 11)
Size	0. 000397	− 0. 000642	0. 000203	− 0. 00137	0. 00229	0. 00216
	(0. 11)	(−0. 16)	(0. 05)	(−0. 24)	(0. 46)	(0. 44)
Lev	− 0. 0171	− 0. 0175	− 0. 0169	0. 0222	− 0. 00647	− 0. 00533
	(−0. 90)	(−0. 84)	(−0. 88)	(0. 72)	(−0. 20)	(−0. 16)
CF	− 0. 0280	− 0. 0246	− 0. 0194	0. 0479	0. 0452	0. 0433
	(−0. 67)	(−0. 56)	(−0. 47)	(0. 75)	(0. 71)	(0. 68)
Shrcr1	− 0. 000377 *	− 0. 000314	− 0. 000368 *	− 0. 000531	− 0. 000638 *	− 0. 000664 *
	(−1. 70)	(−1. 32)	(−1. 66)	(−1. 57)	(−1. 71)	(−1. 81)
Property	− 0. 00703	− 0. 00598	− 0. 00759	0. 00570	0. 00377	0. 00421
	(−0. 98)	(−0. 78)	(−1. 06)	(0. 50)	(0. 33)	(0. 38)
Constant	0. 104	0. 129	0. 113	0. 112	0. 0492	0. 0538
	(1. 34)	(1. 52)	(1. 44)	(0. 90)	(0. 46)	(0. 50)
Year	控制	控制	控制	控制	控制	控制
Indcd	控制	控制	控制	控制	控制	控制
N	723	723	723	723	723	723
adj. R²	0. 117	0. 104	0. 113	0. 035	0. 035	0. 037

注：*** 、 ** 和 * 分别表示在 1% 、5% 和 10% 的水平上显著；括号内为 t 值。

表 5-12

表 5-13　　　　　　　产融结合与企业长期并购绩效

（参股比例 5% 以上 + PSM 检验）

变量	ΔROA	ΔROA	ΔROA
Finhold1	0.00581* (1.89)		
Finhold2		0.00156* (1.91)	
Finhold3			0.0793** (2.39)
Deal	-0.00269 (-0.67)	-0.00289 (-0.72)	0.000628 (0.11)
Pay1	-0.0109** (-2.15)	-0.0105** (-2.07)	-0.00930* (-1.76)
Size	-0.00574*** (-3.52)	-0.00578*** (-3.54)	-0.00553*** (-3.38)
Lev	0.0541*** (6.52)	0.0536*** (6.47)	0.0543*** (6.55)
CF	0.0615*** (3.08)	0.0703*** (3.26)	0.0493*** (2.69)
Shrcr1	0.0000799 (0.87)	0.0000881 (0.95)	0.0000766 (0.83)
Property	0.00151 (0.48)	0.00143 (0.46)	0.00162 (0.52)
Constant	0.0982*** (2.85)	0.0983*** (2.85)	0.0924*** (2.66)
Year	控制	控制	控制
Indcd	控制	控制	控制
N	731	731	731
adj. R²	0.094	0.096	0.094

注：***、**和*分别表示在 1%、5% 和 10% 的水平上显著；括号内为 t 值。

5.5.2　连续参股 4 年及以上 + PSM 匹配样本检验

考虑到部分企业参股金融机构存在短期投机动机，会对结果产生一定的噪音影响，选择了连续参股金融机构实施产融结合的最大持续期限在 4

年及 4 年以上的企业作为产融结合实施样本，而将那些连续参股金融机构 3 年及以下的企业样本视为未实施产融结合样本。同时，考虑到样本企业中参股 3 年及以下的企业较多，采用 PSM 方法匹配出相应的未实施产融结合样本进行了实证分析。表 5 - 14 报告了产融结合对企业并购实施的影响结果，从结果中可以看到，企业是否参股金融机构实施产融结合（Finhold1）、企业连续参股金融机构实施产融结合的最大持续期限（Finhold2）、企业参股金融机构的最大持股比例（Finhold3）与企业并购概率（P1）和并购频率（P2）均显著正相关，说明企业参股金融机构实施产融结合有助于促进企业并购扩张行为的实施，与主体研究结论一致。表 5 - 15 报告了产融结合对企业并购支付方式选择的影响，从结果中可以看到，企业是否参股金融机构实施产融结合（Finhold1）、企业连续参股金融机构实施产融结合的最大持续期限（Finhold2）、企业参股金融机构的最大持股比例（Finhold3）与企业并购现金支付方式选择（Pay1、Pay2）均显著正相关，说明参股金融机构实施产融结合的企业在并购中更倾向于使用现金支付方式进行支付，与主体研究结论研究一致。表 5 - 16 和表 5 - 17 分别报告了产融结合对企业短期并购绩效和长期并购绩效的影响，从结果中可以看到企业是否参股金融机构实施产融结合（Finhold1）、企业连续参股金融机构实施产融结合的最大持续期限（Finhold2）、企业参股金融机构的最大持股比例（Finhold3）与企业短期并购绩效（CAR［-3，3］、CAR［-10，10］）和长期并购绩效（ΔROA）均显著正相关，说明与未参股金融机构实施产融结合的企业并购相比，参股金融机构实施产融结合的企业的并购绩效更好，与主体研究结论一致。

表 5 - 14　　　　　　　产融结合与企业并购实施（参股 4 年以上 + PSM 检验）

变量	P1	P1	P1	P2	P2	P2
Finhold1	0.134 ** (2.09)			0.134 ** (2.15)		
Finhold2		0.0332 ** (2.46)			0.0274 ** (2.07)	
Finhold3			0.458 * (1.81)			0.381 * (1.65)

变量	P1	P1	P1	P2	P2	P2
Size	0.0977 **	0.0988 ***	0.0922 **	0.148 ***	0.130 ***	0.115 ***
	(2.57)	(2.59)	(2.37)	(4.73)	(4.34)	(3.75)
Lev	0.521 **	0.510 **	0.518 **	0.594 ***	0.612 ***	0.667 ***
	(2.41)	(2.36)	(2.39)	(2.88)	(2.98)	(3.24)
ROA	3.069 ***	3.054 ***	3.070 ***	2.022 ***	2.115 ***	3.592 ***
	(3.24)	(3.23)	(3.22)	(3.02)	(3.17)	(3.98)
Age	−0.0277 ***	−0.0293 ***	−0.0249 ***	−0.0244 ***	−0.0249 ***	−0.0228 ***
	(−4.00)	(−4.16)	(−3.70)	(−3.76)	(−3.77)	(−3.48)
TobinQ	0.0116	0.0120	0.0165	0.0607 *	0.0549 *	0.0337
	(0.37)	(0.38)	(0.46)	(1.86)	(1.69)	(1.02)
Dual	0.109	0.112	0.107	0.0647	0.0653	0.0511
	(1.25)	(1.29)	(1.23)	(0.79)	(0.79)	(0.62)
Indep	−0.136	−0.155	−0.0879	−0.759	−0.732	−0.651
	(−0.22)	(−0.25)	(−0.14)	(−1.28)	(−1.24)	(−1.10)
BoardSize	−0.0125	−0.0132	−0.0109	−0.0166	−0.0153	−0.0142
	(−0.71)	(−0.75)	(−0.62)	(−0.97)	(−0.90)	(−0.86)
Constant	−2.325 ***	−2.258 ***	−2.207 ***			
	(−2.88)	(−2.79)	(−2.67)			
Year	控制	控制	控制	控制	控制	控制
Indcd	控制	控制	控制	控制	控制	控制
N	5645	5645	5645	5645	5645	5645
pseudo R^2	0.097	0.098	0.097	0.063	0.063	0.071
chi^2	694.5	696.2	693.6	766.1	762.0	764.2

注：***、**和*分别表示在1%、5%和10%的水平上显著；括号内为t值。

表5−15　　　　　产融结合与企业并购支付方式选择

（参股4年以上+PSM检验）

变量	Pay1	Pay1	Pay1	Pay2	Pay2	Pay2
Finhold1	0.151 *			0.148 *		
	(1.71)			(1.70)		
Finhold2		0.0237 *			0.0229 *	
		(1.74)			(1.70)	

产融结合与企业投资行为研究

变量	Pay1	Pay1	Pay1	Pay2	Pay2	Pay2
Finhold3			2.282 **			2.643 **
			(2.15)			(2.53)
Size	−0.0171	−0.0218	0.0213	−0.0122	−0.0204	−0.0326
	(−0.41)	(−0.52)	(0.50)	(−0.30)	(−0.49)	(−0.78)
TobinQ	−0.144 ***	−0.144 ***	−0.132 ***	−0.137 ***	−0.137 ***	−0.145 ***
	(−3.94)	(−3.90)	(−3.60)	(−3.75)	(−3.68)	(−3.97)
ROA	2.948 ***	2.998 ***	2.674 ***	2.764 ***	3.073 ***	2.930 ***
	(3.20)	(3.30)	(2.81)	(2.73)	(3.04)	(2.89)
CF	0.678	0.685	0.660	0.456	0.451	0.440
	(1.14)	(1.15)	(1.15)	(0.83)	(0.82)	(0.80)
Lev	−0.0291	0.00823	−0.118	−0.228	−0.138	−0.206
	(−0.11)	(0.03)	(−0.57)	(−1.20)	(−0.53)	(−1.12)
Relate	−0.788 ***	−0.789 ***	−0.795 ***	−0.800 ***	−0.801 ***	−0.801 ***
	(−8.78)	(−8.78)	(−8.84)	(−8.92)	(−8.94)	(−8.94)
Shrcr1	0.00483	0.00492 *	0.00324	0.00450	0.00466	0.00413
	(1.63)	(1.66)	(1.10)	(1.54)	(1.59)	(1.41)
Constant	1.837 **	1.907 **	1.103			
	(2.03)	(2.11)	(1.19)			
Year	控制	控制	控制	控制	控制	控制
Indcd	控制	控制	控制	控制	控制	控制
N	1641	1641	1641	1641	1641	1641
pseudo R^2	0.100	0.100	0.103	0.084	0.083	0.087
chi^2	113.9	114.0	117.3	113.1	111.4	116.9

注：*** 、** 和 * 分别表示在1%、5%和10%的水平上显著；括号内为 t 值。

表 5-16　　　　　产融结合与企业短期并购绩效

（参股 4 年以上 + PSM 检验）

变量	CAR[−3,3]	CAR[−3,3]	CAR[−3,3]	CAR[−10,10]	CAR[−10,10]	CAR[−10,10]
Finhold1	0.0139 **			0.0281 ***		
	(2.51)			(3.26)		
Finhold2		0.00215 *			0.00423 **	
		(1.92)			(2.42)	

变量	CAR[-3,3]	CAR[-3,3]	CAR[-3,3]	CAR[-10,10]	CAR[-10,10]	CAR[-10,10]
Finhold3			0.0479 * (1.77)			0.0435 * (1.68)
Deal	0.101 *** (5.32)	0.0951 *** (5.05)	0.0488 *** (6.57)	0.0868 *** (7.37)	0.0853 *** (7.23)	0.0859 *** (3.45)
Pay1	-0.100 *** (-9.62)	-0.0998 *** (-9.59)	-0.0997 *** (-10.35)	-0.113 *** (-7.49)	-0.114 *** (-7.52)	-0.100 *** (-7.30)
Size	-0.00634 ** (-2.06)	-0.00639 ** (-2.49)	-0.00524 * (-1.66)	-0.0128 *** (-2.74)	-0.0127 *** (-2.72)	-0.00915 ** (-2.32)
Lev	0.00481 (0.29)	0.0204 ** (2.38)	0.00331 (0.21)	0.0722 *** (3.99)	0.0696 *** (3.85)	0.0272 * (1.81)
CF	-0.0534 (-1.23)	-0.00599 (-0.14)	-0.0421 (-1.16)	0.00782 (0.12)	0.00424 (0.06)	-0.0121 (-0.26)
Shrer1	-0.000351 * (-1.87)	-0.000281 (-1.50)	-0.000342 * (-1.85)	-0.000450 (-1.52)	-0.000421 (-1.42)	-0.000379 (-1.54)
Constant	0.240 *** (3.63)	0.237 *** (4.09)	0.221 *** (3.32)	0.326 *** (3.23)	0.340 *** (3.34)	0.268 *** (3.09)
Year	控制	控制	控制	控制	控制	控制
Inded	控制	控制	控制	控制	控制	控制
N	1441	1441	1441	1441	1441	1441
adj. R²	0.189	0.189	0.195	0.182	0.179	0.119

注: ***、** 和 * 分别表示在 1%、5% 和 10% 的水平上显著；括号内为 t 值。

表 5-17   产融结合与企业长期并购绩效（参股 4 年以上 + PSM 检验）

变量	ΔROA	ΔROA	ΔROA
Finhold1	0.00419 * (1.81)		
Finhold2		0.00174 * (1.67)	
Finhold3			0.0609 * (1.94)
Deal	0.00630 *** (3.82)	0.0169 *** (5.04)	0.00612 *** (3.71)

变量	ΔROA	ΔROA	ΔROA
Pay1	− 0.00539	− 0.00587	− 0.00550
	(− 1.49)	(− 0.80)	(− 1.52)
Size	− 0.00272***	− 0.00461**	− 0.00290***
	(− 2.58)	(− 2.16)	(− 2.70)
Lev	0.0384***	0.0569***	0.0385***
	(6.31)	(4.57)	(6.32)
CF	0.0797***	0.0322	0.0597***
	(4.81)	(1.10)	(4.32)
Shrcr1	0.0000581	0.000203	0.0000569
	(0.79)	(1.35)	(0.77)
Constant	0.0245	0.0352	0.0285
	(1.10)	(0.78)	(1.27)
Year	控制	控制	控制
Indcd	控制	控制	控制
N	1418	1418	1418
adj. R^2	0.096	0.050	0.094

注: ***、** 和 * 分别表示在 1%、5% 和 10% 的水平上显著; 括号内为 t 值。

5.6 进一步分析

5.6.1 参股金融机构类型与企业并购

主体研究表明, 企业参股金融机构实施产融结合有助于促进企业并购实施, 提高企业并购绩效, 这主要是因为金融机构等专业服务机构在企业的并购中发挥了关键作用, 它们不仅能够为企业提供并购资金、信息知识, 还能为企业并购提供咨询意见与整合能力等。然而, 我国实体企业实施产融结合而参股或控股的金融机构类型较为丰富, 主要参股了银行、证券、保险、期货、信托、财务和基金七种金融机构, 不同的金融机构在企业并购业务中所发挥的作用及其重要性有所不同。孙轶和武常岐 (2012)

等研究表明企业并购中的专业咨询机构主要包括投资银行、评估公司和风投与私募基金等，如投资银行主要扮演设计师经纪人的角色，主要从事并购规划、信息收集、业务尽职调查、谈判、资本结构设计和并购后整理管理等。李曜和宋贺（2017）研究表明，作为专业金融机构，风险投资除了为企业带来融资便利外，还能利用自身的专业能力、行业洞察力和尽职调查能力等，有助于并购企业准确评估判断，加快并购后的资源整合。何贤杰和朱红军等（2014）研究表明，上市公司聘请具有证券背景的专业人士担任独立董事，主要动机是希望利用他们的专业技能和知识，对收购兼并等资本运作事项进行监督以及提供决策咨询和帮助，当企业面临并购决策时，证券背景的专业人士可以对并购对象的选择、并购时机、并购价格、并购方式等提出专业意见，从而提高公司并购成功的概率以及尽可能使得并购为股东创造正面价值。因此，基于对企业参股金融机构类型的划分，与参股银行、保险等非证券、基金类金融机构相比，企业参股证券和基金类的金融机构除了能够给企业带来一定的融资便利外，还能够给企业带来更多并购所需的专业能力和咨询建议服务，有助于企业准确评估判断，加快并购后的资源整合，促进企业并购的成功实施和带来好的并购绩效。

基于不同类型金融机构在企业并购行为中所发挥的不同作用，为了分析参股不同类型金融机构对企业并购行为的影响及其作用机制，将参股金融机构划分为参股证券、基金类金融机构（HoldMA）和参股非证券、基金类金融机构（HoldnonMA）。本章分别设置了两个虚拟变量进行衡量，其中，参股证券、基金类金融机构（HoldMA），用企业是否在该年度参股了证券或基金类型的金融机构进行反映，若企业在该年度参股了证券或基金，则赋值为1，否则为0；参股非证券、基金类金融机构（HoldnonMA），用企业是否在该年度参股了银行、保险、财务、信托和期货等非证券、基金类金融机构进行反映，若企业在该年度参股了银行、保险和财务等非证券、基金类的金融机构，则赋值为1，否则为0。考虑到样本企业中存在同一年度同时参股非证券、基金类金融机构和参股证券、基金类金融机构的情况，带来一定噪音，不对这些样本进行考虑分析。此外，考虑到筛选处理后样本中未实施产融结合的企业样本比较多于实施产融结合企业的样本，同时为了避免因上市公司的内在特征而不是产融结合决策所产生的对企业并购行为后果的影响和解决内生性等问题，借鉴黎文靖和李茫茫（2017），本章使用了倾向性得分配对（PSM）方法，对样本进行匹配并进行回归检验。

表5-18报告了参股证券、基金类金融机构实施产融结合与参股非证券、基金类金融机构实施产融结合对企业并购发生及并购频率的不同影响。从回归结果中可以看到，企业参股证券、基金类金融机构和企业参股非证券、基金类金融机构与企业并购概率（P1）和并购频率（P2）均显著正相关，说明企业参股金融机构均有助于企业并购行为的发生实施，这主要是因为虽然银行、保险等非证券、基金类金融机构不是专门从事企业并购业务咨询等的金融机构，但是他们能为企业带来强大的融资便利，提供充足的并购资金，保障并购实施；同时，由于金融机构之间的紧密联系，这些金融机构在一定程度上也有助于企业获取更多并购信息，促进企业并购实施。表5-19报告了参股证券、基金类金融机构实施产融结合与参股非证券、基金类金融机构实施产融结合对企业并购绩效的不同影响。从结果中可以看到，企业参股证券、基金类金融机构与企业短期并购绩效（CAR［-3，3］、CAR［-10，10］）和长期并购绩效（ΔROA）均显著正相关，而企业参股非证券、基金类金融机构对企业短期并购绩效（CAR［-3，3］、CAR［-10，10］）和长期并购绩效（ΔROA）没有显著影响，说明企业参股证券、基金类金融机构有助于提高企业并购绩效，而参股非证券、基金类金融机构不能显著提高企业并购绩效，这主要是因为与参股银行、保险等非证券、基金类金融机构相比，企业参股证券和基金类的金融机构除了能够给企业带来一定的融资便利外，还能够给企业带来更多并购所需的专业能力和咨询建议服务，有助于企业准确评估判断，加快并购后的资源整合，促进企业并购的成功实施和带来好的并购绩效。可见，表5-19的结果在一定程度上也表明了证券、基金类金融机构在企业并购行为中的重要作用。此外，本章进一步证明了企业参股证券和基金金融机构分别对企业并购绩效的影响，由表5-20可以看到，企业参股证券实施产融结合与企业参股基金实施产融结合的确有助于促进企业并购绩效提高，在一定程度上支持

了表 5 - 19 的结论，并表明了证券、基金类金融机构在企业并购行为中的重要作用。

表 5 - 18　　　　　　　　　　参股金融机构类型与企业并购实施

变量	P1 （并购概率）		P2 （并购频率）	
	参股证券 基金类	参股非证券 基金类	参股证券 基金类	参股非证券 基金类
Finhold	0.202 **	0.174 ***	0.171 *	0.193 ***
	(2.00)	(2.62)	(1.77)	(2.98)
Size	0.127 ***	0.0779 **	0.132 ***	0.105 ***
	(2.83)	(2.39)	(3.00)	(3.35)
Lev	0.577 *	0.512 **	1.012 ***	0.756 ***
	(1.81)	(2.39)	(3.14)	(3.97)
ROA	-0.0273	1.842 **	2.404 **	1.979 ***
	(-0.39)	(2.48)	(2.26)	(2.71)
Age	0.0121	-0.0212 ***	0.00101	-0.0248 ***
	(1.10)	(-3.20)	(0.10)	(-3.87)
TobinQ	0.119 **	0.0215	0.0926 *	0.0340
	(2.37)	(0.73)	(1.78)	(1.32)
Dual	0.0874	-0.0703	-0.0920	-0.0514
	(0.59)	(-0.78)	(-0.65)	(-0.59)
Indep	0.828	-0.559	-0.273	-0.745
	(0.95)	(-0.83)	(-0.31)	(-1.14)
BoardSize	-0.000917	0.000248	-0.0330	-0.00300
	(-0.04)	(0.01)	(-1.28)	(-0.16)
Constant	-3.681 ***	-1.929 ***		
	(-3.89)	(-2.81)		
Year	控制	控制	控制	控制
Indcd	控制	控制	控制	控制
N	2166	4757	2166	4757
pseudo R²	0.097	0.081	0.061	0.053
chi²	264.5	484.7	272.1	506.7

注：*** 、** 和 * 分别表示在 1%、5% 和 10% 的水平上显著；括号内为 t 值。

表 5 - 19　　　　　　　　参股金融机构类型与企业并购绩效

变量	短期并购绩效				长期并购绩效	
	CAR[-3,3]		CAR[-10,10]		ΔROA	
	参股证券基金类	参股非证券基金类	参股证券基金类	参股非证券基金类	参股证券基金类	参股非证券基金类
Finhold	0.0175 **	− 0.00305	0.0344 ***	− 0.0130	0.00635 **	0.00192
	(2.27)	(− 0.60)	(2.80)	(− 1.63)	(2.30)	(1.03)
Deal	0.0285 ***	0.0617 ***	0.0562 ***	0.176 ***	0.00266	0.00486 ***
	(3.81)	(7.43)	(4.93)	(5.90)	(0.90)	(2.59)
Pay1	− 0.0912 ***	− 0.106 ***	− 0.106 ***	− 0.107 ***	− 0.00350	− 0.00714 **
	(− 6.25)	(− 11.14)	(− 4.54)	(− 6.59)	(− 0.67)	(− 2.20)
Size	− 0.00550	− 0.00283	− 0.00809	− 0.00217	− 0.00310 **	− 0.00341 ***
	(− 1.39)	(− 1.18)	(− 1.27)	(− 0.57)	(− 2.41)	(− 3.26)
Lev	0.00470	0.00143	0.0666 *	0.0363 *	0.0281 ***	0.0274 ***
	(0.20)	(0.10)	(1.77)	(1.78)	(3.39)	(5.68)
CF	0.0315 ***	0.0469	0.148 **	0.00759	0.0351 *	0.0865 ***
	(3.20)	(1.52)	(2.22)	(0.16)	(1.66)	(6.95)
Shrcr1	− 0.000368	− 0.000340 *	− 0.000204	− 0.000658 **	0.0000382	− 0.00000810
	(− 1.31)	(− 1.94)	(− 0.44)	(− 2.39)	(0.39)	(− 0.13)
Property	0.00805	− 0.00943 *	0.0110	− 0.00843	− 0.000199	− 0.00168
	(0.91)	(− 1.78)	(0.78)	(− 0.99)	(− 0.06)	(− 0.85)
Constant	0.212 **	0.190 ***	0.229 *	0.169 **	0.0388	0.0523 **
	(2.58)	(3.78)	(1.74)	(2.10)	(1.52)	(2.48)
Year	控制	控制	控制	控制	控制	控制
Inded	控制	控制	控制	控制	控制	控制
N	612	1393	612	1393	623	1389
adj. R^2	0.128	0.218	0.114	0.141	0.080	0.092

注：*** 、** 和 * 分别表示在 1%、5% 和 10% 的水平上显著；括号内为 t 值。

第 5 章　产融结合与企业并购

表 5 - 20　　　　　　参股证券、基金类金融机构与企业并购绩效

变量	参股证券类金融机构			参股基金类金融机构		
	CAR[-3, 3]	CAR[-10, 10]	ΔROA	CAR[-3, 3]	CAR[-10, 10]	ΔROA
Finhold	0.0176 **	0.0312 **	0.00522 **	0.173 ***	0.282 ***	0.0332 *
	(2.28)	(2.43)	(2.02)	(3.50)	(3.25)	(2.18)
Deal	0.0450	- 0.00903	0.00599 **	0.284	0.431	- 0.0365
	(1.01)	(-1.14)	(2.12)	(0.84)	(0.94)	(-0.42)
Pay1	- 0.0694 ***	- 0.142 ***	- 0.00270	0.179	0.276	0.0107
	(-2.75)	(-6.50)	(-0.57)	(1.58)	(1.71)	(0.34)
Size	- 0.0116 ***	- 0.0129 *	- 0.00400 ***	- 0.0646 **	- 0.104 ***	- 0.0273 **
	(-2.59)	(-1.82)	(-3.05)	(-2.88)	(-3.22)	(-2.38)
Lev	0.0329	0.0197	0.0397 ***	0.0134	0.458	0.114
	(1.35)	(0.51)	(5.20)	(0.07)	(1.48)	(1.54)
CF	0.0786 *	0.154 *	0.0691 ***	0.654	1.631	0.0312
	(1.65)	(1.94)	(3.60)	(1.28)	(1.67)	(0.15)
Shrcr1	0.0000400	- 0.000167	0.0000816	0.00203	0.00275	- 0.000868
	(0.17)	(-0.39)	(0.88)	(0.90)	(0.84)	(-1.13)
Constant	0.311 ***	0.398 ***	0.0541 **	0.943 *	1.157 *	0.640 **
	(3.35)	(2.81)	(1.98)	(2.13)	(2.12)	(2.30)
Year	控制	控制	控制	控制	控制	控制
Indcd	控制	控制	控制	控制	控制	控制
N	611	611	601	30	30	30
adj. R^2	0.100	0.080	0.071	0.334	0.152	0.745

注：***、** 和 * 分别表示在 1%、5% 和 10% 的水平上显著；括号内为 t 值。

5.6.2　向金融机构派驻董事与否与企业并购

如前所述，实体企业向参股金融机构派驻董事和未派驻董事两种不同的产融结合特征会对企业融资与投资产生不同影响。企业向其参股金融机构派驻董事在一定程度上能够对该金融机构的信贷决策等经营决策具有话语权和影响力，使金融机构能够为企业提供更多企业所需的金融服务，企业与金融机构之间信息沟通也会更顺畅，减少两者之间的信息不对称。因

此，本书进一步分析了企业向金融机构派驻董事与否对企业外部并购扩张行为的不同影响。本书进一步将产融结合类型划分为向金融机构派驻董事和未向金融机构派驻董事两种类型，分别设置了两个虚拟变量以衡量，其中，向金融机构派驻董事，若企业在该年度向其参股金融机构派驻了董事，则赋值为1，否则为0；未向金融机构派驻董事，若企业未向其参股的金融机构派驻董事，则赋值为1，否则为0，并使用倾向性得分配对（PSM）方法，对样本进行匹配，再进行回归检验，回归结果见表5-21和表5-22。

表5-21和表5-22分别报告了实施产融结合的企业是否向金融机构派驻董事参与治理对企业并购实施和并购绩效的不同影响。由表5-21、表5-22可以看到，向参股金融机构派驻董事实施产融结合的企业能够显著提高企业并购概率和并购频率，促进企业并购实施，并显著提高企业并购绩效；而未向金融机构派驻董事仅仅参股金融机构实施产融结合的企业并没有显著促进企业并购扩张的实施，提高企业并购绩效的作用也不明显。这说明，向参股金融机构派驻董事能够在一定程度为企业带来更多的并购资源和资本市场咨询服务，促进企业并购扩张行为的有效实施，实现企业的产业扩张与规模发展。

表5-21　　　向金融机构派驻董事参与治理与企业并购实施

变量	P1（并购概率）		P2（并购频率）	
	派驻董事	未派驻董事	派驻董事	未派驻董事
Finhold	0.217 **	0.0817	0.226 **	0.146
	（2.33）	（1.15）	（2.52）	（1.09）
Size	0.170 ***	0.139 ***	0.211 ***	0.0582 *
	（3.09）	（3.85）	（3.95）	（1.73）
Lev	0.852 **	0.767 ***	0.901 ***	1.011 ***
	（2.56）	（3.51）	（2.82）	（4.85）
ROA	3.046 **	2.888 ***	2.603 *	3.920 ***
	（2.10）	（3.82）	（1.86）	（5.51）
Age	−0.0350 ***	−0.0245 ***	−0.0419 ***	−0.0262 ***
	（−3.55）	（−3.31）	（−4.41）	（−3.71）

变量	P1（并购概率）		P2（并购频率）	
	派驻董事	未派驻董事	派驻董事	未派驻董事
TobinQ	−0.00644	0.0540 *	0.0294	−0.00434
	（−0.12）	（1.77）	（0.54）	（−0.40）
Dual	0.182	0.00811	0.158	0.00359
	（1.40）	（0.09）	（1.28）	（0.04）
Indep	−1.397	−0.114	−1.643 *	0.0759
	（−1.60）	（−0.17）	（−1.95）	（0.12）
BoardSize	−0.0319	−0.0118	−0.0284	−0.0105
	（−1.30）	（−0.56）	（−1.23）	（−0.52）
Constant	−3.262 ***	−2.889 ***		
	（−2.85）	（−3.46）		
Year	控制	控制	控制	控制
Indcd	控制	控制	控制	控制
N	2583	4426	2583	4426
pseudo R^2	0.114	0.101	0.072	0.063
chi^2	378.0	561.7	402.1	573.2

注：*** 、** 和 * 分别表示在1%、5%和10%的水平上显著；括号内为 t 值。

表 5－22　　　　　向金融机构派驻董事参与治理与企业并购绩效

变量	短期并购绩效				长期并购绩效	
	CAR［−3,3］		CAR［−10,10］		ΔROA	
	派驻董事	未派驻董事	派驻董事	未派驻董事	派驻董事	未派驻董事
Finhold	0.0182 **	−0.00811	0.0276 **	−0.00185	0.00444 **	0.00246
	（2.51）	（−1.33）	（2.16）	（−0.18）	（2.12）	（1.09）
Deal	0.0877 ***	0.0488 ***	0.214 ***	0.0772 ***	0.00676 *	−0.000984
	（6.89）	（6.46）	（9.48）	（5.93）	（1.77）	（−1.62）
Pay1	−0.0778 ***	−0.0934 ***	−0.0607 ***	−0.109 ***	−0.00432 **	−0.00709 ***
	（−6.18）	（−8.44）	（−2.74）	（−5.83）	（−1.99）	（−3.41）
Size	−0.00307	−0.0109 ***	0.00282	−0.0133 **	−0.00509 ***	−0.00143
	（−0.86）	（−3.70）	（0.44）	（−2.57）	（−4.23）	（−1.12）
Lev	0.00356	0.0775 ***	−0.0257	0.124 ***	0.0353 ***	0.0208 ***
	（0.16）	（5.24）	（−0.67）	（4.92）	（5.60）	（3.13）

变量	短期并购绩效				长期并购绩效	
	CAR[-3,3]		CAR[-10,10]		ΔROA	
	派驻董事	未派驻董事	派驻董事	未派驻董事	派驻董事	未派驻董事
CF	0.00735	0.0702*	-0.119	0.185***	0.0638***	0.0868***
	(0.15)	(1.94)	(-1.35)	(3.03)	(3.71)	(5.04)
Shrcr1	-0.000119	-0.000209	-0.000491	-0.000338	0.0000582	0.0000696
	(-0.50)	(-0.99)	(-1.15)	(-0.93)	(0.86)	(0.90)
Constant	0.123	0.311***	-0.0671	0.392***	0.0803***	0.0137
	(1.63)	(4.82)	(-0.51)	(3.52)	(3.19)	(0.52)
Year	控制	控制	控制	控制	控制	控制
Indcd	控制	控制	控制	控制	控制	控制
N	800	1243	800	1243	801	1223
adj. R^2	0.186	0.228	0.223	0.166	0.126	0.058

注：***、**和*分别表示在1%、5%和10%的水平上显著；括号内为t值。

第 6 章

产融结合与企业创新

6.1 引言

　　创新是企业发展壮大、增强核心竞争力并获得丰厚利润回报的重要手段，是国家实现经济可持续增长的重要源泉。自党的十八大报告明确提出"深化科技体制改革，加快建设国家创新体系，着力构建以企业为主体、市场为导向、产学研相结合的技术创新体系"以来，创新越来越被企业、学术界和政府提上了日程，成了关注重点。然而，与企业一般的生产性活动不同，创新活动往往具有长周期、高投入和异质性等特点（Hirshleifer et al.，2012），关注企业创新的影响因素便尤为关键。相关研究表明，企业的外部环境和内部特征都会对企业的创新活动产生影响，企业的外部环境因素包括政府政策如产业政策（黎文靖等，2016；余明桂等，2016）、宏观经济政策（钟凯和程小可等，2017）、知识产权保护力度（Chen and Puttitanun，2005；尹志锋等，2013；吴超鹏和唐菂，2016）、金融发展水平（Chava et al.，2013）等；影响企业创新的内部特征因素包括企业规模（Aces and Audretsch，1988；朱恒鹏，2006）、经营风险（Caggese，2012）、诉讼风险（潘越等，2015）、融资（Brown et al.，2009；鞠晓生，2013；张璇等，2017）、公司治理环境（Lin et al.，2011；温军和冯根福，2012；

Aghion et al.，2013；张峰和杨建君，2016）等。在转型经济体中，虽然企业参股金融机构有助于缓解企业融资约束，降低融资成本，获得更快发展（Berger and Udell，1995；Laeven，2001；Maurer and Haber，2007；Lu et al.，2012；谢维敏，2013；万良勇等，2015），但也可能给企业带来一些负面效应，如企业参股金融机构实施产融结合会弱化金融机构对企业的监督作用，企业更容易利用这些信贷资金进行规模扩张，进而导致企业投资过度行为（李维安和马超，2017），同时会增大企业的经营风险（姚德权等，2010）。那么，企业通过参股金融机构进行的产融结合到底会对企业创新行为产生怎样的影响呢？企业产融结合给企业带来的低成本债务融资便利会真的用于企业创新投入上吗？企业参股金融机构所带来的较大的经营风险是否会影响企业的创新意愿呢？本书主要从企业投资结构与风险视角分别进行了分析与检验。

6.2　理论分析与研究假设

一方面，从企业的投资结构视角来看，企业参股金融机构进行的产融结合有助于企业获取银行信贷支持，获得成本较低的银行贷款（Lu et al.，2012），缓解企业融资约束（Laeven，2001；万良勇等，2015）。当企业参股金融机构进行产融结合时，企业越容易获得信贷资金，用于扩张投资的资源越多，越容易导致企业的投资过度行为（张敏等，2010）；同时企业参股金融机构会弱化金融机构对企业的有效监督，会软化企业面临的信贷约束，使得企业偿还信贷资金的方式和期限更灵活，还款压力下降（张敏等，2010），进而导致企业投资过度行为。因此，企业参股金融机构会加剧企业的过度投资行为（李维安和马超，2014），而过度投资行为会导致企业的投资结构失调，降低企业创新资源投入水平，重要的是，过度投资行为还会转移管理层对企业技术创新的注意力（袁建国等，2015）。此外，正如前面分析表明，产融结合的企业可能会更热衷于企业多元化扩张，有更强的并购冲动，而这些战略的实施会分散企业有限的资源，且对企业技术创新的投入产生了"挤出效应"，导致产融结合的企业创新投入较少。

另一方面，为了进一步追逐金融行业所带来的高额利润回报，产融结合企业很有可能偏离甚至放弃自己原本的核心业务，专注金融资本的经营，造成企业实体产业空心化，使企业很有可能会出现结构异化的风险，企业面临的经营风险会大大增加（姚德权等，2010），导致企业进行高风险活动的创新意愿降低，抑制企业创新投入（Caggese，2012）。当企业融资渠道收紧或没有获得预期的投资收益时，就会使得资金链断裂，导致核心经营业务出现问题。例如，德隆危机就是一个典型的专注金融经营的产融结合失败案例，其失败的一个关键原因就在于其盲目不断参股或控股金融机构进行产融结合，将重心转移到金融子公司上，过分忽略主营业务的发展，进而在银行收缩贷款时，其贷款的资金链条立刻出现问题进而导致了企业破产危机。此外，企业创新本身就是一类风险较大的投资，企业研发投入与企业风险承担水平密切相关（Dewett，2007；Banholzer and Vosejpka，2011），当企业从涉足金融领域实施产融结合获得超额利润时，会直接弱化企业的风险偏好，促使企业缺乏承担高风险投资项目的积极性，降低企业风险承担水平，进而弱化企业研发投入的创新意愿（毛其淋和许家云，2016），抑制企业创新。

因此，本书认为企业参股金融机构进行产融结合，一方面会加剧企业过度投资行为，导致企业投资结构失调，倾向于进行并购等规模扩张行为，进而挤占企业的创新投入，抑制企业创新；另一方面金融行业的高利润回报率会吸引企业偏离主营业务发展，企业经营风险较高，导致企业对创新活动的风险承担水平降低，进而降低企业进行创新的意愿，导致企业创新投入较少，抑制企业创新（Caggese，2012；毛其淋和许家云，2016）。基于此，提出以下假设：

H6－1：产融结合会抑制企业创新。

研究中我们发现企业参股金融机构进行的产融结合会促进企业并购扩张行为。作为企业一种重要的外部扩张投资行为，企业并购需要企业投入大量的资源，对于那些实施并购行为的企业而言，并购会挤占企业的创新投入，使企业不倾向于或无法持续投入资源进行创新，进而抑制企业创新。基于此，提出以下假设：

H6 – 2：企业并购行为的实施会加剧产融结合抑制企业创新的作用。

产业组织理论认为，对于企业来说，与普通投资相比，创新投资具有高风险性（Scherer，1965），那么企业的风险承担水平对企业创新具有重要影响（周明和吴翠青，2017）。企业风险承担水平指企业对风险的应对能力或成功克服风险的可能性，可以反映企业的实力。一般而言，企业往往对自身具有比较清晰的认识，在做出创新投资决策时会考虑企业自身的实力。当企业风险承担水平较低时，企业管理者承担风险的信心和决心较小，企业参股金融机构进行产融结合由于金融行业的高风险性会给企业带来较高的经营风险，进而导致这类企业更不倾向进行高风险的创新投资活动。基于此，我们认为产融结合与企业创新之间的负相关关系在风险承担水平较低的企业更显著，从而提出以下假设：

H6 – 3：企业的风险承担水平会削弱产融结合抑制企业创新的作用，即与风险承担水平较高的企业相比，对于风险承担水平较低的企业，其产融结合与企业创新之间的负相关关系更显著。

现有金融化方面的研究发现，金融业与房地产业的高利润回报吸引越来越多的实体企业投资金融行业或房地产行业，成为"套利型企业"，使一些实体企业的利润逐渐被挤出（王红建和李茫茫等，2016；王红建等，2017）。通过前面的分析，发现虽然我国实体企业参股金融机构进行的产融结合是一种长期行为，但是很多企业的产融结合程度仍较浅，尚未实现实质性的支持实体产业发展的产融结合模式，而这些企业当中不乏存在为了获取金融行业的高利润投资回报的市场套利动机。而实体企业的市场套利动机会严重影响企业的创新意愿，王红建和李茫茫等（2016）、杜勇等（2017）和王红建等（2017）研究均发现，实体企业为分享金融业和房地产业高利润回报的市场套利动机会严重挤出企业的创新投入，抑制企业创新。基于此，本书进一步分析了市场套利动机对产融结合与企业创新之间关系的影响。基于市场套利动机对企业创新的挤出抑制作用，对于市场套利动机不同的企业而言，产融结合与企业创新之间的负相关关系会存在显著性差异。具体而言，若企业的市场套利动机较强，这些企业为获取金融行业的高利润投资回报的动机更强，企业参股金融机构实施产融结合可能对企业来说更多表现为单纯获取投资收益，而不是支持实业发展的长期战略行为，那么企业便会进一步降低企业创新投入以增加企业金融机构的投资来获取更多金融行业的超额利润，因而两者之间的负相关关系更显著。相反，若企业市场套利动机较弱，企业牺牲创新投资来获取高投资收益的动机则更弱。基于此，提出以下假设，以进一步分析市场套利动机对实施产融结合企业的创新投资活动的影响：

H6 - 4：企业市场套利动机会加剧产融结合抑制企业创新的作用，即与市场套利动机较弱的企业相比，对于市场套利动机较强的企业，其产融结合与企业创新之间的负相关关系更显著。

6.3 研究设计

6.3.1 样本选择与数据来源

选择 2007～2014 年中国 A 股上市公司为研究样本，选择 2007 年为起点主要是因为：一是 2007 年中国证监会修订的《公开发行证券的公司信息披露内容与格式准则第 3 号——半年度报告的内容与格式》要求公司半年报中需披露公司持有其他上市公司发行的股票和证券投资情况以及持股非上市金融公司机构、拟上市公司情况，其中包括持股金融机构的类型、比例、金额等数据；二是自 2007 年起，一些数据库（CSMAR 数据库）才相对完整地披露了上市公司参股其他上市公司（包括上市金融机构）的相关数据。本书根据研究需要对原始数据分别做了如下处理：（1）剔除研究主体为金融类的上市公司，以保障研究样本为"由产到融"这一产融结合形式；（2）剔除 ST、PT 类公司，因为这类公司的财务指标等比较异常；（3）剔除财务数据缺失的样本。

数据主要来源于 CSMAR 数据库和 Wind 数据库，其中，上市公司参股上市金融机构数据主要来源于 CSMAR 数据库，通过对"企业对外投资数据"中的其他上市公司股权投资数据的整理，结合上市金融公司名单筛选出非金融类上市公司参股上市金融机构的数据；上市公司参股非上市金融机构的数据主要来源于 Wind 数据库，因为 Wind 数据库自 2005 年开始就相对比较详细地披露了企业参股非上市金融企业数据。企业研发投入数据来源于 Wind 数据库，企业创新产出（专利申请）数据和其他财务数据等主要来源于 CSMAR 数据库。本书使用 Stata 13 对数据进行处理分析。

6.3.2　模型设计

为了验证主要研究假设，借鉴袁建国等（2015）、余明桂等（2016）、黎文靖和郑曼妮（2016）、赵晶和孟维炬（2016）等的研究，构建了以下模型验证 H6 - 1：

$$
\begin{aligned}
R\&D_{it}(Patent_{it}) = {} & \alpha_0 + \alpha_1 Finhold_{it} + \alpha_2 Size_{it} + \alpha_3 Age_{it} + \alpha_4 Lev_{it} \\
& + \alpha_5 CF_{it} + \alpha_6 ROA_{it} + \alpha_7 Tangible_{it} + \alpha_8 BoardSize_{it} \\
& + \alpha_9 Indep_{it} + \alpha_{10} Property_{it} + \alpha_{11} \sum Year \\
& + \alpha_{12} \sum Indcd + \varepsilon \tag{6-1}
\end{aligned}
$$

为了进一步验证 H6 - 2 至 H6 - 4，这里引入了 3 个不同的调节变量（Moderate），分别为企业并购（M&A）、风险承担（Risk）和市场套利动机（Arbitrage），构建以下调节效应模型进行分析：

$$
\begin{aligned}
R\&D_{it}(Patent_{it}) = {} & \alpha_0 + \alpha_1 Finhold_{it} + \alpha_2 Finhold_{it} \times Moderate_{it} \\
& + \alpha_3 Moderate_{it} + \alpha_4 Size_{it} + \alpha_5 Age_{it} + \alpha_6 Lev_{it} + \alpha_7 CF_{it} \\
& + \alpha_8 ROA_{it} + \alpha_9 Tangible_{it} + \alpha_{10} BoardSize_{it} \\
& + \alpha_{11} Indep_{it} + \alpha_{12} Property_{it} + \alpha_{13} \sum Year \\
& + \alpha_{14} \sum Indcd + \varepsilon \tag{6-2}
\end{aligned}
$$

在模型（6 - 1）与模型（6 - 2）中，α_0 为截距项，α_i 为回归模型中各个变量的系数，i 为个体企业，t 为时间，ε 为随机扰动项。创新投入（R&D）和创新产出为被解释变量，分别用研发费用与专利申请来衡量；企业产融结合是解释变量，用企业是否参股金融机构、企业参股金融机构实施产融结合持续时间和企业参股金融机构比例衡量；企业并购、企业风险承担水平和市场套利动机为调节变量，其他变量为控制变量。具体变量定义与衡量方法见表 6 - 1。

6.3.3 变量定义与衡量

1. 被解释变量

当前，国内外研究广泛采用企业创新投入（研发投入强度）和创新产出（企业专利数量）来衡量企业的创新活动（李维安等，2016；王兰芳和胡悦，2017）。因此，本书分别从企业创新投入和产出两个视角来衡量企业创新。

（1）创新投入。目前，现有大多文献将 R&D 投入视作企业最重要的创新投入，借鉴何玉润等（2015）、余明桂等（2016）和李维安等（2016）等的方法分别采用企业研发投入与企业总资产的比率和企业研发投入与企业营业收入的比率来衡量企业的创新投入，由于企业通过财务报表披露的研发投入存在大量缺失值，因此本书借鉴袁建国等（2015）的方法，将没有披露研发投入的企业样本作为缺失值处理，将其删掉。

（2）创新产出。已有文献指出，与研发投入相比，创新产出能够更直观地体现企业的创新水平（Cornaggia et al.，2013；He and Tian，2013；Hsu et al.，2014）。基于数据可获得性，本书借鉴温军和冯根福（2012）、宋建波和文雯（2016）、王兰芳和胡悦（2017）等分别用以下两种指标度量企业创新产出：一是用企业当年申请的发明专利、外观设计和实用新型三种专利数加 1 后取自然对数衡量；二是用企业当年申请发明专利数加 1 后取自然对数衡量。

2. 解释变量

我国实体企业参股或控股的金融机构分为上市金融机构和非上市金融机构。其中，根据 Wind 数据库统计，企业参股的非上市金融机构主要有银行、证券、财务公司、保险公司、信托公司、基金公司和期货公司 7 类，其中，银行、证券和财务公司是企业参股最多的 3 种金融机构；持股的上市金融机构主要为银行、证券 2 种金融机构，其次是保险公司，极少数参股其他类型的上市金融机构。本书在本章构建了 3 种变量衡量企业参股金融机构实施产融结合状况：（1）企业是否参股金融机构，虚拟变量，若实体上市公司参股了金融机构，则为 1，否则为 0。（2）企业参股金融机构实施产融结合的连续期限，本书以 2007 年为基期，不考虑 2007 年之前的产融结合因素，用企业连续参股金融机构进行产融结合的持续期限衡量，样本企业中存在一家公司在不同年度参股金融机构实施产融结合"参股—退出—参股"的情况，本书将退出后重新参股实施产融结合的样本视为重新参股实施产融结合样本，并计算出连续实施产融结合的持续期限。（3）持股金融机构比例，在本章的分析中，由于一家实体上市公司可能在同一年度参股几家不同金融机构的情况，因此，本章的回归分析中保留了实体上市公司同一年度对金融机构的最大持股比例，来衡量企业持股金融机构比例。

3. 调节变量

企业并购（M&A），用企业当年实施的并购次数衡量。

企业风险承担水平（Risk），已有研究主要采用企业盈利的波动性（即 ROA 的标准差）来衡量（John et al.，2008；李文贵和余明桂，2012），因此，本书也主要采用企业每一段时间内 ROA 的波动性来衡量企业风险承担水平，即 σ（ROA）。σ（ROA）表示企业在 t − 2 期至 t + 2 期的风险承担水平，ROA 为企业相应年度的息税前利润（EBIT）与年末总资产的比值。为了消除行业异质性带来的噪音影响，本书首先对企业每一年的 ROA 采用行业平均值进行调整，然后再计算企业在每一观测时段内经行业调整的 ROA 的标准差，即计算公式为：

$$\text{Risk}_i = \sqrt{\frac{1}{N-1}\sum_{n=1}^{N}\left(\text{ADJ\_ROA}_{in} - \frac{1}{N}\sum_{n=1}^{N}\text{ADJ\_ROA}_{in}\right)^2} \mid N = 5$$

其中，经行业调整的 ROA（ADJ_ROA）的计算公式为

$$\text{ADJ\_ROA}_{in} = \frac{\text{EBIT}_{in}}{\text{Asset}_{in}} - \frac{1}{X}\sum_{k=1}^{X}\frac{\text{EBIT}_{kn}}{\text{Asset}_{kn}}$$

其中，i 代表企业，n 代表在观测时段内的年度，取值 1～5，X 代表某行业的企业总数量，k 代表该行业的第 k 家企业。

企业市场套利动机（Arbitrage），借鉴王红建等（2017）的研究，本章以投资收益占净利润之比来表示企业套利动机强弱，该指标值越大，说

明企业的市场套利动机越强。

4. 控制变量

借鉴袁建国等（2015）、余明桂等（2016）、黎文靖和郑曼妮（2016）等的研究，本章控制了其他影响企业创新的关键因素变量，如企业规模、企业年龄、企业盈利能力、财务杠杆、现金流量、董事会规模及独立董事比例和产权性质等变量，具体变量定义及其衡量见表6-1。

表6-1   变量定义与衡量

变量名称		变量代码	变量定义
被解释变量	创新投入	R&D	主要用企业研发投入与企业总资产的比率，同时也进一步采用企业研发投入与企业营业收入的比率替代衡量
	创新产出	Patent	主要用企业当年申请的发明专利、外观设计和实用新型三种专利数加1后取自然对数，进一步分析用企业当年申请发明专利数加1后取自然对数衡量
解释变量	产融结合	Finhold	主要用企业是否参股金融机构衡量，在假设H6-1的分析中，进一步采用企业参股金融机构实施产融结合的连续期限和企业持股金融机构最大比例衡量
调节变量	并购	M&A	用企业当年实施并购的次数
	风险承担	Risk	企业盈利的波动性（即ROA的标准差）
	市场套利动机	Arbitrage	用投资收益占净利润之比衡量，该值越大，说明企业的市场套利动机越强
控制变量	企业规模	Size	企业年末总资产的自然对数
	企业年龄	Age	企业成立年限
	财务杠杆	Lev	资产负债率
	现金流量	CF	经营活动现金流量净额除以期末总资产
	盈利能力	ROA	总资产收益率
	固定资产比例	Tangible	固定资产净值/总资产
	董事会规模	BoardSize	董事会董事人数
	独立董事比例	Indep	独立董事占董事会总人数的比例
	年度	Year	年度虚拟变量
	行业	Indcd	行业虚拟变量

6.4 实证结果与分析

6.4.1 描述性统计

从表6-2中结果可以发现，我国实体企业参股金融机构的平均比例为24.1%，这与黎文靖和李茫茫（2017）的统计分布比较一致。从创新投入指标来看，企业研发投入与企业总资产比率（R&D1）的均值为0.0184，中位数为0.0145，标准差为0.0198；研发投入与营业收入比率（R&D2）的均值为0.0349，中位数为0.0273，标准差为0.0522，说明我国实体企业的创新投入行为差异较大。从企业创新产出来看，企业专利申请总数（Patent1）的均值为2.5810，中位数为2.6390，标准差为1.5580；企业发明专利申请数（Patent2）的均值为1.7790，中位数为1.6090，标准差为1.4190，说明企业的创新产出行为差异也比较大，且与创新质量水平较高的发明专利相比较，创新质量较低的外观设计与实用新型设计较多。

表6-2　　　　　　　　　　主要变量的描述性统计

变量	样本量	均值	最小值	最大值	标准差	中位数
Finhold1	8577	0.2410	0.0000	1.0000	0.4280	0.0000
Finhold2	8577	1.0010	0.0000	8.0000	2.0820	0.0000
Finhold3	8577	0.0173	0.0000	1.0000	0.0679	0.0000
R&D1	8577	0.0184	0.0000	0.4100	0.0198	0.0145
R&D2	8577	0.0349	0.0000	1.6940	0.0522	0.0273
Patent1	8577	2.5810	0.0000	8.7200	1.5580	2.6390
Patent2	8577	1.7790	0.0000	8.6370	1.4190	1.6090
M&A	8577	0.4090	0.0000	5.0000	0.9140	0.0000
Arbitrage	8577	0.2410	−0.9110	6.1480	0.8240	0.0113
Risk	8577	0.0801	0.0029	2.2980	0.1880	0.0290
Size	8577	21.8100	17.4300	28.0000	1.2380	21.6100
Age	8577	1.9500	0.6930	3.2190	0.7440	2.0790

变量	样本量	均值	最小值	最大值	标准差	中位数
Lev	8577	0.4280	0.0075	3.8730	0.2260	0.4200
CF	8577	0.0422	-1.9380	0.7280	0.0778	0.0406
ROA	8577	0.0421	-3.9940	2.6370	0.0891	0.0383
Tangible	8577	0.2360	0.0000	0.9200	0.1500	0.2070
BoardSize	8577	8.8870	4.0000	18.0000	1.7540	9.0000
Indep	8577	0.3700	0.0909	0.7140	0.0541	0.3330
Property	8577	0.4177	0.0000	1.0000	0.4932	0.0000

表 6-3 报告了主要变量的 Pearson 相关性检验结果。从相关系数表可以看到，在不考虑其他因素的情况下，企业是否参股金融机构实施产融结合与企业创新投入和创新产出显著负相关，企业参股金融机构实施产融结合的连续期限与企业创新投入和创新产出显著负相关，企业参股金融机构最大持股比例与企业创新投入和创新产出显著负相关，说明我国企业产融结合抑制了企业的创新投入与创新产出，即实体企业参股金融机构进行的产融结合会抑制企业创新，在一定程度上支持了 H6-1。

6.4.2　回归分析

本书采用模型（6-1）进行估计，检验企业参股金融机构实施产融结合对企业创新投入与创新产出的影响。表 6-4 报告了企业参股金融机构实施产融结合与企业创新投入的回归结果，从表 6-4 中可以看到，企业是否参股金融机构（Finhold1）对企业研发投入与总资产的比率（R&D1）和企业研发投入与营业收入的比率（R&D2）的回归系数为 -0.00237（1% 水平显著）和 -0.00481（1% 水平显著），说明企业参股金融机构实施产融结合会抑制企业的创新投入，支持了 H6-1；企业参股金融机构连续实施产融结合的最大持续期限（Finhold2）对企业研发投入与总资产的比率（R&D1）和企业研发投入与营业收入的比率（R&D2）的回归系数为 -0.000352（1% 水平显著）和 -0.000772（1% 水平显著），说明企业连续实施产融结合期限越长，企业参股金融机构越会抑制企业创新投入，支持

表6-3

主要变量相关系数

变量	Finhold1	Finhold2	Finhold3	R&D1	R&D2	Patent1	Patent2	Size	Age	Lev	CF	ROA
Finhold1	1											
Finhold2	0.823***	1										
Finhold3	0.414***	0.356***	1									
R&D1	-0.146***	-0.120***	-0.095***	1								
R&D2	-0.147***	-0.126***	-0.090***	0.717***	1							
Patent1	-0.143***	-0.127***	-0.071***	0.229***	0.183***	1						
Patent2	-0.122***	-0.104***	-0.062***	0.267***	0.223***	0.915***	1					
Size	0.293***	0.297***	0.251***	-0.201***	-0.211***	-0.030***	0.012	1				
Age	0.265***	0.298***	0.124***	-0.164***	-0.218***	-0.309***	-0.247***	0.227***	1			
Lev	-0.003	-0.001	0.002	-0.228***	-0.308***	-0.039***	-0.037***	-0.130***	0.070***	1		
CF	0.001	-0.001	0.002	0.087***	0.008	-0.003	-0.001	-0.015*	0.007	0.01	1	
ROA	-0.005	-0.004	-0.002	0.116***	0.048***	-0.006	-0.005	-0.065***	0.003	0.489***	0.003	1

注：***、**和*分别表示在1%、5%和10%的水平上显著。

了 H6 - 1，同样说明了企业参股金融机构实施产融结合会抑制企业创新投入；企业参股金融机构的最大持股比例（Finhold3）对企业研发投入与总资产的比率（R&D1）和企业研发投入与营业收入的比率（R&D2）的回归系数为 - 0.00507（5%水平显著）和 - 0.00962（5%水平显著），说明企业对金融机构的持股比例越大，企业的创新投入越少，支持了 H6 - 1，也进一步说明了企业参股金融机构实施产融结合会抑制企业的创新投入。因此，总的来说，表 6 - 4 的回归结果表明了企业参股金融机构实施产融结合会抑制企业创新投入，支持了 H6 - 1。

表 6 - 4　　　　　　　　实体企业产融结合与企业创新投入

变量	R&D1	R&D1	R&D1	R&D2	R&D2	R&D2
Finhold1	- 0.00237 *** (- 4.96)			- 0.00481 *** (- 5.77)		
Finhold2		- 0.000352 *** (- 3.51)			- 0.000772 *** (- 4.42)	
Finhold3			- 0.00507 ** (- 2.53)			- 0.00962 ** (- 2.51)
Size	- 0.000605 *** (- 2.95)	- 0.000686 *** (- 3.36)	- 0.000741 *** (- 3.36)	- 0.00130 *** (- 3.64)	- 0.00144 *** (- 4.06)	- 0.00127 *** (- 2.79)
Age	- 0.00254 *** (- 7.63)	- 0.00258 *** (- 7.71)	- 0.00281 *** (- 7.74)	- 0.00808 *** (- 13.96)	- 0.00813 *** (- 13.93)	- 0.00864 *** (- 11.91)
Lev	- 0.00577 *** (- 5.26)	- 0.00570 *** (- 5.19)	- 0.00564 *** (- 3.58)	- 0.0329 *** (- 17.23)	- 0.0328 *** (- 17.14)	- 0.0383 *** (- 11.71)
CF	0.0196 *** (6.94)	0.0197 *** (6.99)	0.0198 *** (5.16)	0.0130 *** (2.64)	0.0134 *** (2.71)	0.0135 * (1.87)
ROA	0.00379 (1.51)	0.00387 (1.54)	0.00389 (0.41)	0.0183 *** (4.20)	0.0182 *** (4.16)	0.0298 *** (2.86)
Tangible	- 0.0149 *** (- 10.18)	- 0.0148 *** (- 10.10)	- 0.0145 *** (- 8.74)	- 0.0343 *** (- 13.42)	- 0.0341 *** (- 13.35)	- 0.0353 *** (- 10.18)
BoardSize	0.000292 ** (2.27)	0.000295 ** (2.29)	0.000289 * (1.74)	0.0000602 (0.27)	0.0000674 (0.30)	- 0.0000791 (- 0.23)
Indep	0.00103 (0.27)	0.00101 (0.26)	0.000847 (0.25)	0.0129 * (1.92)	0.0129 * (1.92)	0.00845 (1.00)

变量	R&D1	R&D1	R&D1	R&D2	R&D2	R&D2
Property	0.000279 (0.58)	0.000301 (0.63)	0.000285 (0.48)	0.000786 (0.94)	0.000830 (0.99)	0.00136 (1.08)
Constant	0.0242 *** (5.29)	0.0252 *** (5.50)	0.0266 *** (6.11)	0.0669 *** (8.39)	0.0684 *** (8.56)	0.0801 *** (7.45)
Year	控制	控制	控制	控制	控制	控制
Indcd	控制	控制	控制	控制	控制	控制
N	8577	8577	8577	8577	8577	8577
adj. R^2	0.224	0.222	0.222	0.366	0.365	0.232

注: *** 、 ** 和 * 分别表示在1% 、5% 和10% 的水平上显著; 括号内为 t 值。

基于企业参股金融机构实施产融结合会抑制企业的创新投入, 本章进一步分析了企业产融结合对企业创新产出的影响。从表 6 – 5 的回归结果可以看到, 企业是否参股金融机构对企业申请发明专利、外观设计和实用新型三种专利数和企业申请发明专利数的回归系数为 – 0.139 (1% 水平上显著) 和 – 0.157 (1% 水平上显著), 说明企业参股金融机构实施产融结合会抑制企业的创新产出, 支持了 H6 – 1; 企业参股金融机构连续实施产融结合的最大持续期限对企业申请发明专利、外观设计和实用新型三种专利数和企业申请发明专利数的回归系数为 – 0.0268 (1% 水平上显著) 和 – 0.0282 (1% 水平上显著), 说明企业连续实施的产融结合期限越长, 企业参股金融机构越会抑制企业创新产出, 支持了 H6 – 1, 同样说明了企业参股金融机构实施产融结合会抑制企业创新产出; 企业参股金融机构的最大持股比例对企业申请发明专利、外观设计和实用新型三种专利数和企业申请发明专利数的回归系数为 – 1.657 (1% 水平上显著) 和 – 1.693 (1% 水平上显著), 说明企业对金融机构的持股比例越大, 企业的创新产出越少, 支持了 H6 – 1, 也进一步说明了企业参股金融机构实施产融结合会抑制企业的创新产出。可见, 总的来说, 表 6 – 5 的回归结果表明了企业参股金融机构实施产融结合会抑制企业创新产出, 支持了 H6 – 1。因此, 表 6 – 4 和表 6 – 5 的结果均验证了 H6 – 1。

表 6 – 5　　　　　　　　实体企业产融结合与企业创新产出

变量	Patent1	Patent1	Patent1	Patent2	Patent2	Patent2
Finhold1	– 0. 139 *** (– 3. 63)			– 0. 157 *** (– 4. 46)		
Finhold2		– 0. 0268 *** (– 3. 24)			– 0. 0282 *** (– 3. 68)	
Finhold3			– 1. 657 *** (– 4. 16)			– 1. 693 *** (– 5. 26)
Size	0. 638 *** (34. 73)	0. 636 *** (34. 73)	0. 645 *** (34. 88)	0. 591 *** (34. 05)	0. 587 *** (33. 97)	0. 596 *** (40. 11)
Age	– 0. 160 *** (– 6. 21)	– 0. 158 *** (– 6. 08)	– 0. 168 *** (– 6. 63)	– 0. 136 *** (– 5. 80)	– 0. 135 *** (– 5. 72)	– 0. 145 *** (– 6. 18)
Lev	– 0. 178 ** (– 2. 01)	– 0. 178 ** (– 2. 00)	– 0. 184 ** (– 2. 07)	– 0. 264 *** (– 3. 21)	– 0. 263 *** (– 3. 18)	– 0. 268 *** (– 3. 34)
CF	0. 569 ** (2. 45)	0. 577 ** (2. 49)	0. 566 ** (2. 45)	0. 586 *** (2. 95)	0. 596 *** (3. 00)	0. 585 *** (2. 89)
ROA	0. 463 ** (1. 98)	0. 465 ** (1. 98)	0. 451 * (1. 94)	0. 376 * (1. 66)	0. 379 * (1. 66)	0. 365 ** (2. 06)
Tangible	– 1. 840 *** (– 14. 67)	– 1. 841 *** (– 14. 68)	– 1. 821 *** (– 14. 55)	– 1. 426 *** (– 12. 72)	– 1. 425 *** (– 12. 72)	– 1. 405 *** (– 13. 31)
BoardSize	0. 00276 (0. 25)	0. 00321 (0. 29)	0. 00394 (0. 36)	0. 0279 *** (2. 75)	0. 0283 *** (2. 79)	0. 0290 *** (3. 13)
Indep	0. 411 (1. 33)	0. 415 (1. 35)	0. 424 (1. 38)	0. 595 ** (2. 09)	0. 599 ** (2. 10)	0. 607 ** (2. 22)
Property	– 0. 0341 (– 0. 90)	– 0. 0330 (– 0. 87)	– 0. 0388 (– 1. 03)	0. 0793 ** (2. 29)	0. 0805 ** (2. 32)	0. 0746 ** (2. 18)
Constant	– 12. 16 *** (– 29. 71)	– 12. 16 *** (– 29. 57)	– 12. 32 *** (– 29. 88)	– 12. 07 *** (– 31. 00)	– 12. 04 *** (– 30. 80)	– 12. 20 *** (– 36. 52)
Year	控制	控制	控制	控制	控制	控制
Indcd	控制	控制	控制	控制	控制	控制
N	8577	8577	8577	8577	8577	8577
adj. R^2	0. 265	0. 265	0. 265	0. 263	0. 262	0. 263

注：*** 、** 和 * 分别表示在1%、5%和10%的水平上显著；括号内为 t 值。

基于模型（6－2），本章分别引入了企业并购实施、风险承担水平和市场套利动机三个调节变量以进一步分析验证实体企业参股金融机构实施产融结合对企业创新的抑制作用。表6－6报告了企业并购实施对企业产融结合与创新之间关系的影响，从表6－6可以看到，对于两种不同的创新投入指标和两种不同的创新产出指标，企业当年并购实施次数与产融结合的交乘项均为负显著，说明企业的并购扩张会影响企业产融结合与企业创新之间的关系，即企业当年实施的并购扩张越多，企业参股金融机构实施产融结合越会抑制企业创新投入和创新产出，这在一定程度上说明企业的并购扩张会挤出实施产融结合企业的创新投入，抑制企业创新，验证了H6－2。表6－7报告了企业风险承担水平对企业产融结合与创新之间关系的影响，从回归结果中可以看到，企业风险承担水平与企业产融结合的交乘项均为正显著，说明对于风险承担水平越低的企业而言，企业参股金融机构实施产融结合越会抑制企业创新，验证了H6－3。同理，表6－8报告了企业市场套利对产融结合与企业创新之间关系的影响，从回归结果中可以看到，对于四种不同的创新指标，企业市场套利与产融结合的交乘项都是显著为负的，说明企业市场套利越多，企业参股金融机构实施产融结合越会抑制企业创新，这在一定程度上表明参股金融机构实施产融结合的企业可能会因实体企业对金融行业高回报的逐利而挤出企业的创新投入，验证了H6－4。

表6－6　　　　　　　实体企业产融结合、并购实施与企业创新

变量	R&D1	R&D2	Patent1	Patent2
Finhold1	－0.00239 ***	－0.00343 ***	－0.208 ***	－0.173 ***
	（－5.82）	（－5.32）	（－6.64）	（－6.82）
Finhold1 × M&A	－0.000672 **	－0.000962 **	－0.0570 *	－0.0612 **
	（－2.33）	（－1.97）	（－1.87）	（－2.47）
M&A	－0.000165	－0.000307	－0.00905	－0.00301
	（－1.23）	（－0.92）	（－0.65）	（－0.27）
Size	－0.000573 ***	－0.00191 ***	0.0317 ***	0.0549 ***
	（－3.57）	（－7.46）	（2.91）	（6.19）
Age	－0.00234 ***	－0.00727 ***	－0.509 ***	－0.334 ***
	（－10.89）	（－16.94）	（－32.18）	（－25.92）

变量	R&D1	R&D2	Patent1	Patent2
Lev	−0.00316 ***	−0.0169 ***	−0.000711	−0.000835
	(−4.43)	(−14.03)	(−0.15)	(−0.21)
CF	0.0176 ***	0.00762 *	−0.00158	0.00428
	(9.60)	(1.87)	(−0.07)	(0.25)
ROA	0.00162 ***	0.0217 ***	1.576 ***	1.270 ***
	(7.55)	(2.87)	(7.78)	(7.71)
Tangible	−0.0142 ***	−0.0275 ***	−0.260 ***	−0.281 ***
	(−12.49)	(−14.58)	(−3.62)	(−4.80)
BoardSize	0.0000567	−0.0000130	−0.0235 ***	−0.00938
	(0.55)	(−0.08)	(−2.96)	(−1.45)
Indep	−0.00102	0.0128 ***	−0.350	−0.248
	(−0.33)	(2.63)	(−1.42)	(−1.24)
Property	0.000394	0.000681	−0.295 ***	−0.146 ***
	(1.03)	(1.11)	(−10.10)	(−6.12)
Constant	0.0205 ***	0.0667 ***	1.478 ***	0.164
	(5.68)	(11.83)	(6.32)	(0.86)
Year	控制	控制	控制	控制
Indcd	控制	控制	控制	控制
N	8577	8577	8577	8577
adj. R^2	0.260	0.393	0.186	0.135

注：***、**和*分别表示在1%、5%和10%的水平上显著；括号内为 t 值。

表6-7　　　　实体企业产融结合、风险承担与企业创新

变量	R&D1	R&D2	Patent1	Paten2
Finhold	−0.00282 ***	−0.00433 ***	−0.104 **	−0.206 ***
	(−7.18)	(−6.88)	(−2.34)	(−3.69)
Finhold × Risk	0.000934 **	0.00170 **	0.0513 *	1.740 ***
	(1.98)	(2.22)	(1.69)	(2.71)
Risk	0.000258 *	0.000552 **	0.00720	0.181 **
	(1.86)	(2.03)	(0.08)	(2.45)
Size	−0.000572 ***	−0.00129 ***	0.504 ***	0.440 ***
	(−3.50)	(−4.86)	(27.73)	(18.72)

产融结合与企业投资行为研究

变量	R&D1	R&D2	Patent1	Paten2
Age	−0.00231 ***	−0.00745 ***	−0.180 ***	−0.221 ***
	(−10.53)	(−17.13)	(−8.39)	(−11.50)
Lev	−0.00319 ***	−0.0251 ***	0.0285 ***	0.00713
	(−4.34)	(−18.11)	(2.94)	(1.32)
CF	0.0175 ***	0.00372	0.109 ***	0.0677 ***
	(9.37)	(1.10)	(4.40)	(5.36)
ROA	0.00159 ***	−0.0000688	0.0645 ***	0.0440 ***
	(7.12)	(−0.32)	(4.99)	(7.46)
Tangible	−0.0146 ***	−0.0279 ***	−1.826 ***	−0.967 ***
	(−12.52)	(−14.76)	(−15.19)	(−8.39)
BoardSize	0.0000800	−0.0000399	0.00478	0.00685
	(0.76)	(−0.24)	(0.42)	(0.55)
Indep	−0.000789	0.0117 **	0.0862	0.166
	(−0.25)	(2.31)	(0.26)	(0.47)
Property	0.000438	0.000685	−0.0491	0.0669
	(1.13)	(1.09)	(−1.17)	(1.60)
Constant	0.0210 ***	0.0584 ***	−9.290 ***	−7.975 ***
	(5.67)	(9.78)	(−23.09)	(−15.82)
Year	控制	控制	控制	控制
Indcd	控制	控制	控制	控制
N	8577	8577	8577	8577
adj. R²	0.259	0.398	0.262	0.148

注：***、** 和 * 分别表示在1%、5%和10%的水平上显著；括号内为 t 值。

表6-8　　　　实体企业产融结合、市场套利与企业创新

变量	R&D1	R&D2	Patent1	Patent2
Finhold1	−0.00203 ***	−0.00343 ***	−0.0784 *	−0.0769 **
	(−4.81)	(−6.19)	(−1.82)	(−2.03)
Finhold1 × Arbitrage	−0.00169 ***	−0.00143 **	−0.0862 *	−0.0909 **
	(−2.91)	(−2.23)	(−1.75)	(−2.21)
Arbitrage	−0.000490 ***	−0.000958 ***	−0.00254	−0.00718 ***
	(−3.26)	(−2.99)	(−1.29)	(−3.31)

变量	R&D1	R&D2	Patent1	Patent2
Size	−0.000534 ***	−0.00123 ***	0.588 ***	0.474 ***
	(−2.94)	(−4.63)	(35.14)	(33.65)
Age	−0.00267 ***	−0.00698 ***	−0.0225	−0.000556
	(−8.77)	(−16.25)	(−1.09)	(−0.03)
Lev	−0.00530 ***	−0.0245 ***	0.00299	−0.000405
	(−3.93)	(−13.17)	(0.27)	(−0.05)
CF	0.0175 ***	0.00425	0.0329 ***	0.0315 ***
	(5.59)	(1.22)	(2.76)	(3.33)
ROA	0.00487	−0.00757	0.00240	0.00252 *
	(0.62)	(−1.16)	(1.34)	(1.89)
Tangible	−0.0146 ***	−0.0274 ***	−0.781 ***	−0.666 ***
	(−11.19)	(−14.76)	(−6.19)	(−6.40)
BoardSize	0.000129	−0.0000340	0.00532	0.0133
	(1.07)	(−0.21)	(0.51)	(1.49)
Indep	0.000184	0.0106 **	0.0526	−0.0502
	(0.06)	(2.31)	(0.17)	(−0.19)
Property	0.000650	0.000459	−0.250 ***	−0.118 ***
	(1.48)	(0.75)	(−6.54)	(−3.54)
Constant	0.0222 ***	0.0567 ***	−11.34 ***	−9.405 ***
	(5.75)	(10.06)	(−28.21)	(−27.12)
Year	控制	控制	控制	控制
Indcd	控制	控制	控制	控制
N	8577	8577	8577	8577
adj. R^2	0.265	0.400	0.341	0.262

注：*** 、** 和 * 分别表示在1%、5%和10%的水平上显著；括号内为 t 值。

6.5　稳健性检验

为了保证研究结论的可靠性和有效性，本章进行了以下稳健性测试。

6.5.1 倾向性得分配对（PSM）方法

考虑到样本中未实施产融结合的企业样本比较多于实施产融结合企业的样本，同时为了避免因截面上市公司的内在特征而不是产融结合决策所产生的对企业创新后果的影响和样本选择偏差与内生性等问题，借鉴黎文靖和李茫茫（2017），本章使用了倾向性得分配对（PSM）方法，对样本进行匹配，本章选用了公司规模、财务杠杆、盈利能力、成长性、经营活动净现金流、第一大股东持股比例作为配对标准，控制年度和行业，使用 0.005 的半径进行配对，得到配对样本后再进行回归检验，详见表 6 – 9、表 6 – 10、表 6 – 11、表 6 – 12 和表 6 – 13，与主体结论一致。

从表 6 – 9 和表 6 – 10 的回归结果可以看到，无论是创新投入还是创新产出，企业是否参股金融机构、企业参股金融机构连续实施产融结合的持续期限和企业对金融机构的最大持股比例与企业创新均为负显著，与之前的主体结论一致，说明企业参股金融机构实施产融结合会抑制企业创新，验证了 H6 – 1。从表 6 – 11、表 6 – 12 和表 6 – 13 的结果中可以看到，企业并购实施和市场套利均会增强企业产融结合对企业创新投入和创新产出的抑制作用，企业风险承担水平会弱化企业产融结合对企业创新投入和创新产出的抑制作用，与主体结论一致，在一定程度上说明企业的并购扩张会挤出实施产融结合企业的创新投入，抑制企业创新，验证了 H6 – 2；参股金融机构实施产融结合的企业可能会因投资金融所带来的高经营风险而降低风险承担水平，进而不愿意进行企业创新，验证了 H6 – 3；于参股金融机构实施产融结合的企业而言，市场套利动机越强的企业越会抑制企业创新，验证了 H6 – 4。

表 6 – 9　　　　　实体企业产融结合与企业创新投入（PSM）

变量	R&D1	R&D1	R&D1	R&D2	R&D2	R&D2
Finhold1	– 0. 00204 ***			– 0. 00458 ***		
	（– 3. 39）			（– 3. 83）		

变量	R&D1	R&D1	R&D1	R&D2	R&D2	R&D2
Finhold2		− 0. 000242 **			− 0. 000614 ***	
		(− 2. 00)			(− 2. 85)	
Finhold3			− 0. 00387 *			− 0. 00864 **
			(− 1. 70)			(− 1. 99)
Size	− 0. 000843 ***	− 0. 000866 ***	− 0. 000545 *	− 0. 00114 ***	− 0. 00119 ***	− 0. 00111 ***
	(− 2. 88)	(− 2. 96)	(− 1. 96)	(− 2. 73)	(− 2. 83)	(− 2. 59)
Age	− 0. 00190 ***	− 0. 00192 ***	− 0. 00169 ***	− 0. 00627 ***	− 0. 00622 ***	− 0. 00691 ***
	(− 3. 66)	(− 3. 58)	(− 4. 05)	(− 6. 81)	(− 6. 81)	(− 7. 04)
Lev	− 0. 00432 **	− 0. 00415 **	− 0. 00624 ***	− 0. 0305 ***	− 0. 0301 ***	− 0. 0299 ***
	(− 2. 32)	(− 2. 23)	(− 4. 05)	(− 8. 46)	(− 8. 37)	(− 8. 36)
CF	0. 0117 **	0. 0118 **	0. 0184 ***	− 0. 00937	− 0. 00904	– 0. 00909
	(2. 50)	(2. 52)	(3. 63)	(− 0. 61)	(− 0. 59)	(− 0. 60)
ROA	0. 0309 ***	0. 0313 ***	0. 00786	− 0. 0121	− 0. 0113	− 0. 0109
	(5. 02)	(5. 08)	(1. 27)	(− 0. 84)	(− 0. 80)	(− 0. 79)
Tangible	− 0. 0147 ***	− 0. 0146 ***	− 0. 0158 ***	− 0. 0295 ***	− 0. 0293 ***	− 0. 0283 ***
	(− 6. 69)	(− 6. 61)	(− 8. 16)	(− 7. 15)	(− 7. 19)	(− 7. 04)
BoardSize	0. 000548 ***	0. 000554 ***	0. 000527 **	0. 000370	0. 000386	0. 000372
	(3. 13)	(3. 16)	(2. 20)	(1. 05)	(1. 10)	(1. 06)
Indep	− 0. 00326	− 0. 00360	− 0. 00451	0. 00197	0. 00134	0. 0000214
	(− 0. 58)	(− 0. 63)	(− 1. 01)	(0. 23)	(0. 16)	(0. 00)
Property	− 0. 0000753	0. 0000293	− 0. 000343	− 0. 000686	− 0. 000476	− 0. 000392
	(− 0. 11)	(0. 04)	(− 0. 44)	(− 0. 44)	(− 0. 31)	(− 0. 25)
Constant	0. 0259 ***	0. 0250 ***	0. 0202 ***	0. 0705 ***	0. 0683 ***	0. 0677 ***
	(4. 01)	(3. 87)	(3. 47)	(5. 14)	(4. 97)	(5. 18)
Year	控制	控制	控制	控制	控制	控制
Indcd	控制	控制	控制	控制	控制	控制
N	3529	3529	3529	3529	3529	3529
adj. R^2	0. 227	0. 226	0. 219	0. 212	0. 210	0. 209

注：*** 、** 和 * 分别表示在 1% 、5% 和 10% 的水平上显著；括号内为 t 值。

产融结合与企业投资行为研究

166

表 6 – 10　　　　　　　实体企业产融结合与企业创新产出（PSM）

变量	Patent1	Patent1	Patent1	Patent2	Patent2	Patent2
Finhold1	− 0. 133 ** (− 2. 13)			− 0. 175 *** (− 3. 06)		
Finhold2		− 0. 0346 ** (− 2. 45)			− 0. 0343 *** (− 2. 63)	
Finhold3			− 3. 332 *** (− 2. 91)			− 1. 662 * (− 1. 78)
Size	0. 598 *** (19. 16)	0. 597 *** (19. 16)	0. 533 *** (15. 26)	0. 531 *** (15. 66)	0. 530 *** (15. 63)	0. 537 *** (18. 93)
Age	− 0. 00704 (− 1. 04)	− 0. 00536 (− 0. 77)	− 0. 0300 *** (− 4. 17)	− 0. 00383 (− 0. 64)	− 0. 00313 (− 0. 51)	− 0. 00709 (− 1. 19)
Lev	− 0. 0118 (− 0. 14)	− 0. 00639 (− 0. 08)	− 0. 114 (− 1. 10)	− 0. 0174 (− 0. 51)	− 0. 0104 (− 0. 30)	− 0. 00906 (− 0. 12)
CF	0. 513 (1. 25)	0. 548 (1. 33)	1. 144 ** (2. 52)	0. 621 * (1. 77)	0. 661 * (1. 88)	0. 667 * (1. 81)
ROA	0. 637 ** (1. 97)	0. 633 * (1. 96)	0. 940 *** (2. 67)	0. 345 * (1. 91)	0. 338 * (1. 86)	0. 328 (1. 13)
Tangible	− 1. 926 *** (− 8. 38)	− 1. 951 *** (− 8. 47)	− 1. 435 *** (− 6. 18)	− 1. 363 *** (− 6. 38)	− 1. 381 *** (− 6. 46)	− 1. 349 *** (− 6. 55)
BoardSize	0. 0194 (1. 02)	0. 0205 (1. 08)	0. 0212 (1. 01)	0. 0223 (1. 22)	0. 0230 (1. 26)	0. 0219 (1. 29)
Indep	0. 440 (0. 74)	0. 408 (0. 68)	1. 386 ** (2. 00)	0. 664 (1. 18)	0. 637 (1. 13)	0. 649 (1. 21)
Property	− 0. 288 *** (− 4. 13)	− 0. 278 *** (− 4. 00)	− 0. 377 *** (− 4. 90)	− 0. 153 ** (− 2. 53)	− 0. 141 ** (− 2. 34)	− 0. 147 ** (− 2. 35)
Constant	− 11. 79 *** (− 17. 03)	− 11. 87 *** (− 17. 14)	− 9. 627 *** (− 12. 94)	− 10. 99 *** (− 14. 71)	− 11. 07 *** (− 14. 73)	− 11. 18 *** (− 17. 82)
Year	控制	控制	控制	控制	控制	控制
Indcd	控制	控制	控制	控制	控制	控制
N	2151	2151	2151	2151	2151	2151
adj. R^2	0. 335	0. 335	0. 329	0. 295	0. 294	0. 292

注：***、** 和 * 分别表示在 1%、5% 和 10% 的水平上显著；括号内为 t 值。

表 6 – 11　　实体企业产融结合、并购实施与企业创新（PSM）

变量	R&D1	R&D2	Patent1	Patent2
Finhold1	− 0. 00173 ***	− 0. 00323 ***	− 0. 118 *	− 0. 127 **
	(− 3. 73)	(− 5. 02)	(− 1. 67)	(− 1. 97)
Finhold1 × M&A	− 0. 000611 **	− 0. 000853 **	− 0. 116 *	− 0. 114 **
	(− 2. 30)	(− 2. 10)	(− 1. 68)	(− 2. 11)
M&A	− 0. 000371 *	− 0. 000247	− 0. 0165	− 0. 0474
	(− 1. 88)	(− 0. 60)	(− 0. 45)	(− 1. 41)
Size	− 0. 000351	− 0. 00147 ***	0. 449 ***	0. 451 ***
	(− 1. 63)	(− 5. 09)	(12. 92)	(13. 96)
Age	− 0. 00181 ***	− 0. 00537 ***	− 0. 215 ***	− 0. 172 ***
	(− 5. 60)	(− 10. 06)	(− 4. 56)	(− 3. 97)
Lev	− 0. 00629 ***	− 0. 0142 ***	− 0. 269 **	− 0. 169
	(− 4. 80)	(− 9. 44)	(− 2. 29)	(− 1. 51)
CF	0. 0145 ***	0. 00968 **	0. 638	0. 586
	(4. 52)	(2. 39)	(1. 39)	(1. 33)
ROA	0. 00678 **	0. 000753 *	0. 244	0. 901
	(2. 16)	(1. 81)	(0. 59)	(1. 37)
Tangible	− 0. 0138 ***	− 0. 0226 ***	− 1. 449 ***	− 1. 202 ***
	(− 8. 58)	(− 10. 38)	(− 6. 36)	(− 5. 65)
BoardSize	0. 000233 *	0. 000132	− 0. 00881	0. 00568
	(1. 79)	(0. 73)	(− 0. 42)	(0. 30)
Indep	− 0. 00568	0. 00514	− 0. 0502	0. 354
	(− 1. 35)	(0. 90)	(− 0. 08)	(0. 61)
Property	− 0. 0000280	− 0. 000271	− 0. 216 ***	− 0. 0778
	(− 0. 05)	(− 0. 38)	(− 2. 71)	(− 1. 07)
Constant	0. 0179 ***	0. 0551 ***	− 6. 699 ***	− 8. 007 ***
	(3. 77)	(8. 51)	(− 9. 26)	(− 12. 05)
Year	控制	控制	控制	控制
Indcd	控制	控制	控制	控制
N	3529	3529	2151	2151
adj. R^2	0. 250	0. 347	0. 125	0. 141

注：*** 、** 和 * 分别表示在 1% 、5% 和 10% 的水平上显著；括号内为 t 值。

表 6 – 12　　　　　实体企业产融结合、风险承担与企业创新（PSM）

变量	R&D1	R&D2	Patent1	Patent2
Finhold	− 0. 00225 ***	− 0. 00454 ***	− 0. 228 ***	− 0. 246 ***
	（ − 4. 96 ）	（ − 6. 41 ）	（ − 7. 38 ）	（ − 3. 50 ）
Finhold × Risk	0. 000730 *	0. 00235 ***	0. 0248 **	1. 426 *
	（1. 66 ）	（2. 58 ）	（2. 59 ）	（1. 94 ）
Risk	0. 0184 ***	0. 00112 *	0. 0000198	0. 271 *
	（5. 91 ）	（1. 78 ）	（0. 21 ）	（1. 82 ）
Size	− 0. 000440 **	− 0. 00138 ***	0. 0496 **	0. 480 ***
	（ − 2. 06 ）	（ − 4. 06 ）	（3. 47 ）	（12. 52 ）
Age	− 0. 00191 ***	− 0. 00431 ***	− 0. 345 ***	− 0. 189 ***
	（ − 5. 88 ）	（ − 8. 68 ）	（ − 10. 08 ）	（ − 4. 67 ）
Lev	− 0. 00585 ***	− 0. 0218 ***	0. 0329	− 0. 186
	（ − 4. 43 ）	（ − 10. 64 ）	（1. 45 ）	（ − 1. 57 ）
CF	0. 0150 ***	0. 00159	0. 401 **	0. 714 *
	（4. 63 ）	（0. 31 ）	（2. 62 ）	（1. 69 ）
ROA	0. 00692 **	− 0. 00157	0. 149	0. 0844
	（2. 19 ）	（ − 0. 32 ）	（0. 95 ）	（0. 31 ）
Tangible	− 0. 0135 ***	− 0. 0234 ***	− 0. 693 ***	− 1. 115 ***
	（ − 8. 34 ）	（ − 9. 26 ）	（ − 15. 80 ）	（ − 5. 26 ）
BoardSize	0. 000274 **	0. 000293	− 0. 0131 **	0. 000972
	（2. 09 ）	（1. 43 ）	（ − 2. 39 ）	（0. 05 ）
Indep	− 0. 00593	0. 00259	0. 127	0. 260
	（ − 1. 40 ）	（0. 39 ）	（0. 58 ）	（0. 43 ）
Property	0. 000131	− 0. 00108	− 0. 197 ***	− 0. 0628
	（0. 25 ）	（ − 1. 34 ）	（ − 5. 24 ）	（ − 0. 94 ）
Constant	0. 0195 ***	0. 0554 ***	0. 228	− 8. 631 ***
	（4. 06 ）	（7. 42 ）	（0. 64 ）	（ − 10. 35 ）
Year	控制	控制	控制	控制
Indcd	控制	控制	控制	控制
N	3529	3529	2151	2151
adj. R^2	0. 259	0. 348	0. 213	0. 165

注：*** 、 ** 和 * 分别表示在 1% 、 5% 和 10% 的水平上显著；括号内为 t 值。

第 6 章　产融结合与企业创新

表 6 − 13　　　　实体企业产融结合、市场套利与企业创新（PSM）

变量	R&D1	R&D2	Patent1	Patent2
Finhold1	− 0. 00183 ***	− 0. 00294 ***	− 0. 136 **	− 0. 163 ***
	（ − 3. 46）	（ − 4. 80）	（ − 1. 99）	（ − 2. 98）
Finhold1 × Arbitrage	− 0. 00113 **	− 0. 00107 ***	− 0. 112 *	− 0. 0849 *
	（ − 2. 44）	（ − 2. 63）	（ − 1. 84）	（ − 1. 86）
Arbitrage	− 0. 000458 *	− 0. 000567 **	− 0. 00680	− 0. 00274
	（ − 1. 65）	（ − 2. 02）	（ − 0. 32）	（ − 0. 79）
Size	− 0. 000648 ***	− 0. 00122 ***	0. 476 ***	0. 449 ***
	（ − 2. 83）	（ 4. 35）	（12. 87）	（14. 78）
Age	− 0. 00200 ***	− 0. 00435 ***	− 0. 206 ***	− 0. 0932 **
	（ − 4. 93）	（ − 8. 21）	（ − 4. 56）	（ − 2. 46）
Lev	− 0. 00458 ***	− 0. 0195 ***	− 0. 219	0. 0218
	（ − 3. 14）	（ − 10. 77）	（ − 1. 54）	（0. 38）
CF	0. 00944 *	− 0. 00659	0. 105	0. 105
	（1. 88）	（ − 1. 33）	（0. 22）	（0. 27）
ROA	0. 0257 ***	− 0. 00482	1. 523 ***	1. 450 ***
	（3. 15）	（ − 0. 64）	（4. 04）	（4. 29）
Tangible	− 0. 0135 ***	− 0. 0190 ***	− 1. 378 ***	− 1. 444 ***
	（ − 7. 35）	（ − 8. 62）	（ − 5. 81）	（ − 7. 29）
BoardSize	0. 000295 *	0. 000243	− 0. 0211	− 0. 00390
	（1. 95）	（1. 38）	（ − 1. 04）	（ − 0. 25）
Indep	− 0. 00491	− 0. 00249	− 0. 145	− 0. 450
	（ − 1. 33）	（ − 0. 50）	（ − 0. 21）	（ − 0. 84）
Property	0. 000349	− 0. 00120 *	− 0. 284 ***	− 0. 00965
	（0. 61）	（ − 1. 69）	（ − 3. 77）	（ − 0. 16）
Constant	0. 0239 ***	0. 0536 ***	− 6. 819 ***	− 8. 195 ***
	（4. 80）	（8. 57）	（ − 9. 02）	（ − 12. 92）
Year	控制	控制	控制	控制
Indcd	控制	控制	控制	控制
N	3529	3529	2151	2151
adj. R^2	0. 262	0. 348	0. 127	0. 279

注：***、** 和 * 分别表示在 1%、5% 和 10% 的水平上显著；括号内为 t 值。

6.5.2 将研发投入缺失值赋值为 0

考虑到研究样本中存在大量缺失值的情况，借鉴周铭山和张倩倩（2016），本书进一步将研发投入缺失值赋值为 0，重新进行实证回归检验，详见表 6 - 14、表 6 - 15、表 6 - 16 和表 6 - 17，结果仍保持不变，与主体研究结论一致。从表 6 - 14 的回归结果中可以看到，企业是否参股金融机构（Finhold1）、企业参股金融机构连续实施产融结合的持续期限（Finhold2）和企业对金融机构的最大持股比例（Finhold3）与企业创新投入均为负显著，与之前的主体结论一致，说明企业参股金融机构实施产融结合会抑制企业创新，验证了 H6 - 1。从表 6 - 15、表 6 - 16 和表 6 - 17 的结果中可以看到，企业并购实施和市场套利均会增强企业产融结合对企业创新投入的抑制作用，企业风险承担水平会弱化企业产融结合对企业创新投入的抑制作用，与主体结论一致，在一定程度上说明企业的并购扩张会挤出实施产融结合企业的创新投入，验证了 H6 - 2；参股金融机构实施产融结合的企业可能会因投资金融所带来的高经营风险而降低风险承担水平，进而不愿意进行企业创新，验证了 H6 - 3；于参股金融机构实施产融结合的企业而言，市场套利动机越强的企业越会抑制企业创新投入，验证了 H6 - 4。

表 6 - 14   实体企业产融结合与企业创新投入（研发投入缺失值赋值为 0）

变量	R&D1	R&D1	R&D1	R&D2	R&D2	R&D2
Finhold1	- 0. 00132 *** （ - 4. 57）			- 0. 00253 *** （ - 5. 16）		
Finhold2		- 0. 000295 *** （ - 4. 49）			- 0. 000614 *** （ - 5. 51）	
Finhold3			- 0. 00197 ** （ - 2. 16）			- 0. 00599 ** （ - 2. 41）
Size	- 0. 000343 *** （ - 3. 18）	- 0. 000361 *** （ - 3. 37）	- 0. 000396 *** （ - 3. 62）	- 0. 00149 *** （ - 8. 13）	- 0. 00151 *** （ - 8. 30）	- 0. 00162 *** （ - 7. 18）
Age	- 0. 00306 *** （ - 19. 08）	- 0. 00304 *** （ - 18. 85）	- 0. 00325 *** （ - 19. 12）	- 0. 00916 *** （ - 33. 74）	- 0. 00909 *** （ - 33. 32）	- 0. 00976 *** （ - 26. 25）

变量	R&D1	R&D1	R&D1	R&D2	R&D2	R&D2
Lev	−0.000233 ***	−0.000231 ***	−0.000228 ***	−0.000632 ***	−0.000629 ***	−0.000755 ***
	(−4.67)	(−4.64)	(−5.40)	(−7.46)	(−7.43)	(−6.56)
CF	0.000326	0.000327	0.000395	0.000484	0.000487	0.000467
	(1.48)	(1.48)	(1.26)	(1.29)	(1.30)	(0.84)
ROA	0.0304 ***	0.0304 ***	0.0230 ***	0.0166 ***	0.0166 ***	0.0101
	(14.96)	(14.97)	(12.26)	(5.63)	(5.63)	(1.20)
Tangible	−0.00705 ***	−0.00703 ***	−0.00717 ***	−0.0205 ***	−0.0205 ***	−0.0224 ***
	(−8.88)	(−8.86)	(−9.50)	(−15.22)	(−15.24)	(−13.29)
BoardSize	0.000185 **	0.000187 **	0.000176 *	0.0000108	0.0000153	−0.0000185
	(2.44)	(2.46)	(1.95)	(0.08)	(0.12)	(−0.10)
Indep	0.000259	0.000318	0.000104	0.00804 **	0.00815 **	0.00590
	(0.11)	(0.13)	(0.05)	(2.00)	(2.03)	(1.16)
Property	0.0000513	0.0000693	−0.0000251	−0.000700	−0.000662	−0.000582
	(0.18)	(0.24)	(−0.08)	(−1.45)	(−1.37)	(−0.84)
Constant	0.00970 ***	0.00970 ***	0.0113 ***	0.0465 ***	0.0461 ***	0.0537 ***
	(3.95)	(3.95)	(5.01)	(11.15)	(11.06)	(10.26)
Year	控制	控制	控制	控制	控制	控制
Indcd	控制	控制	控制	控制	控制	控制
N	15687	15687	15687	15687	15687	15687
adj. R²	0.315	0.315	0.312	0.407	0.408	0.267

注：*** 、** 和 * 分别表示在 1%、5% 和 10% 的水平上显著；括号内为 t 值。

表 6 – 15　　　　　实体企业产融结合、并购实施与企业创新投入

（研发投入缺失值赋值为 0）

变量	R&D1	R&D2
Finhold1	−0.00144 ***	−0.00229 ***
	(−5.39)	(−4.14)
Finhold1 × M&A	−0.000510 ***	−0.00241 **
	(−2.72)	(−2.35)
M&A	−0.000158	0.000226
	(−1.60)	(1.10)

变量	R&D1	R&D2
Size	−0.00108 ***	−0.00287 ***
	(−11.56)	(−15.70)
Age	−0.00626 ***	−0.0148 ***
	(−36.87)	(−44.63)
Lev	−0.000167 ***	−0.000516 ***
	(−3.35)	(−5.27)
CF	0.000306	0.000384
	(1.64)	(1.05)
ROA	0.0293 ***	0.0278 ***
	(15.91)	(7.68)
Tangible	−0.00581 ***	−0.0178 ***
	(−9.25)	(−14.46)
BoardSize	0.0000826	0.000137
	(1.19)	(1.01)
Indep	−0.00267	0.00605
	(−1.25)	(1.44)
Property	−0.000320	−0.000983 **
	(−1.25)	(−1.97)
Constant	0.0422 ***	0.102 ***
	(20.80)	(25.57)
Year	控制	控制
Indcd	控制	控制
N	13227	13227
adj. R^2	0.271	0.323

注：*** 、** 和 * 分别表示在 1%、5% 和 10% 的水平上显著；括号内为 t 值。

表 6 – 16　　　实体企业产融结合、风险承担与企业创新投入

（研发投入缺失值赋值为 0）

变量	R&D1	R&D2
Finhold	−0.00246 ***	−0.00450 ***
	(−8.03)	(−7.93)

变量	R&D1	R&D2
Finhold × Risk	0. 0177 ***	0. 0402 ***
	(5. 14)	(6. 32)
Risk	0. 00143 ***	0. 00292 ***
	(4. 29)	(4. 74)
Size	− 0. 000978 ***	− 0. 00250 ***
	(− 10. 68)	(− 14. 72)
Age	− 0. 00628 ***	− 0. 0145 ***
	(− 37. 60)	(− 47. 07)
Lev	− 0. 000190 ***	− 0. 000508 ***
	(− 4. 20)	(− 6. 07)
CF	0. 000294	0. 000328
	(1. 56)	(0. 94)
ROA	0. 0288 ***	0. 0286 ***
	(16. 46)	(8. 82)
Tangible	− 0. 00600 ***	− 0. 0166 ***
	(− 9. 93)	(− 14. 79)
BoardSize	0. 0000601	0. 0000636
	(0. 90)	(0. 52)
Indep	− 0. 00294	0. 00446
	(− 1. 40)	(1. 15)
Property	− 0. 000211	− 0. 000932 **
	(− 0. 86)	(− 2. 04)
Constant	0. 0384 ***	0. 0912 ***
	(19. 18)	(24. 59)
Year	控制	控制
Indcd	控制	控制
N	13327	13327
adj. R^2	0. 277	0. 337

注： *** 、 ** 和 * 分别表示在1%、5%和10%的水平上显著；括号内为 t 值。

表 6 – 17　　　　　实体企业产融结合、市场套利与企业创新投入

（研发投入缺失值赋值为 0）

变量	R&D1	R&D2
Finhold1	− 0. 000861 ***	− 0. 000905 ***
	（ − 3. 41）	（ − 2. 76）
Finhold1 × Arbitrage	− 0. 000793 ***	− 0. 000868 *
	（ − 2. 91）	（ − 1. 95）
Arbitrage	− 0. 000134 ***	− 0. 0000890 *
	（ − 2. 97）	（ − 1. 83）
Size	− 0. 000292 ***	− 0. 00104 ***
	（ − 3. 16）	（ − 8. 37）
Age	− 0. 00477 ***	− 0. 0104 ***
	（ − 26. 02）	（ − 40. 05）
Lev	− 0. 000193 ***	− 0. 000384 ***
	（ − 5. 36）	（ − 5. 96）
CF	0. 000293	0. 000247
	（1. 16）	（0. 83）
ROA	0. 0280 ***	0. 0231 ***
	（14. 71）	（9. 43）
Tangible	− 0. 00749 ***	− 0. 0144 ***
	（ − 11. 78）	（ − 16. 39）
BoardSize	0. 0000599	− 0. 0000392
	（0. 89）	（ − 0. 45）
Indep	− 0. 00125	0. 00210
	（ − 0. 66）	（0. 77）
Property	0. 000529 **	− 0. 000102
	（2. 15）	（ − 0. 30）
Constant	0. 0141 ***	0. 0419 ***
	（6. 73）	（14. 79）
Year	控制	控制
Indcd	控制	控制
N	13327	13327
adj. R^2	0. 383	0. 484

注：*** 、** 和 * 分别表示在 1% 、5% 和 10% 的水平上显著；括号内为 t 值。

6.5.3 一阶差分模型回归

从产融结合动因来看，产融结合影响企业创新可能存在遗漏变量带来的内生性问题，本书进一步使用一阶差分模型进行回归，以控制解决可能存在的不随时间变化的遗漏变量。从表6-18和表6-19可以看到，企业是否参股金融机构（Finhold1）、企业参股金融机构连续实施产融结合的持续期限（Finhold2）和企业对金融机构的最大持股比例（Finhold3）与企业创新投入和创新产出均为负显著，与之前的主体结论一致，说明企业参股金融机构实施产融结合会抑制企业创新。

表6-18   实体企业产融结合与企业创新投入（一阶差分模型回归）

变量	R&D1	R&D1	R&D1	R&D2	R&D2	R&D2
Finhold1	-0.000465 **			-0.00602 ***		
	(-2.26)			(-3.21)		
Finhold2		-0.000264 *			-0.00418 ***	
		(-1.74)			(-7.03)	
Finhold3			-0.00192 *			-0.0919 ***
			(-1.74)			(-2.90)
Size	-0.00566 ***	-0.00502 ***	-0.00554 ***	-0.00536 ***	-0.00574 ***	-0.00549 ***
	(-5.90)	(-12.36)	(-6.48)	(-3.27)	(-3.52)	(-3.35)
Age	0.00186 *	0.00170 ***	0.00179 *	0.00509 **	0.00336 *	0.00491 **
	(1.97)	(3.67)	(1.90)	(2.58)	(1.69)	(2.48)
Lev	-0.00516 ***	-0.00369 ***	-0.00499 ***	-0.0206 ***	-0.0204 ***	-0.0205 ***
	(-4.23)	(-3.60)	(-3.84)	(-4.76)	(-4.72)	(-4.73)
CF	-0.000581	0.0000279	-0.000298	-0.00448	-0.00483	-0.00458
	(-0.34)	(0.03)	(-0.18)	(-0.98)	(-1.06)	(-1.00)
ROA	-0.00122	0.000304	-0.000534	-0.0264 ***	-0.0258 ***	-0.0264 ***
	(-1.41)	(0.29)	(-0.74)	(-5.88)	(-5.76)	(-5.87)
Tangible	0.00271 ***	0.00251 *	0.00261 ***	0.00629	0.00596	0.00615
	(8.45)	(1.87)	(8.31)	(1.11)	(1.06)	(1.09)
BoardSize	0.000206 **	0.000239 **	0.000205 **	0.000273	0.000348	0.000270
	(2.70)	(1.99)	(2.62)	(0.55)	(0.70)	(0.55)

变量	R&D1	R&D1	R&D1	R&D2	R&D2	R&D2
Indep	-0.00501***	-0.00543	-0.00528***	-0.0137	-0.0135	-0.0140
	(-4.00)	(-1.51)	(-4.00)	(-1.25)	(-1.25)	(-1.29)
Property	0.000730*	0.000528	0.000777*	0.00165	0.000913	0.00182
	(1.78)	(0.52)	(1.94)	(0.38)	(0.21)	(0.42)
Constant	0.00301***	0.00277***	0.00303***	0.00395	0.00611	0.00392
	(12.79)	(5.72)	(12.77)	(1.03)	(1.60)	(1.03)
Year	控制	控制	控制	控制	控制	控制
Indcd	控制	控制	控制	控制	控制	控制
N	7343	7343	7343	7343	7343	7343
adj. R^2	0.063	0.061	0.063	0.019	0.024	0.019

注：***、** 和 * 分别表示在1%、5%和10%的水平上显著；括号内为 t 值。

表6-19　　实体企业产融结合与企业创新产出（一阶差分模型回归）

变量	Patent1	Patent1	Patent1	Patent2	Patent2	Patent2
Finhold1	-0.0855***			-0.0602***		
	(-3.56)			(-2.86)		
Finhold2		-0.0404**			-0.0242**	
		(-2.52)			(-2.27)	
Finhold3			-0.995**			-0.548**
			(-2.45)			(-2.03)
Size	0.547***	0.553***	0.548***	0.410***	0.411***	0.397***
	(13.74)	(13.90)	(13.78)	(11.72)	(8.75)	(8.81)
Age	-0.00304	-0.000456	-0.00169	-0.00267	-0.000624	-0.000908
	(-0.02)	(-0.00)	(-0.01)	(-0.02)	(-0.05)	(-0.07)
Lev	-0.634***	-0.634***	-0.627***	-0.346***	-0.345***	-0.351***
	(-6.25)	(-6.25)	(-6.19)	(-3.88)	(-3.69)	(-3.81)
CF	-0.269**	-0.271**	-0.271**	-0.0947	-0.102	-0.0951
	(-2.24)	(-2.25)	(-2.27)	(-0.90)	(-0.96)	(-0.90)
ROA	-0.863***	-0.867***	-0.878***	-0.449**	-0.470**	-0.526**
	(-3.46)	(-3.47)	(-3.52)	(-2.05)	(-2.13)	(-2.43)

变量	Patent1	Patent1	Patent1	Patent2	Patent2	Patent2
Tangible	−0.0353 (−0.24)	−0.0231 (−0.15)	−0.0179 (−0.12)	−0.0438 (−0.33)	−0.0301 (−0.20)	−0.0493 (−0.33)
BoardSize	−0.0149 (−1.11)	−0.0145 (−1.08)	−0.0149 (−1.12)	0.0180 (1.53)	0.0177 (1.51)	0.0166 (1.43)
Indep	0.0710 (0.24)	0.0880 (0.30)	0.0749 (0.25)	0.497* (1.92)	0.519** (2.14)	0.533** (2.22)
Property	−0.175 (−1.50)	−0.175 (−1.50)	−0.170 (−1.46)	−0.0535 (−0.52)	−0.0533 (−0.63)	−0.0505 (−0.59)
Constant	0.200 (1.13)	0.178 (1.01)	0.181 (1.03)	0.156 (1.01)	0.141 (1.62)	0.145* (1.67)
Year	控制	控制	控制	控制	控制	控制
Indcd	控制	控制	控制	控制	控制	控制
N	7343	7343	7343	7343	7343	7343
adj. R^2	0.048	0.047	0.047	0.030	0.030	0.029

注: *** 、** 和 * 分别表示在 1%、5% 和 10% 的水平上显著；括号内为 t 值。

6.6 进一步分析

6.6.1 企业参股金融机构与风险承担水平

基于相关研究和研究发现，企业参股金融机构实施产融结合虽然有助于缓解企业融资约束，为企业搭建融资平台，但企业通过该渠道所获得的资金却很容易被管理者滥用而扩大投资规模，导致企业过度投资，降低企业资源配置效率（李维安和马超，2014；罗劲博，2015），同时这也离不开产融结合所带来的金融行业关系圈子会增进成员之间的信任（Putnam，1997）而弱化金融机构对企业的监督作用的原因。当参股金融机构实施产融结合的企业利用其自有的闲置资金和融资所获得的资金投资时，若企业的投资活动出现失误，那么企业便很有可能会挪用或挤占主营业资金以弥补亏损或偿还债务，进而拖累整个企业，使企业的经营风险提高。同时，正如前所述，实施产融结合的企业的投资结构会失调，倾向于选择并购扩张行为，而不是创新投资行为，因为并购更能迅速给企业带来规模扩张和成长，此外，金融行业的高利润会吸引企业过分专注金融行业，忽视主营业务的发展，使企业一旦融资渠道收紧或投资失败，便会导致资金链断裂，导致企业危机失败，德隆危机案例正体现了这一点。最后，金融行业的高风险性也会给企业带来一定风险，使企业经营风险增加。基于上述分析，本书认为，参股金融机构实施产融结合会增大企业经营风险，金融行业的超额利润会弱化企业风险偏好，使企业缺乏承担风险性投资项目的积极性，降低企业风险承担水平。而风险承担反映了企业在投资决策过程中对投资项目的选择，更高的风险承担水平意味着企业管理层更少放弃高风险但预期净现值大于 0 的投资项目。创新作为一项高风险、持续投入的有价值的投资项目，企业的风险承担水平在一定程度上会影响企业的创新意愿。因此，本章进一步分析了企业产融结合对企业风险承担水平的影响，以进一步说明产融结合对企业创新意愿的影响，若企业参股金融机构实施产融结合会降低企业风险承担水平，那么在一定程度上会因风险而影响企业的创新意愿。

借鉴李文贵（2012）等，本章控制了以下企业风险承担的因素：（1）企业规模；（2）企业资产负债率；（3）企业成长性（用营业收入的增长率衡量）；（4）企业成立年限；（5）第一大股东持股比例；（6）产权性质；此外还控制了行业和年度因素。考虑到样本中未实施产融结合的企业样本比较多于实施产融结合企业的样本，同时为了避免因截面上市公司的内在特征而不是产融结合决策所产生的对企业经济后果的影响和样本选择偏差与内生性等问题，本章使用倾向性得分配对（PSM）方法，对样本进行匹配再进行回归检验。从表 6 - 20 中可以看到，企业是否参股金融机构实施产融结合与企业风险承担水平均显著负相关，说明企业参股金融机构实施产融结合会降低企业风险承担水平，企业越可能会放弃风险高且预期净现值大于 0 的投资项目。

第 6 章　产融结合与企业创新

表 6 – 20　　　　　　　　　　产融结合与企业风险承担水平

变量	全样本	PSM
Finhold1	− 0. 00720 *** (− 2. 98)	− 0. 00445 ** (− 2. 45)
Size	− 0. 0159 *** (− 17. 56)	− 0. 00663 *** (− 8. 74)
Lev	0. 00767 *** (15. 46)	0. 00836 *** (6. 54)
Growth	0. 00773 *** (4. 28)	0. 00520 *** (3. 01)
Age	0. 0204 *** (12. 81)	0. 00911 *** (5. 90)
Shrcr1	− 0. 0000788 (− 1. 12)	− 0. 000107 * (− 1. 78)
Property	− 0. 00893 *** (− 3. 72)	− 0. 00166 (− 0. 82)
Constant	0. 372 *** (18. 71)	0. 171 *** (10. 19)
Year	控制	控制
Indcd	控制	控制
N	14822	6853
adj. R^2	0. 129	0. 106

注: ***　、** 和 * 分别表示在 1% 、5% 和 10% 的水平上显著; 括号内为 t 值。

6. 6. 2　参股金融机构类型与企业创新投入

相关研究和本书研究发现, 当前, 我国实体企业参股金融机构类型主要包括银行、证券、保险、财务、期货、基金和信托七种金融机构。基于第 4 章和第 5 章的实证分析, 本书发现参股不同类型的金融机构给企业带来的融资便利和对企业并购扩张行为的影响有所不同, 因此, 本章进一步分析了企业参股不同类型金融机构对企业创新投入的不同影响。基于第 4 章、第 5 章的进一步分析内容, 本章进一步将参股金融机构类型特征分为了参股银行类金融机构（HoldBank），参股证券基金类金融机构（HoldMA）和参股保险、财务、期货和信托等非银行证券基金类金融机构（HoldnonBMA），分别设置了三个虚拟变量以衡量，其中，参股银行类金融机构（HoldBank），用企业是否在该年度参股了银行进行反映，若企业在该年度参股了银行，则赋值为1，否则为0；参股证券基金类金融机构（HoldMA），用企业是否在该年度参股了证券或基金类型的金融机构进行反映，若企业在该年度参股了证券或基金，则赋值为1，否则为0；参股非银行证券基金类金融机构（HoldnonBMA），用企业是否在该年度参股了保险、财务、信托和期货等非银行证券基金类金融机构进行反映，若企业在该年度参股了保险、期货、财务或信托等非银行证券基金类金融机构，则赋值为1，否则为0，具体回归结果见表6-21。此外，为了进一步控制样本选择偏差和内生性等问题，本章借鉴黎文靖和李茫茫（2017），进一步使用了倾向性得分配对（PSM）方法匹配样本回归检验，回归结果见表6-22。

从表6-21的结果可以看到，参股银行类金融机构（HoldBank）与参股证券基金类金融机构（HoldMA）对企业创新投入（R&D1、R&D2）的影响系数均显著为负，而参股非银行证券基金类金融机构（HoldnonBMA）对企业创新投入（R&D1、R&D2）没有显著影响，这与前文的进一步分析是保持一致的，由于银行类金融机构带来企业的融资便利更多，参股银行类金融机构的企业更能获得较多成本较低的银行贷款，可能更会导致企业管理者滥用资金而扩大投资规模，导致企业过度投资，降低企业资源配置效率（李维安和马超，2014；罗劲博，2015），并促使企业并购扩张行为的发生，进而导致企业投资结构失调，挤占企业创新投入，降低企业创新意愿，因此企业参股银行类金融机构实施产融结合会抑制企业创新。如前所述，由于证券基金类金融机构更能给企业并购扩张行为带来有用的信息、知识、能力和咨询服务，参股证券基金类的金融机构的企业的并购绩效较好，那么就会更加促使企业进行并购扩张的行为，而降低创新成长的意愿，因此企业参股证券基金类金融机构实施产融结合会抑制企业创新。表6-22的结果表明，在控制处理了样本选择偏差和内生性以后，该结论仍然成立，即企业参股银行、证券基金类金融机构会抑制企业创新，而参股保险、财务、信托和期货等非银行证券基金类金融机构不会显著抑制企业创新投入。

表 6 – 21　　　　　　参股金融机构类型与企业创新投入（全样本）

变量	R&D1			R&D2		
	参股银行类	参股证券基金类	参股非银行证券基金类	参股银行类	参股证券基金类	参股非银行证券基金类
Finhold	− 0.00266 ***	− 0.00254 ***	− 0.000359	− 0.00586 ***	− 0.00230 **	− 0.000372
	(− 5.12)	(− 3.74)	(− 0.45)	(− 6.47)	(− 2.30)	(− 0.17)
Size	− 0.000637 ***	− 0.000662 ***	− 0.000764 ***	− 0.00153 ***	− 0.00153 ***	− 0.00173 ***
	(− 3.13)	(− 3.88)	(− 4.45)	(− 4.34)	(− 6.17)	(− 3.27)
Age	− 0.00266 ***	− 0.00305 ***	− 0.00320 ***	− 0.00828 ***	− 0.00761 ***	− 0.00866 ***
	(− 8.10)	(− 10.98)	(− 11.59)	(− 14.46)	(− 18.64)	(− 10.09)
Lev	− 0.00572 ***	− 0.00522 ***	− 0.00499 ***	− 0.0308 ***	− 0.0237 ***	− 0.0348 ***
	(− 5.21)	(− 5.64)	(− 5.40)	(− 16.70)	(− 18.06)	(− 12.53)
CF	0.0197 ***	0.0188 ***	0.0187 ***	0.00492	0.00383	− 0.0000186
	(6.95)	(7.87)	(7.84)	(1.09)	(1.19)	(− 0.00)
ROA	0.00397	0.00485 **	0.00506 **	0.0000230	0.0000291	0.0000216
	(1.58)	(2.30)	(2.40)	(0.08)	(0.14)	(0.05)
Tangible	− 0.0147 ***	− 0.0145 ***	− 0.0141 ***	− 0.0322 ***	− 0.0263 ***	− 0.0324 ***
	(− 10.07)	(− 11.71)	(− 11.41)	(− 12.80)	(− 14.65)	(− 8.55)
BoardSize	0.000263 **	0.000131	0.000116	− 0.0000249	− 0.0000456	− 0.0000872
	(2.04)	(1.21)	(1.07)	(− 0.11)	(− 0.29)	(− 0.26)
Indep	0.000752	0.000613	− 0.000219	0.0129 *	0.0109 **	0.00953
	(0.20)	(0.19)	(− 0.07)	(1.91)	(2.27)	(0.94)
Property	0.000273	0.000700 *	0.000680 *	0.000910	0.000597	0.00163
	(0.57)	(1.74)	(1.68)	(1.09)	(1.01)	(1.30)
Constant	0.0249 ***	0.0235 ***	0.0259 ***	0.0695 ***	0.0612 ***	0.0845 ***
	(5.56)	(6.24)	(6.80)	(8.91)	(11.04)	(7.15)
Year	控制	控制	控制	控制	控制	控制
Indcd	控制	控制	控制	控制	控制	控制
N	8577	8577	8577	8577	8577	8577
adj. R^2	0.224	0.260	0.259	0.366	0.396	0.230

注：***、** 和 * 分别表示在 1%、5% 和 10% 的水平上显著；括号内为 t 值。

表 6 – 22　　　　　　　参股金融机构类型与企业创新投入（PSM）

变量	R&D1			R&D2		
	参股 银行类	参股证券 基金类	参股非银行 证券基金类	参股 银行类	参股证券 基金类	参股非银行 证券基金类
Finhold	−0.00326 *** （−4.45）	−0.00221 *** （−2.61）	−0.00102 （−1.11）	−0.00765 *** （−7.25）	−0.00380 *** （−2.91）	−0.00216 （−1.49）
Size	−0.000273 （−0.77）	−0.000301 （−0.80）	−0.00133 *** （−3.40）	−0.00116 ** （−2.27）	−0.00113 * （−1.92）	−0.00250 *** （−4.05）
Age	−0.00221 *** （−3.55）	−0.00438 *** （−5.54）	−0.00282 *** （−3.15）	−0.00657 *** （−7.34）	−0.00689 *** （−5.64）	−0.00734 *** （−5.19）
Lev	−0.00579 ** （−2.52）	−0.00309 （−1.07）	−0.00425 （−1.56）	−0.0284 *** （−8.56）	−0.0206 *** （−4.64）	−0.0121 *** （−2.81）
CF	0.0212 *** （3.76）	0.0133 ** （2.01）	0.0105 （1.43）	0.00601 （0.74）	−0.0110 （−1.15）	−0.000649 （−0.06）
ROA	0.0197 *** （3.68）	0.0207 ** （2.13）	0.00835 （1.42）	−0.0118 （−1.53）	0.00423 （0.34）	0.00488 （0.52）
Tangible	−0.0112 *** （−4.13）	−0.0156 *** （−5.12）	−0.0156 *** （−4.94）	−0.0298 *** （−7.63）	−0.0242 *** （−5.30）	−0.0251 *** （−5.02）
BoardSize	0.000308 （1.30）	0.000534 ** （2.45）	0.000164 （0.75）	0.000420 （1.23）	0.000572 * （1.70）	0.000179 （0.51）
Indep	−0.00195 （−0.29）	0.000947 （0.13）	0.00230 （0.27）	0.00470 （0.48）	0.00787 （0.71）	0.00688 （0.51）
Property	−0.00137 （−1.59）	0.00138 （1.45）	−0.00142 （−1.24）	−0.00295 ** （−2.36）	0.000270 （0.18）	−0.00387 ** （−2.12）
Constant	0.0224 *** （2.86）	0.0108 （1.29）	0.0408 *** （4.53）	0.0703 *** （6.22）	0.0464 *** （3.60）	0.0891 *** （6.24）
Year	控制	控制	控制	控制	控制	控制
Indcd	控制	控制	控制	控制	控制	控制
N	2652	1062	1017	2652	1062	1017
adj. R^2	0.191	0.263	0.246	0.352	0.331	0.310

注：***、** 和 * 分别表示在 1%、5% 和 10% 的水平上显著；括号内为 t 值。

第 6 章　产融结合与企业创新

6.6.3 向金融机构派驻董事与否与企业创新投入

实体企业向参股金融机构派驻董事和未派驻董事两种不同的产融结合特征会对企业融资与投资产生不同的影响，企业向其参股金融机构派驻董事在一定程度上能够对该金融机构的信贷决策等经营决策具有话语权和影响力，更有助于给企业带来融资便利，提高企业投资规模，也更有助于企业并购行为实施。进一步分析了企业向金融机构派驻董事与否对企业内部创新决策的影响。将产融结合类型划分为向金融机构派驻董事和未向金融机构派驻董事两种类型，分别设置了两个虚拟变量以衡量，其中，向金融机构派驻董事，若企业在该年度向其参股金融机构派驻了董事，则赋值为1，否则为0；未向金融机构派驻董事，若企业未向其参股的金融机构派驻董事，则赋值为1，否则为0，并使用倾向性得分配对（PSM）方法，对样本进行匹配，再进行回归检验，回归结果见表6-23。

从表6-23的结果可以看到，企业无论是否向金融机构派驻董事均会显著抑制企业创新，这可能是因为，一方面，企业向金融机构派驻董事更有助企业获取银行贷款，促进企业并购行为实施，在一定程度上可以表明这些向金融机构派驻董事实施产融结合的企业的投资结构可能更会失调，企业更倾向于进行并购扩张行为，进而抑制企业创新投入；另一方面，企业未向金融机构派驻董事实施产融结合的企业对金融机构的影响力较小，可能更多地表现为获取金融行业的高利润回报而参股金融机构，是出于一种市场套利动机行为，这种动机会进一步抑制企业创新（王红建等，2017）。

表6-23　　　向金融机构派驻董事参与治理与企业创新投入（PSM）

变量	R&D1		R&D2	
	派驻董事	未派驻董事	派驻董事	未派驻董事
Finhold	-0.00162 **	-0.00199 ***	-0.00365 **	-0.00541 ***
	(-2.07)	(-2.63)	(-2.49)	(-3.12)
Size	-0.00113 ***	-0.000687 *	-0.00180 ***	-0.00141 *
	(-3.14)	(-1.89)	(-2.68)	(-1.69)

变量	R&D1		R&D2	
	派驻董事	未派驻董事	派驻董事	未派驻董事
Age	− 0.00245 ***	− 0.00237 ***	− 0.00750 ***	− 0.00612 ***
	(− 3.76)	(− 3.81)	(− 6.19)	(− 4.30)
Lev	0.0000204	− 0.00743 ***	− 0.0185 ***	− 0.0310 ***
	(0.01)	(− 3.67)	(− 3.71)	(− 6.68)
CF	0.0273 ***	0.0272 ***	0.0169	0.0115
	(4.09)	(4.90)	(1.36)	(0.90)
ROA	0.0220 **	0.0206 ***	− 0.0223	0.00236
	(2.50)	(4.24)	(− 1.36)	(0.21)
Tangible	− 0.0210 ***	− 0.0163 ***	− 0.0378 ***	− 0.0387 ***
	(− 7.28)	(− 5.87)	(− 7.03)	(− 6.07)
BoardSize	0.000348 *	0.000728 ***	0.000552	0.000467
	(1.65)	(3.02)	(1.41)	(0.84)
Indep	0.0000230	− 0.00450	− 0.00674	− 0.00665
	(0.00)	(− 0.64)	(− 0.52)	(− 0.41)
Property	0.00230 **	− 0.000424	0.00124	− 0.00195
	(2.44)	(− 0.49)	(0.71)	(− 0.98)
Constant	0.0253 ***	0.0225 ***	0.0703 ***	0.0817 ***
	(3.29)	(2.69)	(4.90)	(4.27)
Year	控制	控制	控制	控制
Indcd	控制	控制	控制	控制
N	1421	2387	1421	2387
adj. R^2	0.241	0.218	0.277	0.189

注：***、**和*分别表示在1%、5%和10%的水平上显著；括号内为t值。

第6章　产融结合与企业创新

185

第7章

研究结论与研究展望

7.1 研究结论

本书以中国非金融上市公司参股或控股金融机构实施产融结合为研究对象，基于公开的市场数据和手工整理数据，分别从企业总体投资规模、外部并购扩张、内部创新投资三个维度实证研究了企业实施产融结合对企业投资决策的影响及其作用机制，并进一步探讨分析了不同产融结合特征的影响。

1. 企业产融结合现状分析

我国实体企业参股金融机构实施产融结合的现象得到不断发展，呈稳定的增长趋势。产融结合的投资主体涉及行业比较广泛，分布较为集中，其中实体企业更倾向于参股非上市金融机构，倾向于长期连续参股金融机构实施产融结合，同时实体企业向金融机构派驻董事参与金融企业治理的情况越来越多，说明企业参股金融机构在表现上可能是一种长期战略行为，较少存在短期投机动机。然而，我国企业产融结合对象较为单一，企业主要倾向于参股或控股银行、证券公司与财务公司这三类金融机构；产融结合程度较浅，参股比例和多元化程度均不高。

2. 产融结合与企业投资

企业参股金融机构实施产融结合有助于降低企业融资成本、增加银行信贷额，给企业带来融资便利，进而促进企业总体投资规模提高，融资便利是企业产融结合提高企业总体投资规模的中介变量，这一作用在民营企业中更为显著。进一步分析参股银行类金融机构与向金融机构派驻董事的产融结合特征的影响，发现产融结合便利企业融资进而提高企业投资规模这一积极作用对于参股银行类金融机构或派驻董事实施产融结合的企业更明显，而对于参股非银行类金融机构和未派驻董事实施产融结合的企业没有显著的作用。此外，实施产融结合的企业在投资活动支出中更倾向于并购扩张支出，而不是内部资本投资支出。企业参股金融机构实施产融结合会显著降低企业投资效率。

3. 产融结合与企业并购

从企业外部投资角度来说，企业参股金融机构实施产融结合有助于企业外部并购扩张，促进企业产业扩张。企业产融结合不仅能够为企业提供强大的并购资金等并购资源，同时金融机构的信息优势、专业人才和技术知识能够对企业的并购项目进行专业指导与咨询，提高资源整合能力和资本运作效率等，有助于促进企业并购发生实施，选择现金并购支付方式和提高企业并购绩效，说明我国企业实施产融结合有助于促进企业产业扩张。通过进一步分析不同产融结合特征的影响，发现参股证券、基金类金融机构特征对企业并购实施没有显著的不同影响，但与参股非证券、基金类金融机构实施产融结合的企业相比，参股证券基金类金融机构的企业更能显著提高企业并购绩效；而向金融机构派驻董事实施的产融结合特征更能有助于促进企业并购实施和提高企业并购绩效。

4. 产融结合与企业创新

与王超恩等（2016）、马红和王元月（2017）研究认为企业产融结合会缓解企业融资约束，进而促进企业创新不同，本书考虑了企业产融结合便利企业融资后所导致的投资结构失调和经营风险问题，认为企业产融结合一方面会加剧企业过度投资行为，导致企业投资结构失调，倾向于进行并购等规模扩张行为，进而挤占企业的创新投入，抑制企业创新；另一方面金融行业的高利润回报率会吸引企业偏离主营业务发展，企业经营风险较高，风险承担水平降低，进而降低企业进行创新的意愿，导致企业创新投入较少，抑制企业创新。实证研究结果证明了这一解释，发现企业参股金融机构实施产融结合的确会抑制企业创新；当年实施并购扩张越多的企业，产融结合与企业创新的负相关关系越大，说明实施产融结合的企业可能会因其并购扩张而挤出企业创新；市场套利动机越强的企业，产融结合与企业创新的负相关关系越显著，表明参股金融机构实施产融结合的企业可能会因市场套利动机而挤出企业创新投入；风险承担水平越低的企业，产融结合与企业创新的负相关关系越大。因此，从长期来看，当前我国企业产融结合的实施并没有有效支持实体产业的发展。通过进一步分析不同产融结合特征的影响，参股银行、证券和基金类金融机构的产融结合方式会显著抑制企业创新，而参股非银行、证券和基金类金融机构的产融结合方式并没有抑制企业创新；同时也发现，无论企业是否向金融机构派驻董事实施产融结合，企业创新均会被显著抑制。

7.2　政策建议

1. 企业层面的建议

研究和已有的研究结论均表明，我国企业的产融结合程度较浅，尚未实现真正的融合，多数产融结合企业仅为获取融资便利或高额利润回报而参股或控股金融机构，而不是出于支持企业产业发展的战略角度考虑，这很容易给企业带来巨大的经营风险和掏空主业形成泡沫经济。因此，企业应当进一步加强产融结合深度，积极与金融机构沟通，向金融机构派遣人事安排以实现与金融机构的对接，建立信息沟通渠道，完善内部控制和风险防范体系，加强公司治理机制建设，以实现真正的内在融合，促进企业的持续发展。

此外，相关研究证明了企业参股金融机构实施产融结合能够缓解企业融资约束，提供融资便利，本书的研究进一步表明，虽然企业产融结合带来的融资便利有助于提高企业总体投资规模，促进企业投资，但却容易出现企业寻求金融行业高利润回报及投资结构失调现象，在投资行为方面，实施产融结合的企业更倾向于进行外部迅速并购扩张，而不倾向于进行支持实体产业发展的内部创新投资，这一结论与实际中许多大型企业集团产融结合模式的实践发展吻合，如海航产融结合模型下的高负债并购扩张；四川泰和置业集团借助参股进入金融实施产融结合而实现的迅速并购扩张成长……而海尔集团、华润集团与美的集团的成功以及德隆危机的失败均告诉我们产业基础对产融结合的重要作用。因此，警示企业应进一步完善公司治理机制，强化管理层的风险意识，加强自主监管，企业在借助产融结合实现企业迅速并购扩张的基础上，还应注重实体产业的发展，而不是一味盲目扩张而忽略实体产业的竞争优势与持续发展；企业在建立集团金融平台实施产融结合时，应合理布局，避免盲目扩张求大求全，应支持企业实体产业的发展，增强企业核心竞争力，发挥产融结合协同效应。

2. 政府层面的建议

我国企业产融结合得到不断发展离不开各政府部门相关政策的支持，然而其中存在一些企业的产融结合实践失败现象，如德隆危机与海航危机等，这些产融结合的失败实践也说明了我国产融结合的监管制度和市场机制需进一步规范和完善。首先，要加强各相关主管部门的监管协调，建立有效的信息共享机制，加强产融结合企业的信息披露管理，增强实施产融结合企业内部交易、与其参股金融机构之间的关联交易及其资金状况与风险的监管，真正形成对实施产融结合的企业的约束机制，从而有效识别和防范产融结合风险。其次，金融监管部门要对参股金融机构的企业进行严格审批和谨慎放行，避免不符合资质条件的企业持有金融机构股份；还应进一步加强金融机构的股权监管，尤其是要强化对金融企业大股东的监管，严格限制金融机构大股东与金融机构之间的关联交易，防止实施产融结合的企业盲目扩张，进而保障产融结合得到健康稳定发展。最后，政府部门还应制定更为完善的相关规章制度引导和推动产融结合健康发展，加快多层次资本市场体系建设，为产融结合搭建平台，并通过完善的制度安排建立有效的企业产融结合市场机制，使得企业能够自主选择合适时机进入或退出金融市场，避免企业整体陷入困境。

7.3　研究展望

基于研究的局限性和本书研究的局限性，未来研究可以从以下几个方面进行。

第一，进一步细化衡量企业产融结合变量。现有实证研究对企业产融结合的衡量主要采用是否参股金融机构虚拟变量衡量，较为简单笼统，不能很好地反映企业实施产融结合的情况。虽然进一步使用持股金融机构最大参股比例等衡量，但仍存在一定缺陷，如样本中存在许多企业同时参股多家金融机构的情况，而不同金融机构的规模和股权集中度等情况显著不同，单纯使用最大持股比例衡量会出现较大误差，未来可以进一步基于实体企业角度使用更准确细化的衡量方式，用企业参股金融机构所花费的资源占企业本身所有资源的比重来衡量反映上市公司愿意花费多少的资源去投入实施产融结合，因此未来可以进一步使用企业投资于金融机构的股权价值占公司总价值的比重衡量产融结合，这在一定程度上能够反映企业在金融机构上的资源配置，比重越高，说明企业可能与金融机构建立的联系更加紧密。

第二，进一步分析企业参股金融机构实施产融结合对企业投资行为影响的多层次路径与具体机制检验研究。本书主要基于资源基础理论角度研究了产融结合所带来的融资、信息、人才和技术资源对企业投资的影响，并主要实证检验了融资优势这一作用机制，未来可以进一步对信息优势、人才和技术资源的咨询效应机制展开实证检验。此外，未来可以进一步扩展丰富路径研究，如基于社会资本理论或竞争优势理论分析产融结合是否会给企业带来社会资本和竞争优势等，进而会对企业投资行为产生怎样的影响。

第三，进一步探讨研究企业产融结合的动机或动因及其带来的经济后果。本书在梳理相关产融结合动因方面文献的基础上，结合实体企业案例阐述总结了当前实体企业产融结合的动因，为后续研究奠定了理论基础。而实践中，不同实体企业参股金融机构的动因有所不同，有仅为了获取金融行业高额利润回报的；有仅为了获取投资收益而进行的财务投资行为；也有为了获取竞争优势促进实业发展而进行的长期战略行为等，后续研究应进一步识别不同企业参股金融机构的动机，企业到底为什么要去参股银行等金融机构，并具体考虑不同企业参股金融机构实施产融结合的不同动机下的经济后果研究。

第四，进一步以金融企业为研究主体分析产融结合的动因及经济后果。目前大多研究主要是基于实体企业的角度研究了产融结合动因及其经济后果，而忽略了另一主体——金融机构的行为及其影响。未来应进一步基于金融机构主体研究产融结合的动因及经济后果，如研究银行等金融机构为什么愿意企业入股或控股；企业入股或控股后会对金融机构的运营等产生怎样的影响。

参 考 文 献

[1] 陈创波：《我国制造业产融结合效率与投资效率研究》，载于《探求》2016 年第 4 期。

[2] 陈栋、陈运森：《银行股权关联、货币政策变更与上市公司现金管理》，载于《金融研究》2012 年第 12 期。

[3] 陈栋、翟进步、陈运森：《参股保险业与企业流动性风险管理：基于货币政策变更背景》，载于《保险研究》2012 年第 2 期。

[4] 陈仕华、姜广省、卢昌崇：《董事联结、目标公司选择与并购绩效——基于并购双方之间信息不对称的研究视角》，载于《管理世界》2013 年第 12 期。

[5] 陈运森、朱松：《政治关系、制度环境与上市公司资本投资》，载于《财经研究》2009 年第 12 期。

[6] 程新生、谭有超、刘建梅：《非财务信息、外部融资与投资效率——基于外部制度约束的研究》，载于《管理世界》2012 年第 7 期。

[7] 邓建平、曾勇：《金融关联能否缓解民营企业的融资约束》，载于《金融研究》2011 年第 8 期。

[8] 杜传忠、王飞、蒋伊菲：《中国工业上市公司产融结合的动因及效率分析——基于参股上市金融机构的视角》，载于《经济与管理研究》2014 年第 4 期。

[9] 杜胜利：《国际财务公司的发展趋势与海尔财务公司的发展模式》，载于《会计研究》2005 年第 5 期。

[10] 杜勇、张欢、陈建英：《金融化对实体企业未来主业发展的影响：促进还是抑制》，载于《中国工业经济》2017 年第 12 期。

[11] 冯小芩：《产业资本向金融资本渗透的机理和条件分析——基于内部化理论视角和海尔集团的实证研究》，载于《经济师》2009 年第 9 期。

［12］傅艳：《产融结合之路通向何方：中国产业与金融结合的有效性研究》，人民出版社 2003 年版。

［13］葛伟杰、张秋生、张自巧：《支付方式、融资约束与并购溢价研究》，载于《证券市场导报》2014 年第 1 期。

［14］古晓慧：《大型国有企业产融结合及其效用分析》，载于《商场现代化》2008 年第 13 期。

［15］郭牧炫、廖慧：《民营企业参股银行的动机与效果研究——以上市民营企业为例》，载于《经济评论》2013 年第 2 期。

［16］韩丹、王磊：《产融结合、股权集中度与公司投资效率——基于上市公司参股银行的面板数据分析》，载于《企业经济》2016 年第 11 期。

［17］何婧、徐龙炳：《产业资本向金融资本渗透的路径和影响——基于资本市场"举牌"的研究》，载于《财经研究》2012 年第 2 期。

［18］何熙琼、尹长萍、毛洪涛：《产业政策对企业投资效率的影响及其作用机制研究——基于银行信贷的中介作用与市场竞争的调节作用》，载于《南开管理评论》2016 年第 5 期。

［19］何贤杰、孙淑伟、朱红军等：《证券背景独立董事、信息优势与券商持股》，载于《管理世界》2014 年第 3 期。

［20］何孝星、叶展、陈颖等：《并购基金是否创造价值？——来自上市公司设立并购基金的经验证据》，载于《审计与经济研究》2016 年第 5 期。

［21］何玉润、林慧婷、王茂林：《产品市场竞争、高管激励与企业创新——基于中国上市公司的经验证据》，载于《财贸经济》2015 年第 2 期。

［22］胡奕明、林文雄、李思琦等：《大贷款人角色：我国银行具有监督作用吗？》，载于《经济研究》2008 年第 10 期。

［23］黄昌富、徐亚琴：《产融结合、投资效率与企业经营绩效——基于制造业上市公司面板数据的实证研究》，载于《现代财经——天津财经大学学报》2016 年第 9 期。

［24］黄福广、彭涛、田利辉：《风险资本对创业企业投资行为的影响》，载于《金融研究》2013 年第 8 期。

［25］黄宏斌、刘志远：《投资者情绪、信贷融资与企业投资规模》，载于《证券市场导报》2014 年第 7 期。

[26] 黄凌灵、李然：《我国上市公司产融结合效果实证研究》，载于《会计之友》2010 年第 12 期。

[27] 黄明：《产融结合模式的国际比较与制度分析》，载于《学习与探索》1999 年第 2 期。

[28] 黄明：《现代产融结合新论》，中国经济出版社 2000 年版。

[29] 黄小琳、朱松、陈关亭：《持股金融机构对企业负债融资与债务结构的影响——基于上市公司的实证研究》，载于《金融研究》2015 年第 12 期。

[30] 江伟、李斌：《制度环境、国有产权与银行差别贷款》，载于《金融研究》2006 年第 11 期。

[31] 蒋琰：《权益成本、债务成本与公司治理：影响差异性研究》，载于《管理世界》2009 年第 11 期。

[32] 解维敏：《参股保险业与企业融资约束的关系研究——基于我国上市公司的实证研究》，载于《保险研究》2013 年第 5 期。

[33] 金宇超、靳庆鲁、宣扬：《"不作为"或"急于表现"：企业投资中的政治动机》，载于《经济研究》2016 年第 10 期。

[34] 鞠晓生：《中国上市企业创新投资的融资来源与平滑机制》，载于《世界经济》2013 年第 4 期。

[35] 拉法格：《拉法格文选·下卷》，人民出版社 1985 年版。

[36] 黎文飞、郭惠武、唐清泉：《产业集群、信息传递与并购价值创造》，载于《财经研究》2016 年第 1 期。

[37] 黎文靖、李茫茫：《"实体＋金融"：融资约束、政策迎合还是市场竞争？——基于不同产权性质视角的经验研究》，载于《金融研究》2017 年第 8 期。

[38] 黎文靖、李耀淘：《产业政策激励了公司投资吗》，载于《中国工业经济》2014 年第 5 期。

[39] 黎文靖、郑曼妮：《实质性创新还是策略性创新？——宏观产业政策对微观企业创新的影响》，载于《经济研究》2016 年第 4 期。

[40] 李善民、黄灿、史欣向：《信息优势对企业并购的影响——基于社会网络的视角》，载于《中国工业经济》2015 年第 11 期。

［41］李维安、李浩波、李慧聪：《创新激励还是税盾？——高新技术企业税收优惠研究》，载于《科研管理》2016 年第 11 期。

［42］李维安、马超：《"实业＋金融"的产融结合模式与企业投资效率——基于中国上市公司控股金融机构的研究》，载于《金融研究》2014 年第 11 期。

［43］李文贵、余明桂：《所有权性质、市场化进程与企业风险承担》，载于《中国工业经济》2012 年第 12 期。

［44］李扬、王国刚、王军等：《产融结合：发达国家的历史和对我国的启示》，载于《财贸经济》1997 年第 9 期。

［45］李曜、宋贺：《风险投资支持的上市公司并购绩效及其影响机制研究》，载于《会计研究》2017 年第 6 期。

［46］李增泉、辛显刚、于旭辉：《金融发展、债务融资约束与金字塔结构——来自民营企业集团的证据》，载于《管理世界》2008 年第 1 期。

［47］蔺元：《我国上市公司产融结合效果分析——基于参股非上市金融机构视角的实证研究》，载于《南开管理评论》2010 年第 5 期。

［48］刘慧、张俊瑞、周键：《诉讼风险、法律环境与企业债务融资成本》，载于《南开管理评论》2016 年第 5 期。

［49］刘锡良、齐子漫、刘帅：《产融结合视角下的资本形成与经济增长》，载于《经济与管理研究》2015 年第 7 期。

［50］刘星、计方、付强：《货币政策、集团内部资本市场运作与资本投资》，载于《经济科学》2013 年第 3 期。

［51］鲁道夫·希法亭：《金融资本：资本主义最新发展的研究》，商务印书馆 2009 年版。

［52］陆贤伟、王建琼、董大勇：《董事网络、信息传递与债务融资成本》，载于《管理科学》2013 年第 3 期。

［53］罗党论、应千伟、常亮：《银行授信、产权与企业过度投资：中国上市公司的经验证据》，载于《世界经济》2012 年第 3 期。

［54］罗劲博：《参股非上市金融企业：优化资本配置还是创造融资通道——基于上市公司过度投资视角的实证检验》，载于《山西财经大学学报》2015 年第 4 期。

[55] 马红、王元月：《金融环境、产融结合与我国企业成长》，载于《财经科学》2017 年第 1 期。

[56] 毛其淋、许家云：《政府补贴、异质性与企业风险承担》，载于《经济学：季刊》2016 年第 3 期。

[57] 宁宇新、李静：《产融结合对企业投资和收益的影响研究》，载于《开发研究》2012 年第 5 期。

[58] 潘红波、陈世来：《劳动合同法、企业投资与经济增长》，载于《经济研究》2017 年第 4 期。

[59] 潘红波、夏新平、余明桂：《政府干预、政治关联与地方国有企业并购》，载于《经济研究》2008 年第 4 期。

[60] 潘玉香、杨悦、魏亚平：《文化创意企业管理者特征与投资决策关系的研究》，载于《中国软科学》2015 年第 3 期。

[61] 潘越、潘健平、戴亦一：《公司诉讼风险、司法地方保护主义与企业创新》，载于《经济研究》2015 年第 3 期。

[62] 饶品贵、姜国华：《货币政策、信贷资源配置与企业业绩》，载于《管理世界》2013 年第 3 期。

[63] 盛明泉、李昊：《优序融资理论对上市公司融资行为的解释力》，载于《山西财经大学学报》2010 年第 10 期。

[64] 宋建波、文雯：《董事的海外背景能促进企业创新吗?》，载于《中国软科学》2016 年第 11 期。

[65] 孙世攀、赵息、李胜楠：《股权控制、债务容量与支付方式——来自我国企业并购的证据》，载于《会计研究》2013 年第 4 期。

[66] 孙轶、武常岐：《企业并购中的风险控制：专业咨询机构的作用》，载于《南开管理评论》2012 年第 4 期。

[67] 孙铮、刘凤委、李增泉：《市场化程度、政府干预与企业债务期限结构》，载于《经济研究》2005 年第 5 期。

[68] 谭小芳、范静：《跨国并购、产融结合与要素优化》，载于《宏观经济研究》2014 年第 6 期。

[69] 谭小芳、郭蕾、胡媛媛：《国有上市公司产融结合的有效性研究》，载于《宏观经济研究》2016 年第 10 期。

［70］谭小芳、张伶俐：《产融结合类型、研发投资与创新产出》，载于《科技进步与对策》2020 年第 11 期。

［71］田高良、韩洁、李留闯：《连锁董事与并购绩效——来自中国 A 股上市公司的经验证据》，载于《南开管理评论》2013 年第 6 期。

［72］童盼、陆正飞：《负债融资、负债来源与企业投资行为——来自中国上市公司的经验证据》，载于《经济研究》2005 年第 5 期。

［73］万良勇、胡璟：《网络位置、独立董事治理与公司并购——来自中国上市公司的经验证据》，载于《南开管理评论》2014 年第 2 期。

［74］万良勇、廖明情、胡璟：《产融结合与企业融资约束——基于上市公司参股银行的实证研究》，载于《南开管理评论》2015 年第 2 期。

［75］王超恩、张瑞君、谢露：《产融结合、金融发展与企业创新——来自制造业上市公司持股金融机构的经验证据》，载于《研究与发展管理》2016 年第 5 期。

［76］王辰华：《我国产融结合的经济效应分析》，载于《金融理论与实践》2004 年第 8 期。

［77］王红建、曹瑜强、杨庆等：《实体企业金融化促进还是抑制了企业创新——基于中国制造业上市公司的经验研究》，载于《南开管理评论》2017 年第 1 期。

［78］王红建、李茫茫、汤泰劼：《实体企业跨行业套利的驱动因素及其对创新的影响》，载于《中国工业经济》2016 年第 11 期。

［79］王兰芳、胡悦：《创业投资促进了创新绩效吗？——基于中国企业面板数据的实证检验》，载于《金融研究》2017 年第 1 期。

［80］王少立：《发达国家产融结合模式变迁及其启示》，载于《商业时代》2008 年第 27 期。

［81］王艳、阚铄：《企业文化与并购绩效》，载于《管理世界》2014 年第 11 期。

［82］王义中、宋敏：《宏观经济不确定性、资金需求与公司投资》，载于《经济研究》2014 年第 2 期。

［83］王昱、夏君诺、王晓娜：《产融结合对企业不同类型研发投资影响研究》，载于《科研管理》2022 年第 2 期。

［84］魏杰：《产融结合的体制基础》，载于《天津社会科学》1997 年第 5 期。

［85］温军、冯根福：《异质机构、企业性质与自主创新》，载于《经济研究》2012 年第 3 期。

［86］吴超鹏、唐菂：《知识产权保护执法力度、技术创新与企业绩效——来自中国上市公司的证据》，载于《经济研究》2016 年第 11 期。

［87］吴超鹏、吴世农、程静雅等：《风险投资对上市公司投融资行为影响的实证研究》，载于《经济研究》2012 年第 1 期。

［88］吴春雷、张新民：《产融结合对经营性资产增值的影响：是助力还是阻力》，载于《北京工商大学学报（社会科学版)》2018 年第 4 期。

［89］吴利军、张英博：《我国产融结合现状及未来发展的有关思考》，载于《经济社会体制比较》2012 年第 5 期。

［90］伍华林：《企业产业资本与金融资本结合的条件分析》，载于《商业时代》2007 年第 35 期。

［91］武恒光、郑方松：《审计质量、社会信任和并购支付方式》，载于《审计研究》2017 年第 3 期。

［92］谢德仁、陈运森：《金融生态环境、产权性质与负债的治理效应》，载于《经济研究》2009 年第 5 期。

［93］谢杭生：《产融结合研究》，中国金融出版社 2000 年版。

［94］辛清泉、林斌、王彦超：《政府控制、经理薪酬与资本投资》，载于《经济研究》2007 年第 8 期。

［95］徐赐豪、王红玲：《产融结合行为的研究》，载于《湖北农村金融研究》2008 年第 3 期。

［96］徐辉、周孝华：《制度环境、产融结合对企业创新绩效的影响研究》，载于《科学学研究》2020 年第 1 期。

［97］徐晟：《产融结合：我国市场经济中要素优化的途径选择》，载于《上海金融》1997 年第 11 期。

［98］徐业坤、钱先航、李维安：《政治不确定性、政治关联与民营企业投资——来自市委书记更替的证据》，载于《管理世界》2013 年第 5 期。

［99］许天信、沈小波：《产融结合的原因、方式及效应》，载于《厦

门大学学报（哲学社会科学版）》2003 年第 5 期。

[100] 杨畅、刘斌、闫文凯：《契约环境影响企业的投资行为吗——来自中国上市公司的经验证据》，载于《金融研究》2014 年第 11 期。

[101] 杨丹、朱松：《金融机构股权、投资者预期与企业价值》，载于《经济与管理研究》2016 年第 4 期。

[102] 姚德权、王帅、罗长青等：《产融结合型上市公司运营效率评价的实证研究》，载于《中国软科学》2011 年第 3 期。

[103] 尹志锋、叶静怡、黄阳华等：《知识产权保护与企业创新：传导机制及其检验》，载于《世界经济》2013 年第 12 期。

[104] 余明桂、范蕊、钟慧洁：《中国产业政策与企业技术创新》，载于《中国工业经济》2016 年第 12 期。

[105] 余鹏翼：《产融结合的制度变迁及制度安排》，载于《经济学动态》2002 年第 6 期。

[106] 俞鸿琳：《银行贷款、管理者投资行为与公司投资效率》，载于《南方经济》2012 年第 7 期。

[107] 袁建国、后青松、程晨：《企业政治资源的诅咒效应——基于政治关联与企业技术创新的考察》，载于《管理世界》2015 年第 1 期。

[108] 袁蓉丽、肖泽忠、邹宏：《金融机构投资者的持股和公司业绩：基于股东积极主义的视角》，载于《中国软科学》2010 年第 11 期。

[109] 曾海舰、林灵：《企业如何获取融资便利？——来自上市公司持股非上市银行的经验证据》，载于《经济学：季刊》2015 年第 4 期。

[110] 翟进步、王玉涛、李丹：《上市公司并购融资方式选择与并购绩效："功能锁定"视角》，载于《中国工业经济》2011 年第 12 期。

[111] 翟胜宝、易旱琴、郑洁等：《银企关系与企业投资效率——基于我国民营上市公司的经验证据》，载于《会计研究》2014 年第 4 期。

[112] 张敏、张胜、王成方等：《政治关联与信贷资源配置效率——来自我国民营上市公司的经验证据》，载于《管理世界》2010 年第 11 期。

[113] 张鹏：《产融结合进程、研究动态与发展趋势——基于我国经济体制改革的逻辑》，载于《财经论丛（浙江财经大学学报）》2017 年第 6 期。

［114］张庆亮、孙景同：《我国产融结合有效性的企业绩效分析》，载于《中国工业经济》2007 年第 7 期。

［115］张庆亮、王珍：《产融结合：大企业集团发展的必由之路》，载于《中国经贸导刊》2005 年第 8 期。

［116］张胜、张珂源、张敏：《银行关联与企业资本结构动态调整》，载于《会计研究》2017 年第 2 期。

［117］张文汇：《不完全信息与长期客户关系：民营经济融资研究》，载于《金融研究》2005 年第 11 期。

［118］张雯、张胜、李百兴：《政治关联、企业并购特征与并购绩效》，载于《南开管理评论》2013 年第 2 期。

［119］张新民、叶志伟、胡聪慧：《产融结合如何服务实体经济——基于商业信用的证据》，载于《南开管理评论》2021 年第 1 期。

［120］张璇、刘贝贝、汪婷等：《信贷寻租、融资约束与企业创新》，载于《经济研究》2017 年第 5 期。

［121］张兆国、曾牧、刘永丽：《政治关系、债务融资与企业投资行为——来自我国上市公司的经验证据》，载于《中国软科学》2011 年第 5 期。

［122］赵晶、孟维炬：《官员视察对企业创新的影响——基于组织合法性的实证分析》，载于《中国工业经济》2016 年第 9 期。

［123］郑文平、苟文均：《中国产融结合机制研究》，载于《经济研究》2000 年第 3 期。

［124］支燕、吴河北：《动态竞争环境下的产融结合动因——基于竞争优势内生论的视角》，载于《会计研究》2011 年第 11 期。

［125］支燕、吴河北：《我国高技术产业产融结合的有效性研究》，载于《科学学与科学技术管理》2010 年第 8 期。

［126］中国企业家调查系统：《资本市场与中国企业家成长：现状与未来、问题与建议——2011·中国企业经营者成长与发展专题调查报告》，载于《管理世界》2011 年第 6 期。

［127］钟凯、程小可、肖翔等：《宏观经济政策影响企业创新投资吗——基于融资约束与融资来源视角的分析》，载于《南开管理评论》

产融结合与企业投资行为研究

2017 年第 6 期。

［128］周莉、韩霞：《产融结合资本配置效应的理论分析》，载于《中央财经大学学报》2010 年第 2 期。

［129］周明、吴翠青：《政府补贴对中小企业科技创新的影响》，载于《科研管理》2017 年第 1 期。

［130］周守华、吴春雷、赵立彬：《金融发展、外部融资依赖性与企业并购》，载于《经济经纬》2016 年第 2 期。

［131］朱恒鹏：《企业规模、市场力量与民营企业创新行为》，载于《世界经济》2006 年第 12 期。

［132］朱松、陈关亭、杜雯翠：《持股金融机构、融资约束与企业现金储备》，载于《中国会计与财务研究》2014 年第 3 期。

［133］朱松、杨丹：《持有金融机构股份与企业资金配置效率》，载于《南京审计学院学报》2015 年第 3 期。

［134］祝继高、陆正飞：《货币政策、企业成长与现金持有水平变化》，载于《管理世界》2009 年第 3 期。

［135］祝继高：《银行与企业交叉持股的理论与依据——基于国际比较的研究》，载于《国际金融研究》2012 年第 2 期。

［136］Acs Z J, Audretsch D B. Innovation in Large and Small Firms: An Empirical Analysis. *American Economic Review*, pp. 678 – 690.

［137］Aghion P, Reenen J V, Zingales L. Innovation and Institutional Ownership. *American Economic Review*, Vol. 103, No. 1, February 2013, pp. 277 – 304.

［138］Allen F, Qian J, Qian M. Law, finance, and economic growth in China. *Journal of Financial Economics*, Vol. 77, No. 1, April 2005, pp. 57 – 116.

［139］Almeida H, Campello M. Financial constraints, asset tangibility, and corporate investment. *Review of Financial Studies*, Vol. 20, No. 5, Sep 2007, pp. 1429 – 1460.

［140］Angwin D. Mergers and acquisitions across European borders: National perspectives on preacquisition due diligence and the use of professional advisers. *Journal of World Business*, Vol. 36, No. 1, 2001, pp. 32 – 57.

[141] Banholzer W F, Vosejpka L J. Risk taking and effective R&D management. *Annual Review of Chemical & Biomolecular Engineering*, Vol. 2, No. 1, February 2011, pp. 173 – 188.

[142] Berger A N, Miller N H, Petersen M A, et al. . Does function follow organizational form? Evidence from the lending practices of large and small banks. *Journal of Financial economics*, Vol. 76, No. 2, February 2005, pp. 237 – 269.

[143] Berger A N, Udell G F. Relationship lending and lines of credit in small firm finance. *Journal of Business*, Vol. 68, No. 3, July 1995, pp. 351 – 381.

[144] Bertoni F, Colombo M G, Croce A. The effect of venture capital financing on the sensitivity to cash flow of firm's investments. *European Financial Management*, Vol. 16, No. 4, August 2010, pp. 528 – 551.

[145] Bertoni F, Croce A, D'Adda D. Venture capital investments and patenting activity of high – tech start – ups: A micro – econometric firm – level analysis. *Venture Capital*, Vol. 12, No. 4, September 2010, pp. 307 – 326.

[146] Bertoni F, Ferrer M A, Martí J. The different roles played by venture capital and private equity investors on the investment activity of their portfolio firms. *Small Business Economics*, Vol. 40, No. 3, April 2013, pp. 607 – 633.

[147] Bharadwaj A, Shivdasani A. Valuation effects of bank financing in acquisitions. *Journal of Financial Economics*, Vol. 67, No. 1, January 2003, pp. 113 – 148.

[148] Brown J R, Fazzari S M, Petersen B C. Financing innovation and growth: Cash flow, external equity, and the 1990s R&D boom. *Journal of Finance*, Vol. 64, No. 1, February 2009, pp. 151 – 185.

[149] Caggese A. Entrepreneurial risk, investment, and innovation. *Journal of Financial Economics*, Vol. 106, No. 2, November 2012, pp. 287 – 307.

[150] Campbell T S, Kracaw W A. Information production, market signalling, and the theory of financial intermediation: A reply. *Journal of Finance*,

Vol. 37, No. 4, September 1982, pp. 1097 – 1099.

[151] Celikyurt U, Sevilir M, Shivdasani A. Going public to acquire? The acquisition motive in IPOs. *Journal of Financial Economics*, Vol. 96, No. 3, June 2010, pp. 345 – 363.

[152] Chatain O, Meyer – Doyle P. Alleviating managerial dilemmas in human-capital-intensive firms through incentives: Evidence from M&A legal advisors. *Strategic Management Journal*, Vol. 38, No. 2, February 2017, pp. 232 – 254.

[153] Chava S, Oettl A, Subramanian A, et al.. Banking deregulation and innovation. *Journal of Financial Economics*, Vol. 109, No. 3, September 2013, pp. 759 – 774.

[154] Chen Y, Puttitanun T. Intellectual property rights and innovation in developing countries. *Journal of Development Economics*, Vol. 78, No. 2, December 2005, pp. 474 – 493.

[155] Coase R H. *The nature of the firm.* Oxford: Oxford University Press, 1937, pp. 386 – 405.

[156] Cornaggia J, Mao Y, Tian X, et al.. Does banking competition affect innovation? *Journal of Financial Economics*, Vol. 115, No. 1, January 2013, pp. 189 – 209.

[157] Dewett T. Linking intrinsic motivation, risk taking, and employee creativity in an R&D environment. *R & D Management*, Vol. 37, No. 3, June 2007, pp. 197 – 208.

[158] Diamond D W. Financial intermediation and delegated monitoring. *Review of Economic Studies*, Vol. 51, No. 3, July 1984, pp. 393 – 414.

[159] Djankov S, Glaeser E, Porta R L, et al.. The new comparative economics. *Journal of Comparative Economics*, Vol. 31, No. 4, December 2003, pp. 595 – 619.

[160] Faccio M, Masulis R W. The choice of payment method in European mergers and acquisitions. *Journal of Finance*, Vol. 60, No. 3, June 2005, pp. 1345 – 1388.

参考文献

[161] Fuller K, Netter J, Stegemoller M. What do returns to acquiring firms tell us? Evidence from firms that make many acquisitions. *Journal of Finance*, Vol. 57, No. 4, August 2002, pp. 1763 – 1793.

[162] Gompers P, Kovner A, Lerner J. Specialization and success: Evidence from venture capital. *Journal of Economics & Management Strategy*, Vol. 18, No. 3, July 2009, pp. 817 – 844.

[163] Goto A. Business groups in a market economy. *European Economic Review*, Vol. 19, No. 1, January 1982, pp. 53 – 70.

[164] Greenwald B C, Stiglitz J E, Weiss A. Informational imperfections in the capital market and macro – economic fluctuations. *American Economic Review*, Vol. 74, No. 2, May 1984. pp. 194 – 199.

[165] Hellmann T, Puri M. Venture capital and the professionalization of start-up firms: Empirical evidence. *Journal of Finance*, Vol. 57, No. 1, December 2002, pp. 169 – 197.

[166] Hirshleifer D, Low A, Teoh S H. Are overconfident CEOs better innovators? *Journal of Finance*, Vol. 67, No. 4, July 2012, pp. 1457 – 1498.

[167] Humphery – Jenner, Mark, Sautner Z, Suchard, Jo – Ann. Cross – border mergers and acquisitions: The role of private equity firms. *Strategic Management Journal*, Vol. 38, No. 8, August 2017, pp. 1688 – 1700.

[168] Jie (Jack) He, Xuan Tian. The dark side of analyst coverage: The case of innovation. *Journal of Financial Economics*, Vol. 109, No. 3, September 2013, pp. 856 – 878.

[169] John K, Litov L, Yeung B. Corporate governance and risk-taking. *Journal of Finance*, Vol. 63, No. 4, July 2008, pp. 1679 – 1728.

[170] Kang J K, Kim J M. The geography of block acquisitions. *Journal of Finance*, Vol. 63, No. 6, November 2008, pp. 2817 – 2858.

[171] Karampatsas N, Petmezas D, Travlos N G. Credit ratings and the choice of payment method in mergers and acquisitions. *Journal of Corporate Finance*, Vol. 25, No. 2, December 2012, pp. 474 – 493.

[172] Kesner I F, Shapiro D L, Sharma A. Brokering mergers: An agency

theory perspective on the role of representatives. *Academy of Management Journal*, Vol. 37, No. 3, June 1994, pp. 703 – 721.

［173］Khanna T, Yafeh Y. Business groups in emerging markets: Paragons or parasites? *Journal of Economic Literature*, Vol. 45, No. 2, June 2007, pp. 331 – 372.

［174］Laeven L. Insider lending and bank ownership: The case of russia. *Journal of Comparative Economics*, Vol. 29, No. 2, June 2001, pp. 207 – 229.

［175］Le T V, O'Brien J P. Can two wrongs make a right? State ownership and debt in a transition economy. *Journal of Management Studies*, Vol. 47, No. 7, November 2010, pp. 1297 – 1316.

［176］Li S X, Greenwood R. The effect of within-industry diversification on firm performance: Synergy creation, multi-market contact and market structuration. *Strategic Management Journal*, Vol. 25, No. 12, October 2004, pp. 1131 – 1153.

［177］Lin C, Lin P, Song F M, et al.. Managerial incentives, CEO characteristics and corporate innovation in China's private sector. *Journal of Comparative Economics*, Vol. 39, No. 2, June 2011, pp. 176 – 190.

［178］Lo S F, Lu W M. An integrated performance evaluation of financial holding companies in Taiwan. *European Journal of Operational Research*, Vol. 198, No. 1, October 2009, pp. 341 – 350.

［179］Lu Z, Zhu J, Zhang W. Bank discrimination, holding bank ownership, and economic consequences: Evidence from China. *Journal of Banking & Finance*, Vol. 36, No. 2, February 2012, pp. 341 – 354.

［180］Maurer N, Haber S. Related lending and economic performance: Evidence from Mexico. *The Journal of Economic History*, Vol. 67, No. 3, September 2007, pp. 551 – 581.

［181］Myers S C, Majluf N S. Corporate financing and investment decisions when firms have information that investors do not have. *Journal of financial economics*, Vol. 13, No. 2, June 1984, pp. 187 – 221.

［182］Myers S C. The capital structure puzzle. *The journal of finance*, Vol. 39, No. 3, July 1984, pp. 574 – 592.

参考文献

[183] Ongena S, Penas M F. Bondholders' wealth effects in domestic and cross – border bank mergers. *Journal of Financial Stability*, Vol. 5, No. 3, September 2009, pp. 256 – 271.

[184] Pablo A L, Sitkin S B, Jemison D B. Acquisition decision – making processes: The central role of risk. *Journal of Management Official Journal of the Southern Management Association*, Vol. 22, No. 5, October 1996, pp. 723 – 746.

[185] Pantzalis C, Park J C, Sutton N K. Legal environment, internalization, and u. s. acquirer gains in foreign takeovers. *Journal of Financial Research*, Vol. 31, No. 2, May 2008, pp. 167 – 191.

[186] Pantzalis C, Park J C, Sutton N. Corruption and valuation of multinational corporations. *Journal of Empirical Finance*, Vol. 15, No. 3, June 2008, pp. 387 – 417.

[187] Petersen M A, Rajan R G. The Benefits of Lending Relationships: Evidence from Small Business Data. *Journal of Finance*, Vol. 49, No. 1, March 1994, pp. 3 – 37.

[188] Po – Hsuan Hsu, Xuan Tian, Yan Xu. Financial development and innovation: Cross – country evidence. *Journal of Financial Economics*, Vol. 112, No. 1, April 2014, pp. 116 – 135.

[189] Putnam R D. The prosperous community: Social capital and public life. *American Prospect*, Vol. 13, No. 4, January 1997, pp. 65 – 78.

[190] Rajan R G, Zingales L. The great reversals: the politics of financial development in the twentieth century. *Journal of Financial Economics*, Vol. 69, No. 1, July 2003, pp. 5 – 50.

[191] Raquel Ortega – Argilés, Rosina Moreno, Jordi Suriñach Caralt. Ownership structure and innovation: Is there a real link? *Annals of Regional Science*, Vol. 39, No. 4, December 2005, pp. 637 – 662.

[192] Scherer F M. Invention and Innovation in the Watt-Boulton Steam-Engine Venture. *Technology & Culture*, Vol. 6, No. 2, Spring 1965, pp. 165 – 187.

[193] Stein J C. Internal capital markets and the competition for corporate

resources. *Journal of Finance*, Vol. 52, No. 1, April 2012, pp. 111 – 133.

[194] Stiroh K J, Rumble A. The dark side of diversification: The case of US financial holding companies. *Journal of Banking & Finance*, Vol. 30, No. 8, August 2006, pp. 2131 – 2161.

[195] Teece D J. Internal organization and economic performance: An empirical analysis of the profitability of principal firms. *Journal of Industrial Economics*, Vol. 30, No. 2, December 1981, pp. 173 – 199.

[196] Zalan T, Lewis G. The CEO-advisors nexus: Toward an explanation of 'merger preference' in mergers and acquisitions. *Problems & Perspectives in Management*, Vol. 3, No. 4, November 2005, pp. 79 – 91.

参考文献

图书在版编目（CIP）数据

产融结合与企业投资行为研究／尹长萍，蒋水全著.
—北京：经济科学出版社，2022.7
ISBN 978 - 7 - 5218 - 3802 - 2

Ⅰ. ①产… Ⅱ. ①尹…②蒋… Ⅲ. ①产业融合 - 影
响 - 企业 - 投资行为 - 研究 - 中国 Ⅳ. ①F279. 235. 1

中国版本图书馆 CIP 数据核字（2022）第 121800 号

责任编辑：初少磊 杨 梅
责任校对：靳玉环
责任印制：范 艳

产融结合与企业投资行为研究
尹长萍 蒋水全/著
经济科学出版社出版、发行 新华书店经销
社址：北京市海淀区阜成路甲 28 号 邮编：100142
总编部电话：010 - 88191217 发行部电话：010 - 88191522
网址：www. esp. com. cn
电子邮箱：esp@ esp. com. cn
天猫网店：经济科学出版社旗舰店
网址：http：//jjkxcbs. tmall. com
北京季蜂印刷有限公司印装
710×1000 16 开 13. 25 印张 210000 字
2022 年 9 月第 1 版 2022 年 9 月第 1 次印刷
ISBN 978 - 7 - 5218 - 3802 - 2 定价：60. 00 元
（图书出现印装问题，本社负责调换。电话：010 - 88191510）
（版权所有 侵权必究 打击盗版 举报热线：010 - 88191661
QQ：2242791300 营销中心电话：010 - 88191537
电子邮箱：dbts@ esp. com. cn）